JN139708

しっかり学べる社会福祉

地域福祉論

川島ゆり子／永田 祐／榊原美樹／川本健太郎
［著］

ミネルヴァ書房

はじめに

本書の特徴とねらい

地域福祉を初めて学ぶ人にとって，まず「地域福祉」とはそもそも何かというところで立ち止まる人も多いのではないだろうか。高齢者福祉論であれば，高齢者の福祉について学ぶのだろうということはおおよそ想像がつくし，それは子ども家庭福祉でも障害者福祉でも同じことがいえる。ところが地域福祉論と聞いた途端に「地域」という，実態があるような，ないような，とらえどころのないものを対象とすることへの不安感が心の中に頭をもたげてくることは，ある意味当然のことかも知れない。

ここで少し整理をしてみよう。地域福祉をアニメーションにたとえるとどうだろうか。アニメーションの制作過程では，背景画と，人物などの動きを表現するセル画は分担して描かれ，それらを重ね合わせて撮影が行われる。その両方が重なり合い，溶け合うことによって相乗効果が生まれ，生き生きとした物語が紡ぎ出されることになる。

具体例を通して考えてみよう。脳梗塞により麻痺が残った高齢者が主人公である。この高齢者が以前から好きだった散歩に出かけられるように，ホームヘルプの制度を使うなどして支援するのは，高齢者福祉の視点やアプローチといえる。一方で，この高齢者が出かけた先に，一つのベンチも木陰もなかったらどうだろうか。その人は疲れ果て，倒れてしまうのではないだろうか。このような，一人の高齢者を支援する中で，ベンチや木陰が必要であることに気づき，作りだしていくことが，地域福祉の視点でありアプローチである。さらにいえば，ベンチや木陰を作りだすのは専門職だけではない。それらが地域にないことに地域の人々が気づき，作っていくところに地域福祉の独自性がある。

地域福祉は，地域で暮らす一人ひとりが主人公となり，その人の人生を生きていくことを尊重し，その人の暮らしの物語を共に一枚一枚のセル画を描くように寄り添いながら支援する。しかし，それだけではその暮らしの物語には奥行きは生まれない。豊かな背景がその人の暮らしと重なりあい相乗効果をもたらすために，地域という人の暮らしの基盤に丹念に彩りを添えていく働きかけを行っていくことも求められる。この双方の地域福祉の働きかけが地域での暮らしの幸せ：welfare を実現していくのである。

1人の人の暮らしづらさを生み出す要因は多様な側面をもち，地域住民による気遣いや助け合いの活動による支援，社会福祉専門職による支援，NPO や企業といった新たな担い手による支援など多様な主体による支援の組み合わせが求められる。また，暮らしの基盤となる地域においては，地域住民のつながりづくりへの支援，現行の制度に対する課題提起や変更を求める活動，行政による地域福祉活動への環境整備もまた地域福祉の物語に重要な役割を果たす。多様な主体による多様な活動や援助は，「地域の中で暮らし続けたいと考えるその人の思いを実現したい」という目標を同じくしているからこそ「地域福祉」と呼ぶことができるのである。

2015年に発表された「新たな福祉の提供ビジョン」，2016年「我が事・丸ごと」地域共生社会実現本部設置，2017年介護保険改正による総合事業開始など，「地域づくり」をキーワードとして，次々と地域での「住民による福祉活動」に期待する政策が進められようとしている。しかし地域福祉の活動は上で述べたように多様な主体がそれぞれの強みを生かし合いながら共通の目的を実現していくからこそ地域福祉と呼べるのであって，一部の主体への過剰な期待は，地域の中での暮らしの物語を狭く息苦しいものとしてしまう。

地域福祉を推進していくうえで，住民を中心とした多様な主体による活動と専門職による支援・援助の両方が必要であることを強調したい。

また専門職の援助技術に関して，従来の地域福祉論のテキストにおいては個別支援を起点に地域支援へと展開する「コミュニティソーシャルワーク」に焦点化される傾向がある。しかし本書では人の暮らしの基盤である地域を当事者主体・住民主体により豊かなものとするために働きかける「コミュニティワーク」に，地域福祉における独自の意義があると考える。そして「コミュニティワーク」を中核に置き，地域福祉の活動と援助を総合的に見ていくことで，「地域福祉」の豊かさとダイナミズムを感じられるようにしたいと考えている。

以上のような狙いから，本書は社会福祉士養成カリキュラムの「地域福祉の理論と方法」に対応しつつ，次のような特徴を持つものとなっている。第一に，本書では，現在およびこれからの地域福祉の姿を描くこと，そしてそれを実現するために必要な「方法」を明らかにすることに重点を置いている。第二に，専門職による援助を，個別支援（ミクロ実践）から，自治体における計画策定や制度化（マクロ実践）まで含む「地域福祉援助の８つの実践場面」として整理し，コミュニティソーシャルワーカーとコミュニティワーカーが連携しながら推進するモデルを提起している。第三に，多様な主体による地域福祉活動の実際を，事例を通して描くなかで，従来の地域福祉論で取り上げられてこなかった新たな動きとして社会的企業の取り組みや社会福祉法人の地域貢献を取り上げ，これからの「地域福祉」の展望を示すことを意識している。本書で地域福祉を学ぶことを通じて，地域福祉の方法の豊かさとその基盤としての地域力の豊かさを重ね合わせてストーリーを紡ぎだせるようになることを目指している。

本書の構成

本書の構成については，大きく３つの部（17章）と序章，終章からなる。序章では，本書を読み進めるうえで鍵となる「地域福祉の方法」および「地域福祉活動」「地域福祉援助」の用語について定義と概念間の関係性を示している。

第Ⅰ部「地域福祉の概念」（１～３章）は本書における地域福祉の基本的な考え方を示す部である。はじめに地域社会の現状と，住民主体による地域福祉推進の重要性について確認し，続いて，本書における地域福祉の定義（「地域福祉の３つのこだわり」）と，それを実現するための地域を基盤とした総合的なソーシャルワークのあり方を論じている。

第Ⅱ部「地域福祉援助」（４～７章）は，「地域福祉の３つのこだわり」を実現するために必要となる専門職による援助のあり方と，その援助の実践基盤について説明する部である。「地域福祉援助の８つの実践場面」ごとに，実践に必要な方法や課題について解説している。さらに，地域福祉援助を展開していくうえでの基盤でもあり，援助の結果強化されていくものでもある「基盤としての地域福祉力」について論じている。

第Ⅲ部「地域福祉の主体と実践」（８～17章）は，多様な主体によって展開される地域福祉の活動について，事例を通して学ぶ部である。10の主体を取り上げ，それぞれの主体解説と詳細な事例を展開している。また各事例には，事例の読み解きのためのポイントと演習課題を付してあり，第Ⅱ部で学んだ地域福祉援助が，実際の地域福祉活動との関係においてどのように機能しているのかを，あわせて学んでいけるようにしている。

終章は，本書のまとめである。「全世代・全対象型地域包括支援」に関する動向を通じて，これからの地域福祉の課題と可能性を論じている。

本書では，事例を多く配置し，その事例を通して地域福祉の活動や援助のポイントを，それぞれの読者が読み解いていくことを重視するものとなっている。地域福祉を学ぶ学生，研究者，地域福祉の実践者に広く読まれ，「しっかり学べる」ことができるよう期待したい。

2017年１月

著　者

目　次

＊本文中▶で示される用語は各章末に用語解説があります。ご参照ください。

序章

地域福祉援助とは何か

1 地域福祉の方法

「はじめに」において述べたように，本書は現在およびこれからの地域福祉の姿を描くこと，そしてそれを実現するために必要な「方法」を明らかにすることに重点をおいている。この**地域福祉の方法**について，本書では以下のように定義する。

地域福祉の方法 ＝ **多様な主体による地域福祉活動** ＋ **ソーシャルワーカー＊による地域福祉援助**

＊コミュニティワーカー・
コミュニティソーシャルワーカーなど

つまり，地域福祉を実現していくためには，多様な主体による**地域福祉活動**と，ソーシャルワーカーによる**地域福祉援助**の2つが必要であるという考え方である。なお後述するように，地域福祉援助には，地域福祉活動を支援する機能も含まれており，両者は密接に関連している。

なお，本書の主たる読者としては，ソーシャルワーカーを目指す学生や，地域福祉援助の実践者を想定している。そのため本書では，第Ⅱ部（地域福祉援助）において地域福祉援助の具体的な方法を学んだ上で，地域福祉援助によって促進される地域福祉活動の姿を第Ⅲ部（地域福祉の主体と実践）で事例を通して学んでいくことにしたい。

図序-1は，地域福祉援助を理解するための概念図である。8つの「地域福

図序-1　地域福祉援助の実践場面とその基盤

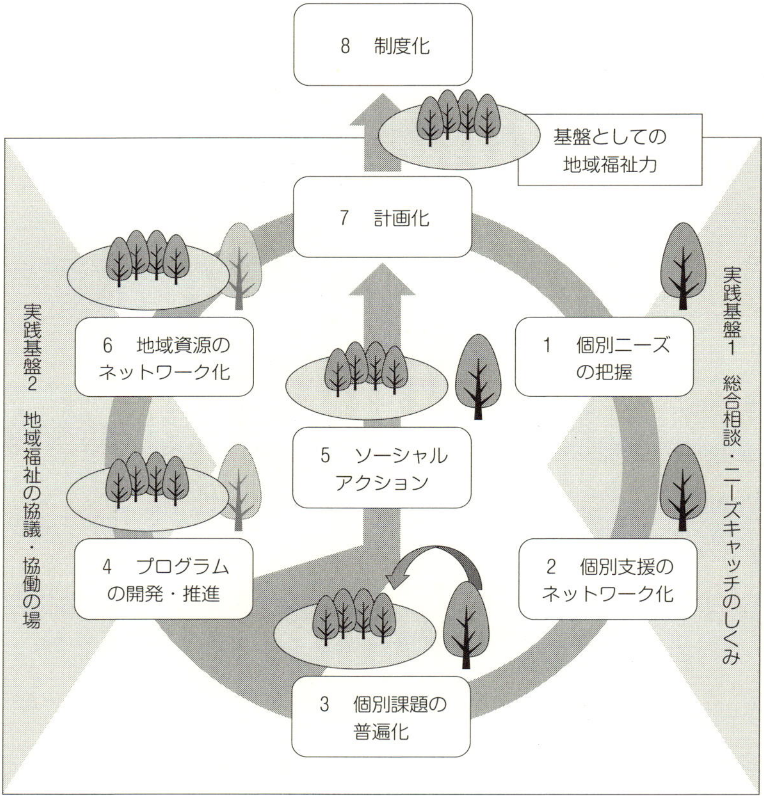

8　制度化
基盤としての
地域福祉力
7　計画化
実践基盤2　地域福祉の協議・協働の場
6　地域資源の
ネットワーク化
5　ソーシャル
アクション
4　プログラム
の開発・推進
3　個別課題の
普遍化
1　個別ニーズ
の把握
2　個別支援の
ネットワーク化
実践基盤1　総合相談・ニーズキャッチのしくみ

祉援助の実践場面」と，その実践を支える土台としての2つの「実践基盤」，全体の土台でもある「基盤としての地域福祉力」からなる。この図は第3章で説明する「地域福祉の森」という考え方でいえば，地域福祉の森に踏み入って木々を観察し，あるいは鳥の目になって地域福祉の森の全体を見渡す時に使える「ガイドマップ」のようなものということができる。今現実に起こっていることは，地域福祉の全体像でいうとどの部分にあたるのか，次にどのような展開に進むのかと，現実を読み解くためのツールとなるものである。

●地域福祉援助の８つの実践場面
　1　個別ニーズの把握
　2　個別支援のネットワーク化
　3　個別課題の普遍化
　4　プログラムの開発・推進
　5　ソーシャルアクション
　6　地域資源のネットワーク化
　7　計画化
　8　制度化
●地域福祉援助の２つの実践基盤
　実践基盤１　総合相談・ニーズキャッチのしくみ
　実践基盤２　地域福祉の協議・協働の場
●基盤としての地域福祉力

８つの「地域福祉援助の実践場面」は，第２章において紹介する「地域福祉の３つのこだわり」を実現するために必要となるソーシャルワーカーの援助を，それが目指すものに焦点をあてて切り分けたものということができる。

図序-1をみると８つの実践場面は円環として配置されているが，出発点が示されているわけではない。これは実際の現場では，さまざまな始まり方があるからである。地域福祉援助が必ず「**1　個別ニーズの把握**」から始まるわけではなく，時には「この地域にはこんなふうにつらい思いを持つ人がたくさんいるよね」という声が地域からあがるという「**3　個別課題の普遍化**」からスタートしてプログラム化につながる場合もある。あるいは「**4　プログラムの開発・推進**」からスタートし，地域の中に居場所をつくってみるとそこに集まる人の会話の中から「**1　個別ニーズの把握**」がなされる場合もある。また，組織の代表者が集まるような地域ケア推進会議が開催され「**6　地域資源のネットワーク化**」がなされることにより，地域課題が明確化され，「**7　計画化**」

「8　**制度化**」が進められることも考えられる。地域の中で「計画化」「制度化」により恒常的につくりあげられた地域ケアのしくみにより，「1　**個別ニーズの把握**」を受け止めやすくなることも考えられる。

この地域福祉援助の円環は，どの場面からも始まる可能性があり，また新たに開始された地域の活動により個別課題が発見されることもあるというように逆方向に円環が回ることもありうる。

次に，この循環の基盤となるのが，「実践基盤1　**総合相談・ニーズキャッチのしくみ**」と「実践基盤2　**地域福祉の協議・協働の場**」である。地域福祉援助で受け止めていくニーズの「入り口」と「出口」の基盤体制といってよい。さらに，このような循環を底支えする力となるのが，「**基盤としての地域福祉力**」であり，地域の課題に対して「私たちの課題」として主体的に取り組もうとする住民の意識と行動力のことをさしている。このような基盤に支えられて，地域福祉援助の循環が豊かに回っていくことによって，誰もが制度からもれ落ちたり孤立化したりすることのない地域社会を目指していくことができる。

2　地域福祉援助の技術と専門職

次に，「地域福祉援助の8つの実践場面」について，従来の「個別支援」「地域支援」等の用語との違いを確認することにしよう。また，地域福祉援助を担う専門職（ソーシャルワーカー）についても合わせてみていく（**図序-2**）。

はじめに，地域福祉援助の対象は，ミクロ（個人・家族）・メゾ（集団・小地域）・マクロ（政策・自治体）のすべての領域にわたるものということができる。ミクロの援助実践は，個別ニーズの把握や，それに基づく支援のネットワーク化，個別課題から地域課題への普遍化などであり，これらの実施に必要な技術は従来，「**個別支援**」の技術として整理されてきた。また，メゾの援助実践としては，個別課題を地域の課題へと普遍化すること，その課題に基づきプログラムの開発・推進やソーシャルアクション，地域資源のネットワーク化をおこなっていくことなどが該当し，従来「**地域支援**（**コミュニティワーク**）」の技術

図序-2　地域福祉援助の技術とワーカー

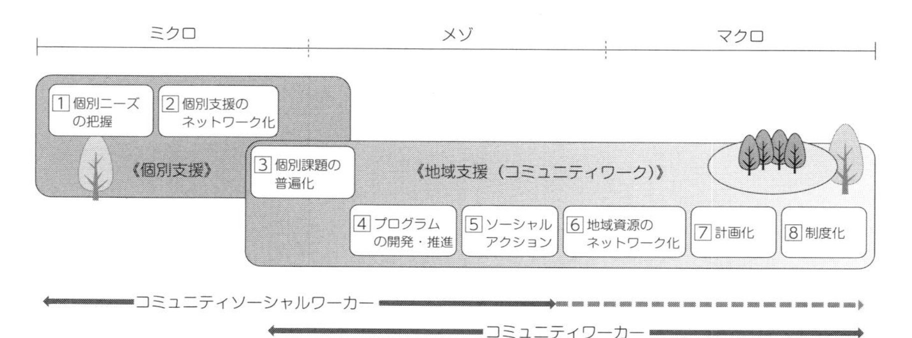

として整理されてきた。さらに「地域支援（コミュニティワーク）」の技術については，マクロ実践も含むものとして考えることができる。自治体レベルでの地域資源のネットワーク化，計画策定，制度の制定等がこれにあたる。

これらを実施・推進する専門職（ソーシャルワーカー）については，本書では個別ニーズの把握から支援のネットワーク化をはかり，さらに個別課題の普遍化をおこない地域の中でプログラムの開発推進まで（実践１～５）を主に担うワーカーを**コミュニティソーシャルワーカー**とし，地域課題の解決を目指し，プログラム開発から地域資源のネットワーク化，さらに計画化，制度化（実践３～８）を主に担うワーカーを**コミュニティワーカー**とする。この２つの実践は重なる部分（実践３～５）の幅が広く，協働が求められる場面も多いと考えられる。また，コミュニティワーカーが地域の中で個別支援のニーズキャッチにかかわることもあるだろうし，コミュニティソーシャルワーカーが計画化，制度化にかかわることもあるだろう。それぞれのワーカーが主に担当する実践領域はあるものの，ケースによっては相手の領域に越境することも十分考えられる「相互乗り入れ型の協働実践」が地域で展開されていくことになる。

実は，従来の「個別支援」と「地域支援（コミュニティワーク）」の区分に基づく専門職の配置では，「個別課題の普遍化」の場がないために，それぞれの実践が別々に展開されることも少なくなかった。その間を「越境」するコミュニティソーシャルワーカーをおき，コミュニティワーカーとの協働の体制をつくっていくことで，支援の「のりしろ」が増え，総合的・包括的な支援が可能となるということができる。

さらに**図序-2**でもう一点指摘しておきたいのは，「地域支援（コミュニティワーク）」の部分についてはソーシャルワーカーだけで実施できるものではなく，住民等の多様な主体との協働により，またそれらの主体を支援することによって実施されるものであるということである。さらに時には，住民等の多様な主体がソーシャルワーカーの支援を受けずに実施することもある。つまり，実践３～８については，「地域福祉援助の実践場面」という名前ではあるが，「地域福祉活動」への「地域福祉援助」として存在する場合だけでなく，純粋な「地域福祉活動」として存在する場合もあるということに注意が必要である。この点については，本書第Ⅲ部「地域福祉の主体と実践」において，事例を通して確認していくことにしよう。

最後に，本章において示した**図序-1**および**図序-2**は，地域福祉の援助について学ぼうとする際に，目の前に起こる実践場面を虫の目でみつめるだけではなく，俯瞰的に空のうえから森全体を見渡す鳥の目になることを助けるものといえる。この全体像を見渡す視点を持つことにより，個別支援を地域支援に展開していくコミュニティソーシャルワーク実践や，地域における新たなプログラム開発などを通して予防的に個別支援を受け止める地域づくりを目指すコミュニティワーク実践のそれぞれの意義と，２つの実践の連関性を理解することができるだろう。

第Ⅰ部
地域福祉の概念

高齢者福祉論や障害者福祉論のように「誰を対象とした福祉の理論や実践なのか」が明確ではなく，福祉を初めて学ぶ学習者にとってはイメージがつかみにくい地域福祉はわかりにくいとよく言われる。

しかし，ここで一度，本書で学ぶ読者は，どこから物事をとらえているかという自分の立ち位置を確かめてほしい。「高齢者」「障害者」と対象を明確にしているのは支援をする側からみたとらえ方であって，当事者が自ら進んでラベルづけをしているわけではない。65歳の誕生日を迎えた瞬間にその人の人格や身体の状況が急に高齢者に変化するわけではないように，本人からみた日常の生活は切れ目なくずっと続いている。

地域福祉は，こうした支援者側の制度によって当事者をカテゴリー分けするのではなく「地域で暮らす生活者」としてみるところに特徴がある。そして地域で暮らし続けるために課題があるとすれば，どうすれば解決できるのかということを，専門職だけではなく当事者とともに地域で暮らす地域住民と一緒に考え活動していくことに地域福祉の本質がある。

第Ⅰ部では，まず「地域」が直面している現状を学ぶ。次に地域福祉は何かということを，3つの要素（地域で支えること・問題が発生しないようにすること・地域をつくること）で構成される枠組みによってとらえていく。そして具体的に課題を持つ当事者を支える地域ケアの実践や同じような課題を持つ人の存在を意識し地域の中で予防的にその人たちを受け止めるしくみづくりをしていくうえでも，住民主体・当事者主体の地域づくりがその土台となることを学んでいく。

地域福祉は単純に地域でサービスを提供するということではない。また福祉活動を地域住民に任せるということでもない。地域に暮らす生活者としての当事者，地域に暮らす生活者としての地域住民の立ち位置に専門職もともに立ち，当事者主体・住民主体から生まれる先駆的な福祉活動を支え協働で地域づくりを行う地域福祉の意義を感じ取ってみよう。

第1章

地域社会の現状と地域福祉

1 個人化する社会

つなぎとめる縁のもろさ

人それぞれに人との付き合い方は違うだろう。人付き合いが苦手だという人もいるだろうし，近所付き合いがわずらわしいと，オートロックのタワーマンションを選んで入居する人もいる。鍵をかけ，自分の部屋で落ち着いて，誰にもじゃまされることなく趣味の世界に没頭する時間が至福の時だということはわかるような気もする。

社会学者の上野千鶴子はベストセラーとなった『おひとりさまの老後』の中で，すべての人は死ぬ時は一人だとし，それまでにどのように人とのネットワークを形成しているかが課題だとした[(1)]。最期の時に一人だということと，生きているプロセスの中で人とかかわりを持たないということは根源の部分で違う。「誰も他人を自由にしない。誰も一人では自由にはなれない。人間は交わりの内にしか自由になれない」とパウロ・フレイレは述べている[(2)]。人との付き合いがわずらわしいと思い，一人の自由を謳歌していると感じているとしても，人は自分の居場所や帰属する集団があり，人とかかわり，そこに根ざしているという感覚を持っているからこそ自由を感じることもできるのである。

日本では近年，社会の個人化が進んでいるといわれる。それは個人個人が一人でいることを志向するという個人の問題だけではなく，社会全体の「つながりの弱体化」としてとらえるべき問題ではないだろうか。「個人と個人のつながり」「家族と家族のつながり」「世代と世代のつながり」「階層と階層のつながり」がそれぞれ分断し，その結果「孤立」「近隣関係の希薄化」「世代の分断」「**格差社会**」という裂け目が社会の中に広がっているのである。

個人を社会につなぎとめる3つの中間集団

「あなたは社会に参加しているか」というふうに聞かれるととまどう人もいるだろう。「社会っていわれても，そもそも社会って何？」そう思うかもしれない。

人は社会全体と直接つながっているのではなく，社会の中で個人と社会を橋渡しするような個人か共通の特性によってグループ化される中間集団につながることによって，社会に参加しているといえる。ここでは，その中間集団とのつながりを3つの視点①「**血縁**」②「**地縁**」③「**社縁**」でとらえながら現実の社会の状況を考えてみよう。社会の様子を表すデータを読み解きながら，私たちの暮らす現代の社会の課題を感じ，他人事ではない「すぐそばにある課題」として個人化する社会を実感してみたい。

①　血　縁

両親が複数の子どもを育て，両親の親である祖父母が同居する3世代同居がかつては日本でも当たり前のように地域の中の心象風景として存在していた。サザエさん一家の平和な家庭の様子を思い浮かべてみてほしい。波平・フネという親世代，サザエ・マスオという子育て世代とその子のタラちゃん，サザエの弟であるカツオと妹であるワカメが一つの世帯に同居している。波平やマスオは時には遅くなることもあるが，平日の夜，家族全員で食卓を囲んで夕食をとり，会話が弾んでいる様子はほほえましい。しかしこのような風景はもはやアニメの中に存在する懐かしい風景として，現実味がなくなってきている。

図1-1でみると，2010年の時点で単身世帯は3割を超えており，すでに3世帯に1世帯の割合で独居となっている。2035年の推計値では4割に届こうとする勢いで，日本の社会が**単身世帯化**に向かって進んでいることがわかる。単身世帯の中でもとくに65歳以上の高齢者単身世帯の増加が今後進むことが予想

図1-1　世帯構成推移と見通し

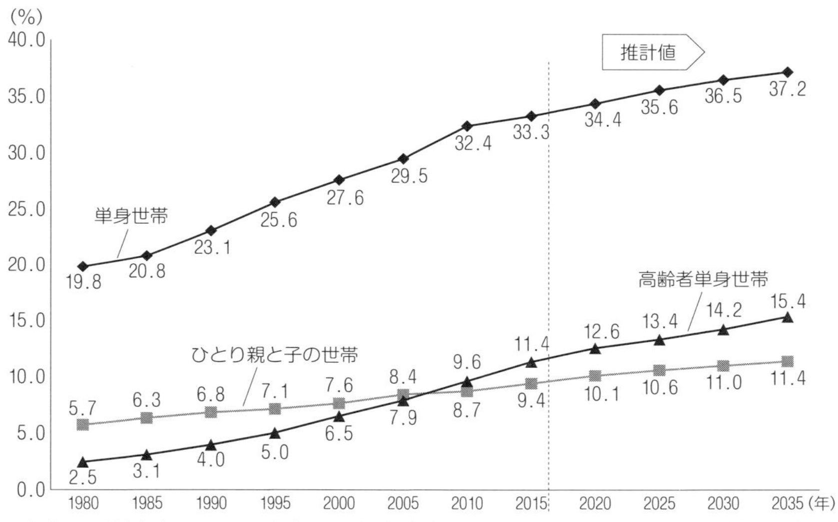

出所：国立社会保障・人口問題研究所の2013（平成25）年1月推計の「日本の世帯数の将来推計（全国推計）」より筆者作成。

されており，またひとり親世帯の増加など，世帯を構成する人数がどんどん少なくなっているという傾向が日本の社会の中で顕著となっている。

また，血縁のつながりの希薄化につながる要因として，結婚をしない人が増えているという，血縁そのものの縮小化も指摘されている。次に**生涯未婚率**の推移をみていこう（図1-2）。生涯未婚率とは45～49歳と50～54歳未婚率の平均値であり，50歳時の未婚率をさすが，2010年の時点で，女性はおよそ9人に1人，男性は5人に1人が生涯未婚ということになる。この数字をみると将来，家族に囲まれて食卓を囲むことが誰にでも訪れる日常であるとはいえないということが現実味を帯びてくる。また，このことは独居高齢者だけの問題ではなく，これから家庭を築いていこうとする若者世代にとっても「他人事」ではない課題として向き合っていく必要があるのである。

② 地　縁

都市部でのオートロックマンションの増加，地方での人口減少・過疎化など，

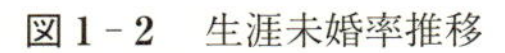

図1－2　生涯未婚率推移

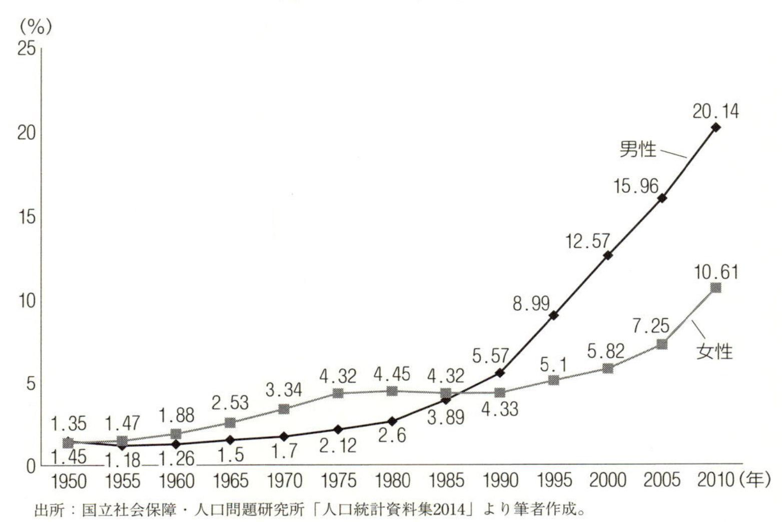

出所：国立社会保障・人口問題研究所「人口統計資料集2014」より筆者作成。

都市部・地方ともに近隣同士のつながりが薄れてきているといわれている。平成27年度の『厚生労働白書』のデータによると2006年より2015年のほうが，地域のつながりを「やや弱くなっている・弱くなっている」と感じている人が増加していることがわかる（図1－3）。

また，近所でつながりのある人数の平均（図1－4）をみてみると，生活面で協力し合っている人については2006年，2015年ともほぼ1人ということでそれほど差はないが，挨拶程度の付き合いのある人がおよそ10年の間に1.9人，日常的に立ち話をする人はおよそ0.9人少なくなっている。挨拶や立ち話をするという，日常生活の中で近所の人との関係性が薄くなっていることがこの調査結果からも読み取ることができる。

③　社　縁

かつては一度就職をすると，終身雇用制度に守られ，生活の保障は勤め先である企業が手厚く面倒をみてくれるという安心網（セーフティネット）が日本の社会には存在していた。ところが長びく不況の影響で雇用の環境が悪化し，非

図1－3　地域のつながりが10年前と比較してどうなったか

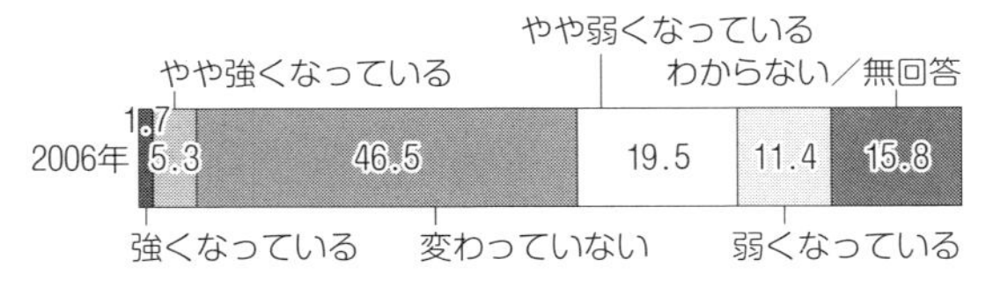

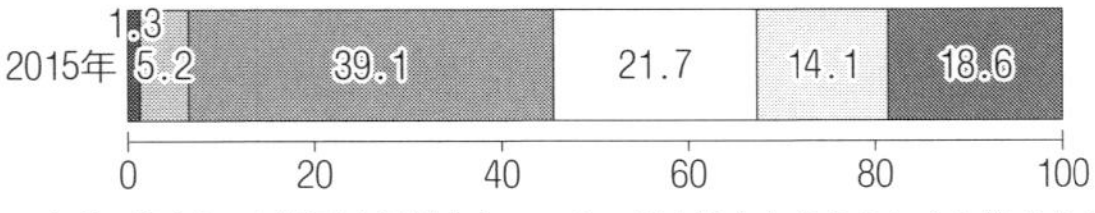

出所：『平成27年版厚生労働白書――人口減少社会を考える』より筆者作成。

図1－4　近所でつながりのある人数の平均

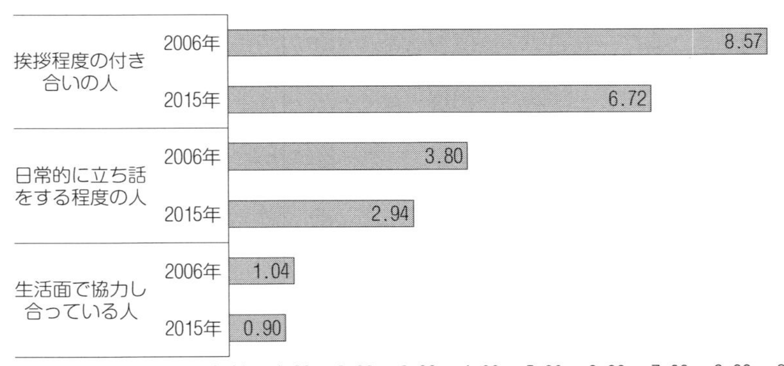

出所：『平成27年版厚生労働白書――人口減少社会を考える』より筆者作成。

正規雇用者の割合が増加している（**図1－5**）。被雇用労働者のうち，非正規雇用率は全体で37.3％と４割近くまで達し，とくに女性は半数以上が非正規雇用者という現状がある。

ここまで，家庭の中，地域の中，職場の中でつながりが希薄化する実態をいくつかのデータで考えてみた。それでは孤立感を感じている人はそれぞれの場でどのくらいいるのだろうか。

「平成23年度国民生活選好度調査」によると，家庭の中で10.6％，地域の中で12.8％，職場の中で７％の人が孤立感を感じているという調査結果が明らかになった（**図1－6**）。先に述べたように人は社会とつながる場として家族・地

図１－５　非正規雇用率

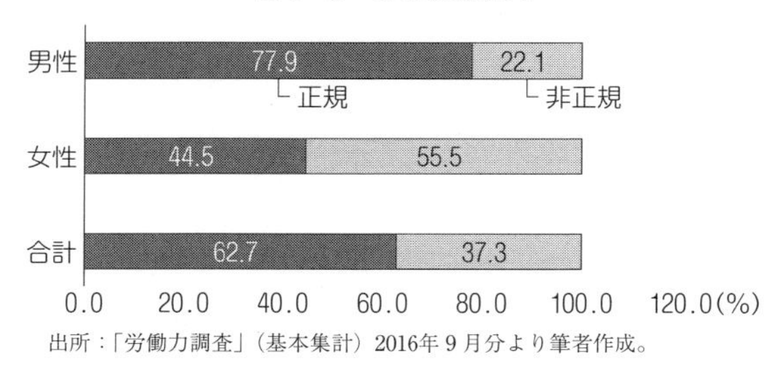

出所：「労働力調査」（基本集計）2016年９月分より筆者作成。

図１－６　孤立感を感じる割合

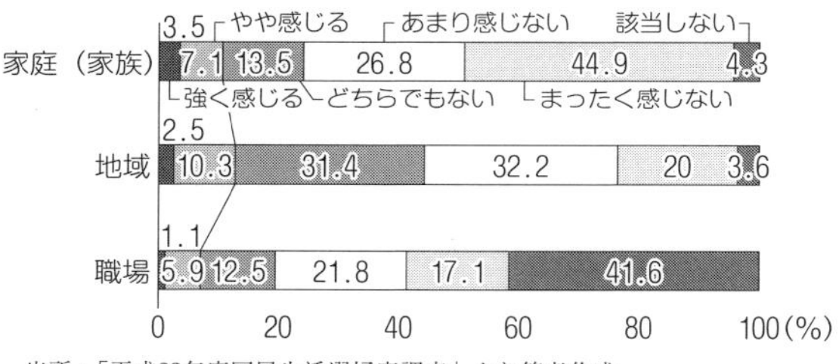

出所：「平成23年度国民生活選好度調査」より筆者作成。

域・職場といった中間集団に所属するが，その中間集団において関係性の希薄化が進み，社会の中で孤立する人が存在し，さらに今後も増加する可能性があるということが，これらの調査結果から読み取ることができる。

社会的排除という課題

社会の中で人が孤立するということは，個人の志向だけの問題ではなく，社会全体の「つながりの弱体化」としてとらえるべきだということを，この章のはじめに述べた。もし，ある人が孤立し誰にも助けを求めることができずに課題を抱え込んでしまうような状況を，「その人が周囲と関係を持とうとしなかったからだ」とする自己責任論で片づけてしまうような地域社会は，誰もが孤立し課題を抱え込む可能性を持つ，きわめて「もろい地域社会」ということがいえるだろう。

人は生活の基点としての家があり，その中で家族という小集団の一員である。

また地域や職場（学校）などの中間集団のメンバーとしての存在でもあり，朝，家から出勤し，職場で同僚と協働作業をおこない，仕事を終えると帰宅し，休日には地域の友人と余暇を楽しんだり，職場で得た就労収入によって買い物をするというように，それぞれの中間集団の間を自由に行き来しながら社会に参加している。

しかしそうした中間集団に参加することができず，集団の間を自由に行き来ができないとしたらどうなるだろう。家族というもっとも濃密であるはずの人と人の関係性から孤立し，地域社会のつながりから孤立し，職場や学校での居場所がなくなったとする。そうしたつながりの分断が連鎖していくと，人は社会に参加することができず，低学歴，低収入，失業，家庭崩壊などの複合的に不利な状況が重なり社会的排除の状況におかれることになる[(3)]，と岩田正美は述べている。

このような状況におかれた人への支援としては何が考えられるだろうか。まず個人がもう一度社会との関係性をつなぎなおすことができるように個人への支援が求められることはいうまでもない。そして同時に**社会的排除**▶の課題を，「特定の個人を社会の関係性からしめ出すという社会としての課題」としてとらえ，家族・地域・職場などの中間集団が個人を排除するのではなく包摂するように関係を紡ぎなおす支援もおこなう必要があるだろう。

また，個人への支援と並行して，家族と地域社会のつながり，地域社会と職場（企業）とのつながりといった「中間集団の間をつなぐ関係性」を強めていく必要もある。このことが序章で示したように地域の課題を「われわれの課題」として取り組むことを可能にする「基盤としての地域福祉力」を高めていくことにつながるのである。

図1－7　社会参加の重層性

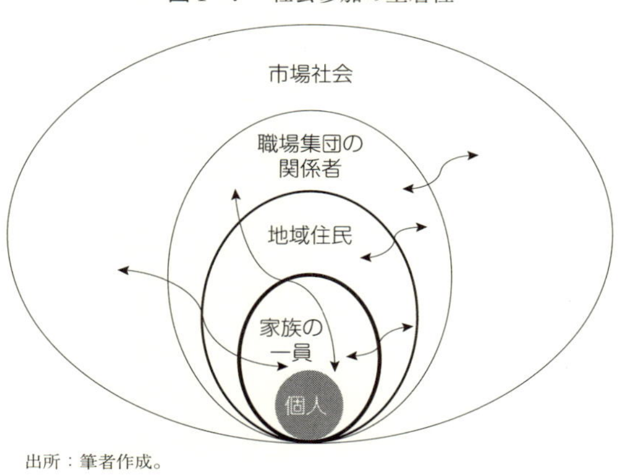

出所：筆者作成。

2　住民と地域福祉の関係

住民主体とは

牧里毎治は「地域福祉の固有とすべき援助・支援の対象を『住民であること』『住民であり続けたい』ニーズとすれば，地域福祉の課題は貧困者であれ，高齢者・児童・障害者であれ，地域社会に暮らす住民であることへの保障である」としている[(4)]。「地域住民である」ということは，単に地域の中で暮らすということだけではなく，**図1－7**で示されているように，自らの意思で社会とのつながりを選び取り，社会の中の中間集団に参加しながら生活を営むということでもある。

このように地域福祉を考えていくと，もっとも大切な点は，地域で暮らす個人が「どのように地域の中で生きるか」ということを本人が主体となって選び取っていく権利を徹底的に保障するということである。そしてその際に個人だけ（**図1－7**の個人の部分のみ）に焦点をあてるのではなく，個人と中間集団の関係性の分断を「特定の個人を社会の関係性からしめ出すという社会としての課題」としてとらえることに地域福祉の特徴がある。

社会福祉法第4条

地域住民，社会福祉を目的とする事業を経営する者及び社会福祉に関する活動を行う者は，相互に協力し，福祉サービスを必要とする地域住民が地域社会を構成する一員として日常生活を営み，社会，経済，文化その他あらゆる分野の活動に参加する機会が与えられるように，地域福祉の推進に努めなければならない。

住民主体とは，地域の中で特定の課題を持つ人が地域の中で社会参加できず不利な状況が重なることを「地域の課題」としてとらえ，住民自身がこうした課題解決の主体となり地域福祉を推進することをいう。

社会福祉法第4条には，地域住民が地域福祉の推進主体であるということが明記されており，社会福祉を目的とする事業を経営する者と社会福祉に関する活動をおこなう者との相互協力が求められている。また，社会的排除の状況にある人を地域社会からしめ出すのではなく，その人たちを地域住民の一員として「ともに暮らす社会」をめざす**ノーマライゼーション**▶の理念が示されている。

地域福祉推進への参加

地域福祉を推進する主体として住民が位置づけられるということは，単に住民に対してサービス提供主体となることを期待するということではない。この点を押さえておかないと，地域住民が資源化され，制度で担いきれない支援が地域住民に押し付けられてしまうということにもなりかねない。多様な場面での地域福祉への住民参加を支援し，住民自らが地域づくりに主体的に関与するという住民の力（citizen power）を高めていくこと。それによって，地域住民を不足するサービスの安上がりな担い手として資源化しようとする流れに対抗し，行政との対等な協働関係を構築していくことができるだろう。

宮城孝は地域住民が地域福祉の推進に参加する形態として次の5点をあげている[(5)]。

①　情報の獲得と学習

②　サービス利用者としての参加

③　地域福祉の実践活動への参加

④　組織的なサービスの提供者として参加

⑤　福祉政策や計画策定課程への参加

このように，地域福祉は当事者を含む地域住民が自ら地域社会のあり方を問い直し，不利が重なり合うような社会的排除の状況にある人の社会とのつながりを再構築し，そういう社会的排除の状況を生み出している地域社会のあり方を，地域住民が主体となって変革していくことを支援していくという考え方であり実践方法であるといえる。

地域福祉の援助とソーシャルワークのちがい

近年，本章で述べたような地域社会で進む個人化の課題が進む中，支援が必要な人に対して，支援が届かない状況がますます深刻化している。誰もが安心して暮らすことのできる地域を目指していくために，地域福祉は何をすべきなのだろうか。地域の中には支援が必要な状況にありながら，孤立し声も出せない状況の人が大勢いる。その人たちを社会的排除の状況のまま見捨てるのではなく，地域の中で多様な主体が協働しながら必要な支援をとどけていくことは地域福祉の重要な実践である。しかし，それだけなのであればわざわざ「地域福祉」という必要はなく，ソーシャルワーカーの目の前にいる要支援者に働きかける実践としての「ソーシャルワーク」でよい。

「地域福祉」は一人ひとりへの支援と同時に，社会的排除の状況をそのままにしている地域社会に対して変化を求めていくことにこそ特徴がある。**図序-2**のコミュニティワーカーが担う支援は，現に目の前にいる要支援者だけではなくまだ「みえていない」課題にも予防的に備える地域づくりを意味する。したがって「地域福祉」は従来のソーシャルワークに収まりきらないような，「住民主体・当事者主体による活動」とその活動を支える地域支援（コミュニティワーク）がその基盤に据えられてこそ，存在意義があると言ってもよいだろう。本書では以降，地域支援（コミュニティワーク）という並列表記を，コミュニティソーシャルワークとの対比を意識してコミュニティワークに統一する。

続く第２章では地域福祉の中身はどのようなものなのかということを学び，第３章では本章でふれたような社会から孤立する当事者に対する地域福祉としての考え方と実践の内容について学んでみよう。

注

(1)　上野千鶴子（2011）『おひとりさまの老後』文藝春秋。

(2)　Freire, Paulo（2005）*Pedagogia do Oprimido, 46th Ed., Paz e Terra.*（＝2011，三砂ちづる訳『新訳　被抑圧者の教育学』亜紀書房）。

(3)　岩田正美（2008）『社会的排除　参加の欠如・不確かな帰属』有斐閣。岩田正美は社会的排除とは静止画像としてとらえるのではなく，排除が重なり合うプロセスとしてとらえるべきだとしている。

(4)　牧里毎治（2010）「生活圏域と福祉圏域」市川一宏・大橋謙策・牧里毎治編著『地域福祉の理論と方法』ミネルヴァ書房，46-53。

(5)　宮城孝（2008）「参加型地域福祉システムと公私関係」市川一宏・大橋謙策・牧里毎治編著『地域福祉の理論と方法』ミネルヴァ書房，16-22。住民参加の多様な形態を地域の中で保障していくうえで，当事者がサービスを利用する立場から地域づくりに参加するという視点は重要であり，また参加形態が固定されずにいろいろな立場に立てることが求められる。

用語解説

▶格差社会

1950年代半ばから70年代前半にかけての高度経済成長期を経て日本国民の意識は「一億総中流」と呼ばれるように，大半の人々が豊かな生活水準を実感していた。しかし1990年以降バブル経済が崩壊し，企業によるリストラ，労働者の非正規雇用が進み，国民の社会階層が富裕層と貧困層に二極化し，その格差がますます広がる状況となっている。このように貧富の差が広がり，階層間の移動が困難な社会を格差社会という。

▶血縁

親子，兄弟など親族関係によるつながりをいう。かつては３世代同居も当たり前であり，もっとも親密で個人のソーシャルサポートの中核を担うはずだった血縁であったが，核家族化，単身化が進み未婚者も増加する中，血縁に頼ることができない個人が増加している。また，血縁による「ケアの密室化」が，虐待などを引き起こす要因ともなりうることもあり，ソーシャルサポートネットワークを家族にのみ期待することはむずかしい状況となっている。

▶地縁

その地域に居住しているという近隣関係のネットワークをいう。代表的な地縁組織の形態として自治会，町会，町内会があるが，その加入率は全国的にも年々減少している。地縁には，その地域に居住するという共同性による相互支援が期待できる一方で，義務づけられる役務の負担や人間関係を維持するうえでのむずかしさなどもある。

▶社縁

会社での人間関係を基盤とする人とのつながり。高度経済成長期には会社の福利厚生も豊かで，社員をはじめその家族も会社での運動会や社員旅行といった社縁を取り結ぶ機会が多かった。しかし，バブル崩壊後は終身雇用制が崩れ，会社とのつながりの持続性が不安定となり，また非正規雇用の労働者は，社縁そのものから排除される状況にある。

▶社会的排除

社会におけるさまざまな制度から排除され，人間関係からも切り離され，社会の一員としての存在を実感できなくなるような状況となり，社会の周縁に追いやられていくプロセスのことをさす。社会的排除として問題をとらえるということは，そうした状況にある個人の自己責任ではなく，そのような状況を社会の側の問題としてとらえることに意味がある。対語として社会的包摂（ソーシャル・インクルージョン）がある。

▶ノーマライゼーション

デンマークのバンクーミケルセン（Bank-Mikkelsen, N. E.），スウェーデンのニィリエ（Nirje, B.）らにより提唱された。障害者を社会から排除するのではなく，障害があっても健常者と同じように当たり前の暮らしを実現できる社会がノーマルな社会であり，このような共生社会の実現を目指すという理念およびその取り組み。

第2章

地域福祉とは何か

1　地域福祉の「内容」

大学などで社会福祉を教えていると，児童福祉や高齢者福祉，障害者福祉を学びたいと入学してくる学生はいても，入学時に地域福祉を学びたいという学生にはほとんど出会わない。虐待を受けた子ども，介護が必要な高齢者や障害者が抱える困難は想像しやすく，それゆえ，それに対して実践や政策としてどのようなことができるのかという関心も持ちやすいのだろう。しかし，よくよく考えてみれば，子どもも（子どもを育てる親も），高齢者も，障害のある人も，地域で暮らしている。以前は，その人が暮らしている地域やその人の培ってきたさまざまな社会関係から切り離して，大規模な施設に収容してこうした問題を解決しようとしてきた。しかし，あとでも述べるように，本人の社会関係を無視したこうしたケアのあり方や，そうした人たちを結果的には排除してきた地域社会そのものを変えていく必要があるのではないか，という問題意識が生まれてきた。簡単にいえば，地域福祉はこうしたケアのあり方や地域社会のあり方そのものを，私たち自身（地域）が変えていこうという考え方であり，実践（「地域が主体になる福祉」）である。この章では，地域福祉がどういった中身から構成されているのか（地域福祉の内容），またその法的位置づけを説明し，地域福祉とは何かを明確にしたい。

地域福祉を理解するために，まずその内容を理解しておく必要がある。地域福祉と聞くと，一般には「地域でサービスをおこなうこと」と漠然と理解されていることが多い。こうした一般的な理解（地域における福祉）と地域福祉との違いを明確にしておくことがここでのポイントである。結論を先取りしていうと，地域福祉の内容は，①住民と当事者が地域をつくること（**地域組織化活動**），②地域と一緒に支えるケア（**コミュニティケア・地域ケア**，以下，地域ケア），③問題が発生しないようにすること（**予防的福祉**）から構成されている[(1)]。以下，それぞれについて説明していこう。

住民と当事者が地域をつくること（地域組織化活動）

生活のしづらさを抱えながら地域で暮らしていくためには，サービスが充実すれば十分だろうか。ここではまず，どうして「地域をつくること」（地域組織化活動）が必要なのか考えてみよう。たとえば，認知症でゴミの分別がむずかしくなってきた時に，近所の人が「それなら少し手伝いましょうか」といってくれるかもしれないし，逆に「そのようなこともできないなら，早く施設に入ってもらわないと」というかもしれない。また，一人暮らしをしていても，地域の中にサロンのような居場所で顔なじみの人と交流し，配食のボランティアが食事を持ってきてくれたり，庭の手入れやゴミ出しといったことを手伝ってくれるような地域で暮らしていれば，それまでと同じような暮らしを続けていくことができるだろう。

一方で，このような人との社会関係（つながり）がまったくなければ，たとえサービスが充実していても，専門職とだけ顔を合わせるような生活になってしまうだろう。このように，その人が暮らす地域は，地域で暮らしていくための前提条件といえる。こうした前提条件をつくりだしていくことが，地域組織化活動である。地域組織化活動は，**一般的地域組織化活動**と**福祉組織化活動**の２つがあり，前者は，福祉の活動に限定されない一般的な意味での地域づくりのための組織づくり，後者は，一般的な地域づくりの中で当事者が「おいてけぼり」にならないように，当事者を中心に組織づくりをしていくことである。

①　一般的地域組織化

福祉の問題に限らず，地域の中の問題を特定の人だけが話し合って物事を決めていたり，お互いが知らんふりで何でも行政に任せておけばよいと考えていたり，逆に自分たちにできることは何もないとすっかりあきらめていたとすれば，そもそも「地域が主体になる福祉」を進めることはできない。とはいえ，何もないところから地域課題をともに考えていくことはむずかしいため，地域課題について話し合ったり，行動を起こしていくための場や組織が必要になる。一般的地域組織化は，住民が主体的に地域課題の解決に向けて話し合い，ともに考え，要求や活動をつくりだしていけるような組織づくりをしていくことをいう。

通常，地域には，住民が組織するさまざまな団体がある。自治会・町内会，老人クラブ，子ども会，婦人会といった団体は，強制ではないものの，地縁（その土地に住んでいること）に基づいて日本のほとんどの地域で組織化されている（以下，地縁団体）。また，こうした地縁団体だけでなく，ボランティアグループや趣味の会，サークル活動，特定の課題について関心を持つNPOなどが地域の中で活動している（以下，コミュニティグループ）。

ソーシャルワーカーは，新たに組織をつくるだけでなく，こうしたすでに地域の中にある地縁団体やコミュニティグループにおいて，住民が主体的に地域課題について考え，解決するための行動を起こしていくために，話し合う機会をつくっていくことが必要になる。たとえば，地域課題を話し合う座談会などをおこなう場合には，こうした団体に参加を促し，地域課題を共有化していく機会をつくるといった活動をおこなっていくことになる。

一方，地域によっては，地縁団体に特定の人しかかかわることができないといった批判や，逆に特定の人に負担が偏り，地域活動の担い手が不足するといった問題が起きている。そこで，近年では，地域の団体が一堂に会し，より多くの住民が参加して地域の問題を話し合っていく「場」をつくっていくことが一般的地域組織化の課題となっている。一般的地域組織化を進めていくためには，特定の人だけが決定したり，負担するのではなく，すでにある団体同士をつなげ，地域課題を投げかける機会をつくり，より多くの住民が地域課題を主体的に考えていくことができるようにかかわっていくことが必要になる。

事 例

神戸市西区竹の台地区の「円卓会議」

神戸市西区の竹の台地区（小学校区）では，年に4回，地域のさまざまな地域団体が集まり，地域課題を自由に話し合う「竹の台円卓会議」を開催し，地縁団体とNPOなどのコミュニティグループがそれぞれバラバラに地域課題に取り組むのではなく，相互に理解を深め，協働していくことを目指している。たとえば，竹の台地区の道路の補修について，以前は自治会ごとに個別に行政への補修依頼がおこなわれていた。この方法だと行政も優先順位がわからず，対応に差が出てしまう。そこで，円卓会議で話し合われた結果，各自治会が一斉に道路補修が必要な個所を地図にプロットして点検し，みんなで話し合って優先順位を決めるという取り組みがおこなわれた。地区全体の計画として行政に提出することによって，住民が合意した必要度の高いところから補修がされるようになったという。

こうした経験は，住民自身が話し合い，決めることで確実に良い変化が起こるという自信につながっていく。竹の台地区では，近郊の農家と提携し，買い物が困難な高齢者に新鮮な野菜を提供する朝市や，神戸市から地域集会所の管理委託を受け「コミュニティ喫茶」を開店するなど，さまざまな活動を住民の力で展開するだけでなく，自ら「竹の台子ども安全基金」を創設し，活動資金も地域住民自身でつくりだす取り組みを続けている。(2)

②　福祉組織化

福祉組織化は，福祉コミュニティをつくる活動のことである。**福祉コミュニティ**という言葉はさまざまな意味で用いられているが，ここでは地域福祉でいう福祉コミュニティの意味を明確にしておきたい。一般的地域組織化が，住民参加によってさまざまな要求や活動をつくりだしていくことだとしても，多くの場合，話し合いのテーブルにのぼり，協議されるのは，大多数の住民に共通した課題になる傾向がある。そこで，こうした場において，少数者の要求を代弁したり，権利を擁護するためのコミュニティづくりが必要になり，こうして形成されるコミュニティを福祉コミュニティという。いいかえれば，福祉組織化は，**一般コミュニティの福祉化**[3]を進めることであり，福祉コミュニティづくりは，福祉でまちづくりを進めるための組織づくりであるといえる。

福祉コミュニティは，現に問題に直面している当事者を中心に，そのような当事者を支援したり，代弁したりする住民やボランティア，そして当事者を支援する機関，団体や施設（専門職）によって構成される。つまり，ここでいう福祉コミュニティは，専門職を中心とした組織ではなく，当事者を中心に組織化された，一般コミュニティの中にある特定の目的を持ったコミュニティ（これを地理的コミュニティに対して，機能的コミュニティという）であり，こうした結びつきをつくりだしていくのが福祉組織化の活動ということになる。

問題を抱えた当事者は，こうした足場があることで，はじめて自らの思いや要求を訴えていくことが可能になる。いいかえれば，さまざまな当事者参加が可能になる。**図2-1**に示したとおり，社会福祉における参加は，政策を決める過程への参加（図2-1の「マクロな政治参加」。たとえば，市町村の計画策定や審議会の委員になること）だけでなく，自分に対する支援に自分自身の思いや意見を述べること（図2-1の「ミクロな政治参加」。たとえば，アセスメントや支援計画の内容を専門職に任せるだけではなく，一緒に取り組んだり，自分自身で決めていくこと），そしてさまざまな社会活動への参加がある（社会参加）。

福祉コミュニティは，当事者がこうした参加を実現していく足場である。たとえば，一人ひとりの介護者は思いを持っていても，なかなかそれを政策に訴えていくことができないし，さまざまな地域の活動に参加する時間も気力もなくて，地域から孤立してしまうかもしれない。しかし，介護者の会のような自分の思いを語れる組織があり，そうした活動を地域団体やボランティア，専門職が支援してくれれば，自分の思いを訴えたり，介護者の視点から地域活動に提言していくことも可能になる。具体的には，介護者を代表して行政がつくる計画の委員になったり，地域で防災訓練をおこなう場合に，介護が必要な高齢者にどのような配慮が必要かといったことを提言することができるだろう。

図2－1　社会福祉における参加の分類

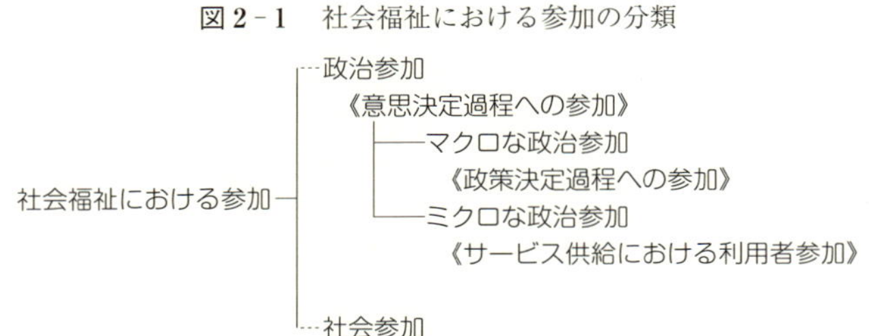

出所：武川正吾（1996）「社会政策における参加」社会保障研究所編『社会福祉における市民参加』東京大学出版会，を参考に筆者作成。

事　例

淡路市の「いづかしの杜」

淡路市北部の山間部，仁井（にい）地区は，農業従事者の多い小規模過疎集落であり，保育所や小学校が相次いで閉園・閉校になる一方，地区社会福祉協議会をはじめ，野菜の直販をおこなう農青部や，さまざまな地域行事の下支えをする団体など，同じ地域で暮らし合うために必要な地域活動が伝統的におこなわれてきた地域であった。淡路市社会福祉協議会は，閉園した保育所を無償譲渡されたことをきっかけに，保育所の向かいにあった閉店した商店の土地も取得して，障害者福祉サービスである就労継続支援Ａ型，就労継続支援Ｂ型，生活介護の３事業をおこなう地域生活多機能拠点「いづかしの杜」を開設した。いづかしの杜は，集落コンビニ（何でも屋）の運営，移動販売，弁当屋，リサイクルなどの活動を実施することで，集落で暮らす高齢者の生活課題の解決や住民交流の拠点ともなっている。

障害のある人やその家族とのかかわりの中で，「障害の有無にかかわらず，地域にかかわりながら暮らす」「障害の有無にかかわらず，助けたり，助けられたり」という地域づくりを進めたいと考えていた社協のワーカーは，「気づきの広場」（地域福祉学習会）という住民との学習会や話し合いなどを通じて，障害のある人の思いや多機能拠点の必要性を地域の人と共有しながら，いづかしの杜の開設へとつなげていった。

いづかしの杜がオープンしてから，障害者が，仕事を通じて住民のつどい場の確保や買い物といった地域の生活課題に対応するとともに，地域で取り組まれるさまざまな活動に時には担い手としても参加するなど，障害のある人と住民が協働する機会もつくられるようになっているという。「いづかしの杜」の事業は，障害者の日常生活及び社会生活を総合的に支援するための法律（以下，障害者総合支援法）に基づいておこなわれるサービスであるが，そうした事業を通じて当事者が地域の活動に参加することを可能にする福祉コミュニティにもなっているといえるだろう[(4)]。

地域と一緒に支えるケア（地域ケア）

日本では，これまで「在宅福祉サービス」という言葉が用いられることが多かったが，ここでいう地域ケアは，在宅福祉サービスよりは広い概念である。在宅福祉サービスは，ケアが提供される場としての「在宅」に焦点をあてた概念であるが，地域ケアは，必ずしも在宅におけるケアのことだけでなく，本人をそれまでの社会関係から切り離さず，地域の多様な主体が協力しておこなうケアのあり方のことをいう。逆にいえば，在宅という場所でおこなわれていても，本人をそれまでの生活から切り離すようなケアは，地域ケアとは呼ばない。

「本人をそれまでの社会関係から切り離さない」ためには，その人の社会関係の全体（すなわち生活の全体）をとらえる視点が不可欠になる。なじみの喫茶店に通ったり，友人とスーパーで話したり，碁を打ったり，地域でおこなわれているサロンに参加しておしゃべりをすること。当たり前のことだが，私たちは，専門職による支援だけで暮らしているわけではなく，できなくなってきたことを補うために介護サービスを使ったり，病気になれば病院に行ったりするのである。本人をそれまでの社会関係から切り離して支援するということは，その人が大切にしてきた関係を無視して支援することであり，それが施設であろうが，在宅であろうが，望ましいとはいえない。逆に，自宅を離れ，グループホームに入所したとしても，そこからなじみの場所に通えたり，友人と会ったりすることができれば，社会関係から切り離さないケアが可能になっている

図2-2　地域ケアの考え方

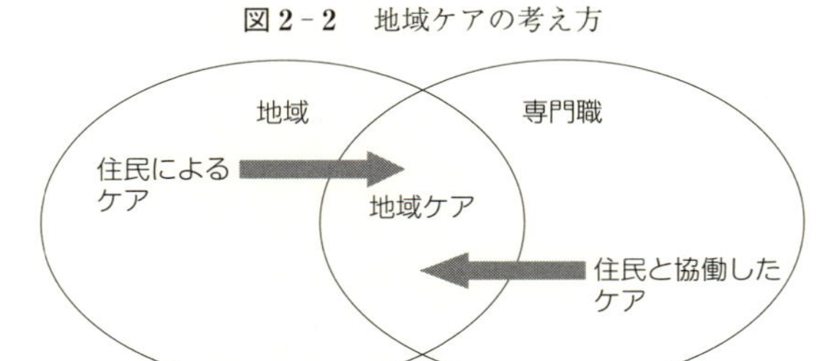

出所：平野隆之（2008）『地域福祉推進の理論と方法』有斐閣，83，を参考に筆者作成。

といえるだろう。

また，こうしたケアのあり方は，一つの機関や一人の専門職だけでおこなうことは難しいし，専門職だけでおこなうこともむずかしい。なぜなら，「それまでの社会関係」は，通常，家族や友人，地域の人との関係であったり，地域での活動（たとえば，サロン活動への参加）であるからだ。そのため，地域ケアは，さまざまな専門職同士が協働するだけでなく，住民や当事者の参加や活動（**インフォーマルな社会資源**）と専門職が協働することで成立するケアといえる（図**2**-**2**）。

また，専門職と地域の協働は，地域の社会資源を単純に活用するという発想ではうまくいかないだろう。官僚や専門職だけで理想的な絵は描けるかもしれないが，住民は専門職に活用されるだけの存在ではない。これからの地域ケアのあり方として，国は**地域包括ケアシステム**（本書〔コラム5〕）という考え方を打ち出しているが，地域住民や当事者と専門職がともに考え，それぞれの地域にあったケアのあり方を考えていくことが，地域福祉の視点からは重要になる。

事 例

鹿塩の家の地域ケア

宝塚市社会福祉協議会が運営する「ふれあい鹿塩(かしお)の家」は，法律上は介護保険法に基づく通所介護（デイサービス）であるが，「地域における福祉サービス」と「地域ケア」の違いを考えるうえで参考になる事例である。鹿塩の家は，さまざまな取り組みをおこなっているが，ここで注目したいのは，「立ち寄り利用」という誰でも好きな時に鹿塩の家に来て過ごすことができるという利用形態を認めていることと，地域住民が参加する運営委員会があることである。まず，「立ち寄り利用」があることで，一人暮らしの人が昼食を食べに来たりするなど，ふらっと立ち寄ることが可能である。実際に，民生委員や近隣住民が，地域の中で気になっている人に鹿塩の家での立ち寄り利用を勧めてからサービス利用につながる人も多く，暮らしの延長線上でのケアの実現につながっているという。また，運営委員会は，地域の自治会や老人会，民生委員や利用者家族，ボランティアといった地域住民と鹿塩の家のスタッフ，社会福祉協議会の地区担当ワーカー（コミュニティワーカー）から構成され，地域の状況や課題，利用者の状況やかかわり方，サービス内容の点検，自宅での生活支援の検討，気になる人についての意見交換などがおこなわれているという。こうした場があることで，地域住民は「私たちの施設」「地域のための施設」という意識が芽生えていく。また，話し合いの中から，鹿塩の家を使った地域の誰でも参加できるサロンや母親同士が子どもを預かり合う相互保育活動などが誕生し，地域住民同士や子どもと高齢者の交流も生まれているという。

このように，鹿塩の家の実践は，「立ち寄り利用」という工夫によって，地域から切り離さず暮らしの延長線上でケアをおこなうことを可能にし，その運営に住民がかかわることで，住民と専門職が協働したケアのかたちを生み出している。こうした協働によって，分野を問わない地域で必要とされるさまざまな活動（社会資源）が，運営委員会という場を媒介にして地域の中に生み出されているのである[(5)]。

問題が発生しないようにすること（予防的福祉）

次に予防的福祉について説明しよう。一般的にいえば，専門職が利用者と出会うのは，何らかのサービスが必要になってからである。たとえば，要介護認定を受けなければ，介護保険は利用できないから，要支援もしくは要介護の状態にならなければ，ケアマネジャーという専門職の出番はない。しかし，すべての人が，適切な時期に，自らサービスが必要であることを申請できるわけではない。そうすると，かなり重篤な状態になってから，はじめてサービスにつながるという例も出てくる。

別な例でいえば，多重債務に苦しんでいる人が，**生活福祉資金貸付制度**▶を知らないために，闇金融などで借金を重ね，より困難な状況になってはじめて**生活困窮者自立支援制度**▶の相談窓口を訪れることになる場合もある。こうした例にみられるように，制度には何らかの受給資格があってそれに該当しなければ利用できないし，**申請主義**という原則がとられているので，自ら窓口に出向かなければならない。

先の例では，生活福祉資金貸付制度を知っていれば，もっと早い段階で債務を解消し，生活を立て直す一歩を踏み出すことができたかもしれない。このように，本来使えるはずの制度をきちんと使えるようにすることは，**予防的福祉**といえる。また，社会的に孤立している人ほど介護サービスを利用していないという調査結果もある(6)。したがって，地域のさまざまな地域活動や福祉活動にできるだけ多くの人が参加し，専門職や地域住民とのつながりをつくることで社会的な孤立を解消していくことにも予防の効果がある。たとえば，ある地域包括支援センターの社会福祉士は，地域でおこなわれるサロン活動を広げる支援に加え，その活動に参加し，健康診断や介護予防教室といったさまざまな活動の案内をしている。こうした案内をすることも予防であるが，住民と顔見知りになっておくことで，「困った時に相談できる人」として認知され，困りごとが大きくなる前に相談してもらうことが大切だという。このように，問題が発生してから事後的に対応するだけでなく，地域の中でつながりをつくり，必要な場合に必要な制度につなげていくしくみづくりをしていくことが，ここでいう予防的福祉といえる。

事　例

名張市の「まちの保健室」

三重県名張市では，小学校区単位で住民にとって身近な公民館の中などに「まちの保健室」という初期総合相談の窓口を開設し，2人の専門職が相談にのる体制をつくっている。まちの保健室は，問題が発生してから対処する役割も果たしているが，通りがかりに介護や子育ての悩みを気軽に話していける，敷居の低い相談窓口である。また，子育てサロンや高齢者サロンなど，地域住民がおこなう活動の支援もおこなっている。地域活動をしている住民も気軽に相談できる場なので，活動の中で気になる住民を発見した場合などは，すぐにまちの保健室に伝え，早期の対応が可能になっている。このように，身近な場所に分野や対象を問わないさまざまな相談にのってくれる場所をつくることで，ニーズの早期発見や早期対応が可能になる。介護保険法上の地域包括支援センターもこうした役割が期待されているが，まちの保健室は，高齢者に限定されない総合相談窓口であること，そして地域包括支援センターが設置される日常生活圏域（中学校区）よりも狭い範囲（小学校区）に設置されていることが特徴である。(7)

3つの内容の関係

以上のように，地域福祉を構成する内容を，①住民と当事者が地域をつくること（地域組織化活動），②地域と一緒に支えるケア（地域ケア），③問題が発生しないようにすること（予防的福祉）の3点にまとめて解説してきた。ここでは，こうした3つの要素を振り返り，要素間の関連について考えておきたい。

まず，この3つの内容は，それぞれ地域福祉の「こだわり」（つまり独自性とか固有性）を示しているといえる。1つ目は，福祉は，住民や当事者が主体になってつくっていくものであるということ，そのためには地域に働きかけて組織づくりをしていくことが必要だというこだわり，2つ目は，地域で暮らしていくためには，単にサービスがあるだけではなく，それが人の社会関係の全体

図2－3　地域福祉と各分野との関係

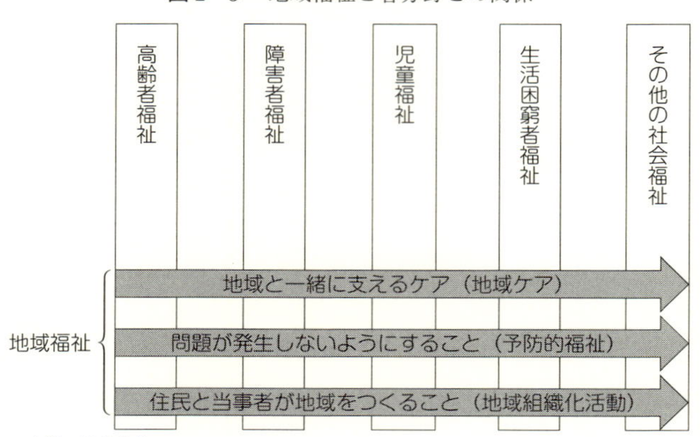

出所：筆者作成。

をとらえたものでなくてはならず，地域と一緒に支援していくことが必要だというこだわり，そして3つ目が，事後対応するだけでなく，問題が発生しないような地域づくりや取り組みが必要だというこだわりである。

こうしてみると，地域福祉は高齢者福祉，障害者福祉，児童福祉といった対象者別の分野ではなく，それを横断する考え方や実践であるという意味も理解できるのではないだろうか。いくつかの例をあげて説明したように，障害者総合支援法に基づいたサービスも介護保険法に基づいたサービスも，地域福祉の考え方や実践に基づいている場合もあれば，いない場合もある。本章で紹介したいづかしの杜の実践も鹿塩の家の実践も，ある側面からみれば，障害者総合支援法に基づいた「障害者福祉」であり，介護保険法に基づいた「高齢者福祉」の実践かもしれないが，それぞれの地域福祉の「こだわり」がそれを地域福祉の実践にしているのである（図2－3）。

また，3つの内容は，それぞれが無関係ではなく，その連関についても考えおく必要がある。とくに，「住民と当事者が地域をつくること」（地域組織化活動）が，地域ケアや予防的福祉の基盤になるという点を強調しておきたい。

住民と当事者が参加し，地域の福祉課題を考え，解決していく福祉が地域福祉だとすれば，地域組織化活動は，地域福祉の入り口でもあり出口でもある。

住民や当事者が参加するためには，その足場となる組織や活動が必要であり（入り口），地域で暮らしていくための解決策もまた，専門職だけではなく，住民や当事者による活動とともにおこなう必要があるからである（出口）。もちろん，地域組織化が進んでいなければ，地域ケアや予防的福祉がまったく推進できないわけではない。専門職が，個別ケースをきっかけに，地域に問題を投げかけていくことで，それが組織化につながっていくこともあるだろう。ただ，この場合でもまったく何もないところから新しい組織をつくっていくわけではない。住民自身が自発的につくりだしてきたものであれ，専門職による働きかけによるものであれ，それまでの地域での一定の蓄積を前提にして，専門職は，地域に問題を投げかけたり，一緒に考えていくことができるのである。

2　地域福祉の法的な位置づけ

これまで，地域福祉とは何かを考えるために，地域福祉の内容について考えてきた。ここでは，地域福祉の法律上の位置づけを確認しておきたい。地域福祉は，2000年に社会福祉事業法が改正され，**社会福祉法**が成立したことで，はじめて法律に位置づけられた。逆にいえば，社会福祉法が施行されるまで，地域福祉には法律上の規定がなかったことになる。

社会福祉法は，その第１条に示されているとおり，「社会福祉を目的とする事業の全分野における共通的基本事項」を定める法律であり，その目的として①福祉サービスの利用者の利益の保護，②地域福祉の推進，そして③社会福祉事業の公明かつ適正な実施の確保及び社会福祉を目的とする事業の健全な発達を図ることがあげられている。つまり，社会福祉法は，高齢者福祉，障害者福祉，児童福祉といった分野を問わず，地域福祉を推進していくことが日本の社会福祉の基本的な方向性であると明示している。このように，（それまで法律に何も書かれていなかった）地域福祉が，2000年以降，急速に重視されるようになった傾向をさして，**地域福祉の主流化**と呼ばれることもある[(8)]。

また，社会福祉法第４条（本書17頁）は，「地域福祉の推進」として，「地域

社会福祉法第1条

この法律は，社会福祉を目的とする事業の全分野における共通的基本事項を定め，社会福祉を目的とする他の法律と相まつて，福祉サービスの利用者の利益の保護及び地域における社会福祉（以下「地域福祉」という。）の推進を図るとともに，社会福祉事業の公明かつ適正な実施の確保及び社会福祉を目的とする事業の健全な発達を図り，もつて社会福祉の増進に資することを目的とする。

住民，社会福祉を目的とする事業を経営する者及び社会福祉に関する活動を行う者」が，相互に協力して地域福祉の推進に努めなければならないとし，専門職（社会福祉を目的とする事業を経営する者）だけではなく，地域住民や社会福祉に関する活動をおこなう者（ボランティアや民生委員など）が，協働で地域福祉を推進していくことを規定した。このように，地域住民も地域福祉を推進する主体であると位置づけているところに社会福祉法の特徴がある。では，分野横断的に関係者が協力して推進する地域福祉の内容は，社会福祉法ではどのように規定されているのか。同じく社会福祉法第4条は，福祉サービスを必要とする地域住民が，「地域社会を構成する一員として日常生活を営み，社会，経済，文化その他あらゆる分野の活動に参加する機会が与えられるように」地域福祉の推進に努めなければならないと規定している。つまり，福祉サービスを必要とするようになっても，地域社会を構成する一員として地域で暮らしていけるようにすることが，地域住民も含めた関係者が協働して推進する社会福祉法上の地域福祉の内容ということになる。

地域社会を構成する一員としての暮らし，また，あらゆる分野の活動に参加する機会のある暮らしとは，地域という場所で暮らしていくだけでなく，その生活が人との社会関係やつながりの中で営まれていくことを意味している。たとえば，専門職とだけしか出会わない自宅での暮らしは，「地域社会を構成する一員として」暮らしているとはいえない。地域福祉が目指すのは本人がそれまではぐくんできた人との社会関係，大切にしてきたこと，地域社会の中で果たしてきた役割などをできるだけ維持できるように暮らしていくということなのである。

地域福祉の3つの内容と関連づけていえば，こうした暮らしが可能になる地域社会を形成していくための地域組織化活動が前提として必要であり，地域住民と専門職が協働して，本人の社会関係の全体を支えていくような地域ケアのしくみをつくっていくことが求められていると理解できる。

なお，社会福祉法では地域福祉を推進していくための団体として，**社会福祉協議会**（第12章）を規定し（第109条），**共同募金**を「地域福祉の推進を図るため」の募金として位置づける（第112条）とともに，市町村が地域福祉を推進するために**地域福祉計画**（第6章）を策定し（第107条），都道府県がそれを支援する計画（**都道府県地域福祉支援計画**）を策定することを規定している（第108条）。

3　最後にあらためて「地域福祉とは何か」

この章では，地域福祉の内容とその法律上の位置づけを解説し，ややイメージしにくい地域福祉の「こだわり」，いいかえればその固有性や独自性がどこにあるのかを解説してきた。最後に章のタイトルに戻って，「地域福祉とは何か」ということをもう一度考えておこう。

地域福祉の面白さは，その出発点に「頭のいい官僚や専門的な知識を持った専門職，権威のある研究者がつくればよい福祉制度ができる」という考え方への根本的な疑問があり，当事者や住民が考え，参加することへの信頼があるところにある。逆にいえば，自分たちが決めたほうがよいと思っている「頭のいい官僚や専門的な知識を持った専門職，権威のある研究者」には面白くない考え方だろう。当事者や住民の力を信頼しなければ，その声は合理的で正しくつくられている制度へのノイズであり，その声を聴くことは，面倒なことであり，時間の無駄であり，仕方なくやっていることとしか思われない。もちろん，当事者や住民はつねに正しいわけではないだろうし，合理的ではないかもしれないが，それは官僚や専門家や研究者も同じである。

だからこそ，当事者や住民が考える機会や場や組織をつくるのである。そうした足場があって，当事者や住民は自分たちが住んでいる地域や自分たちが抱えている問題を考え，理解し，何をしていけばよいのか気づいていく。力をつけていくことで，自分たちが必要だと考える活動を自ら立ち上げたり，官僚や専門職と対等な立場で計画策定といった政策形成にも参加していくことができるようになるだろう。時には，協力し合い，時には言い争いになることもあるかもしれないが，この対等な立場こそが本来協働するということの意味である。

このように考えると，地域福祉は，「住民や当事者が参加し，つくりだしていく福祉の考え方と実践」であり，「その実践と協働したり，支援する専門職などの援助実践」から構成されるといえるだろう。援助実践の内容は，当事者や住民が参加する足場となる地域組織化であり，困難を抱えていても社会関係を保ちながら暮らしていくための地域ケアであり，問題が発生しないようにするための予防的福祉であるが，「当事者や住民が主体になる」というベースになる原則(9)に貫かれて，その援助実践は地域福祉といえるのである。

注

(1) この地域福祉の内容は，「構成要件」と呼ばれることもある。ここでのコミュニティケア（地域ケア），地域組織化活動，予防的福祉という地域福祉の構成要件についての説明は，岡村重夫の地域福祉論の説明に基づいているので，よりくわしく学びたい人は，岡村重夫（1974）『地域福祉論』光生館，を読んでみてほしい。

(2) 竹の台地区の事例については，絹川正明（2005）「疲弊する地域社会——地域住民組織と NPO の距離」『コミュニティ政策』 3，99-111を参照。

(3) 原田正樹（2014）『地域福祉の基盤づくり——推進主体の形成』中央法規出版，29。

(4) いづかしの杜については，兵庫県社会福祉協議会（2016）「地域福祉をまちづくりとともに進める手引き」兵庫県社会福祉協議会，を参照。

(5) 鹿塩の家の取り組みについては，藤井博志監修・宝塚市社会福祉協議会編『市民がつくる地域福祉のすすめ方』全国コミュニティライフサポートセンター，を参照。

(6) たとえば，斉藤雅茂他（2015）「健康指標との関連からみた高齢者の社会的孤立基準検討——10年間の AGES コホートより」『日本公衆衛生誌』62(3)，95-105。

(7) まちの保健室については，永田祐（2013）『住民と創る地域包括ケアシステム——名張式自治とケアをつなぐ総合相談の展開』ミネルヴァ書房，を参照。

(8)　武川正吾（2006）『地域福祉の主流化――福祉国家と市民社会Ⅲ』法律文化社。

(9)　こうした原則は**住民主体の原則**といわれてきた。また，ここでの住民には当然，問題を抱えている当事者，社会福祉法にいう「福祉サービスを必要とする地域住民」も含まれる。

用語解説

▶生活福祉資金貸付制度

都道府県社会福祉協議会を実施主体として，市区町村社会福祉協議会が窓口となって実施する事業で，低所得世帯，障害者世帯，高齢者世帯等などに，それぞれの世帯の状況と必要に合わせた資金，たとえば，就職に必要な知識・技術等の習得や高校・大学等への就学，介護サービスを受けるための費用等の貸付けをおこなう。

▶生活困窮者自立支援制度

2015年４月生活困窮者自立支援法が施行され，福祉事務所を設置する自治体は，自立相談支援事業として，生活困窮者の相談に応じ，自立支援計画を策定して生活困窮状態からの脱却を支援することになった。生活困窮者は，法律上「現に経済的に困窮し，最低限度の生活を維持することができなくなるおそれのある者」（生活困窮者自立支援法第２条第１項）とされているが，単に経済的に困窮しているだけではなく，社会的孤立などその背景には様々な要因が絡み合っていることが多い。そのため，相談支援は単に就労を支援するだけでなく，課題を総合的にアセスメントし，様々な機関と連携しながら伴走型の支援を展開することが必要だといわれている。

▶共同募金

共同募金のシンボルである「赤い羽根」は，共同募金が開始される10月１日にちなんで季語にもなっており，多くの人に知られているが，この募金が地域福祉を推進するための募金であることはあまり知られていない。共同募金は，1947年，戦後の混乱期に困窮する民間の社会福祉施設を救済するために開始された募金運動であり，都道府県を単位に，毎年10月１日から開始される地域福祉を推進するための募金であることが社会福祉法に明記されている（社会福祉法第112条）。募金の方法としては，戸別募金（各自治会・町内会単位で集められる）の割合が70％以上を占めておりもっとも多く，その他，街頭でボランティアによりおこなわれる街頭募金，企業などによる法人募金，職場で集められる職域募金，小学校などでおこなわれる学校募金などによって集められている。募金の多くは，市町村の地域福祉活動などに使われる。1995年をピークに募金額は年々減少しており，2015年度の募金総額は184億6274万円となっている（詳しくは，中央共同募金会のホームページを参照。http://www.akaihane.or.jp/）。

第3章

地域生活支援とは何か

1　地域を基盤としたソーシャルワーク

第2章では地域福祉とは何かということを学び，地域組織化活動，地域ケア，予防的福祉がその内容であるということを理解できたと思う。この章では，その中でも地域ケアについて学んでいく。具体的には次のようなソーシャルワークの実践方法について考えていく。解決する必要のある課題（以下，生活問題）を抱えながら暮らしている人の地域生活を，当事者が高齢者かあるいは障害者かというような属性別の相談窓口体制ではなく，**ワンストップサービス**▶としてさまざまな生活問題を受け止める**総合相談支援**を地域の多様な主体とともにどのように展開するか。さらに同じような生活問題を持つ人々の存在を地域の中で見出し，必要に応じてその生活問題に対応するプログラムをどのように開発・推進していくか，についてである。

地域福祉援助としてこのようなソーシャルワーク実践を考えていく際に，当事者が暮らすその地域で，地域住民と共に当事者を支えるということが実践の基盤となる。**地域を基盤としたソーシャルワーク**とは当事者を地域で支えるという**個別支援**の側面と，当事者を地域とともに支えるための地域への働きかけが必要な資源開発をめざすという**コミュニティワーク**の側面の両方を併せ持つ総合的なソーシャルワークということになる。本書では，このような地域を基盤としたソーシャルワークを展開し，地域の声なき声のニーズを**アウトリーチ**も含めて積極的にキャッチし，支援をおこない，制度のはざまの状況で使えるサービスがない場合でも，必要であれば地域の中での資源開発をめざす実践を「コミュニティソーシャルワーク」とし，その考え方と実践方法について学んでいこう。

ケアとは何か

コミュニティソーシャルワークの目的である地域ケアの，「ケア」とはいったいどういう意味なのかをまず考えてみたい。

ケアという言葉を聞いた時，ケアマネジメントや，医療ケア，保育ケアなど専門職が専門的な知識やスキルを用いておこなう実践を思い浮かべる人が多いかもしれない。しかし英語のcare（ケア）という言葉の意味をたどっていくと，たしかに〈行為〉としての「世話をする・看護する」という意味もあるのだが，もう一つ，〈感情〉としての「心配する・気遣う」という意味があることがわかる。つまり地域ケアを推進するということは，サービスを提供するという行為としてのケアだけではなく，その人のことを心配し気遣うという感情としてのケアの双方を地域の中で豊かにしていくことに他ならない。地域ケアとは，当事者のことを心配し気遣うという，地域の中の人と人の関係性の中においてのみ構築していくことができる支援体系といえるだろう。逆にいうと，地域ケアとは単に制度をつくったりサービスを提供することではない。

地域福祉という森を考える

では地域の中で生活問題を抱える当事者に寄り添い支え，必要なサービスを届け，地域の中の気遣い合うケアの関係性の中にその人を包み込むためには，ソーシャルワーカーはどのような視点を持つことが求められるだろうか。

一人ひとりの人生の歩みも違い，その人の持っている強みも弱みも違い，暮らしている環境も違う。また一人ひとりが「このようにありたい」と望む生活の姿も違う。人の生活はどれ一つとして同じものはなく，だからこそ一人ひとりにオーダーメイドの支援を進めていく必要性がある[(1)]。そのように考えていくと地域ケアは，地域に暮らす一人ひとりの生活問題を解決するための支援を考

図3－1　地域福祉の森

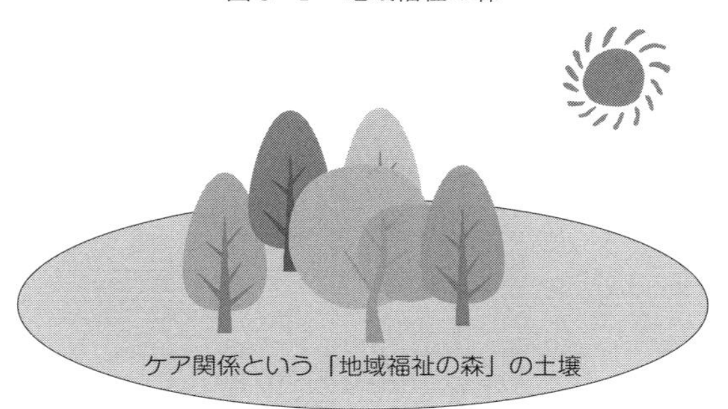

えるという意味では，個別支援という側面が大きい。しかし，問題解決の場であり，またその人の暮らしの場でもある地域の中で，気遣い合うケア関係を豊かにしていくという意味では，コミュニティワークの側面も同時にあわせ持つことになる（個別支援とコミュニティワークの関係については序章4頁を参照）。

このことを森の中で木の様子を観察し必要な枝切りや，肥料やりなどをしていく様子としてイメージしてみよう。一本一本の木それぞれに対し，ていねいに観察し手入れをしているだけでは，森全体の様子はわからない。木と木の関係性や，木々が育つ森の土壌の状況，太陽の光の届き具合なども一本一本の木の成育に影響を及ぼす。木々が枝を伸ばし花や実を豊かにつけ成長することを促すためには，一本一本の木に対する手入れとともに，その木が育つ森全体を一つのシステムとしてとらえ，体系的に保全していくことも必要となる。

地域福祉としての地域ケアは，一人ひとりの住民の主体性を信じ，生活問題を抱える当事者自らが生活問題を解決しようとする力を信じ，その力を支えるためにその人に寄り添い支援する。しかしそれと同時に，ケア関係の意味を理解し，その人を心配し気遣う地域の思いを尊重する。そうした思いが地域の中に広がると「地域福祉の森」（図3－1）の土壌が豊かになることにつながる。地域ケアとは，支援を必要とする当事者をケアの受け手として客体化するのではなく，気遣い合うケアの関係性の中にその人を包み込み，当事者とともに問題解決を目指すことを意味する。次に，そのような関係性の中からもれ落ちてしまった人への支援について考えていく。

制度のはざまという課題

第1章でもふれたように，社会的排除の状況になり，誰にも悩みを打ち明けることができず，制度サービスからもれ落ちるような人が増加してきている。そうなった原因はさまざまであり，地域の中で解決をしなければならない生活問題が，多様化複雑化していると言える。

今の日本では制度的な社会福祉サービスは**申請主義**▶がとられ，本人がニーズを表明し，相談窓口でサービスにつながらなければ，支援が届くことはない。しかし，申請をしないということはその人の自己責任としてしまってもよいのだろうか。

生活が困窮する状況は，単に経済的に貧困ということだけではなく，周囲に支援を求める「声」をあげる気力すら奪うと言われる[(2)]。また，**社会的排除**はプロセスとして，排除にさらに排除が重なり合っていくというように，長期間蓄積されていくとも言われる。社会的排除が重なり合うということは，地域の中でのケア関係からどんどん切り離されていくということにほかならない。この状況は，まさに地域のケア関係からの排除としてとらえる必要がある。制度のはざまにおちこんでしまった人に対して，「それはあなたの自己責任だ」として見捨てるような地域は，地域福祉の森の土壌にぽっかりといくつも落とし穴が空いているような状況であり，いつだれがその落とし穴に落ち込んでしまうとも限らない。そのような空洞化した土壌に豊かな森が育つはずもない。

それでは，どのようにすれば，地域の中で制度のはざまにおちいり，声も出すことができないような当事者に対して支援を展開することができるだろうか。その解決方法の一つとして，地域の中で，制度のはざまにおちいる課題にも対応する**総合相談支援**（くわしくは本章第3節参照）の実践が日本各地で展開されている。それは，専門分野ごとに細分化し，それぞれの制度によって規定され，制度のはざまをソーシャルワーク実践自らがつくりだすというジレンマを抱えてきた日本のソーシャルワークの，地域をステージにした新しい挑戦といえるかもしれない。このような総合相談支援は，とにもかくにも**ワンストップ**で相談を受け止めるということが前提となる。当事者のニーズが，制度サービスの支給条件に当てはまるかどうかということで受付の可否を判断するのではなく，とにかく心配事があればまずは何でも相談を受け止めてくれる窓口が地域の身近な場にあるということは，安心感を地域にもたらすことができるだろう。

地域ケアを推進するソーシャルワーク実践

地域の中のケア関係を土台とし，地域で暮らす人の生活課題を地域とともに解決を目指す個別支援の実践は，一定の範囲の地域（おおむね中学校区くらいの日常生活圏域）に総合相談窓口を設置し，専任のソーシャルワーカーを配置するというシステムとして日本でも広がりを見せている。またこのような総合相談を担うソーシャルワーカーは「**コミュニティソーシャルワーカー**」あるいは「**地域福祉のコーディネーター**」と呼称されることが多い。

上記のような地域を基盤としたソーシャルワークはコミュニティソーシャルワークというが，これはイギリスの**バークレイ報告**（1982年）においてはじめて提唱された支援の考え方である。報告書では地域での制度的な専門職によるサービス提供と，地域のケア関係の中で当事者・住民の参加による支援をネットワーク化することの必要性が提起されている。このころのイギリスは地方自治体社会サービス部所属のソーシャルワーカーが，増大するケースの対応に迷い，その役割と任務を再度，整理しなおすことが求められていたという背景があり，ソーシャルワーカーはカウンセリングと社会的ケア計画という2つの役割を担うと位置づけられた。

一方日本では，イギリスのバークレイ報告におけるコミュニティソーシャルワークの考え方をそのまま直輸入したのではなく，その考え方を参考にしながらも日本独自にシステムとして取り入れていったということができる。1990年当時の厚生省社会援護局で設置された「生活支援事業研究会」（座長：大橋謙策）の報告書では，地域で支援を求めることもできずはざまにおちいるようなケースに対して，そのニーズを発見し，サービスにつなげ専門家がチームを組み，さらに制度的なサービスだけではなくインフォーマルな地域での支援もネットワーク化し，統合的な援助をおこなう新たなソーシャルワーク機能の必要性が提起された。また2008年に出された**『これからの地域福祉のあり方に関する研究会報告書』**において，それらを推進するソーシャルワーカーとして地域福祉コーディネーターの役割が位置づけられた。

近年このようなソーシャルワーカーの活動について，テレビドラマ化されたりメディアで特集が組まれたりすることにより，制度のはざまへの支援に取り組む実践への社会的関心が高まっている[(3)]。

次節では，コミュニティソーシャルワークのプロセスについて学んでいく。

2　コミュニティソーシャルワークのプロセス

コミュニティソーシャルワークのプロセスは，インテーク，アセスメント，プランニング，介入，モニタリングとして展開していく。ただし，**図3-2**にあるように，当事者主体の個別支援と，住民主体のコミュニティワークが，別々のプロセスではなく，視点を往復しながら連動して展開していくことがコミュニティソーシャルワークの特徴ともいえる。それぞれのプロセスごとに，①個別支援と，②コミュニティワークの連動を確認してみよう。

インテーク

①　個別支援

コミュニティソーシャルワークの個別支援としての**インテーク**場面では，当事者が支援を拒否し，地域から孤立している状況でありソーシャルワーカーが当事者に会うことができないという可能性がある。社会的排除の状況が蓄積され重なり合う中で自分自身の人生もあきらめてしまうような状況が起こり，支援を求める〈声〉すら失う状況が生まれることもある。まず，その人の扉を開けてもらうというところから，コミュニティソーシャルワークのインテークが開始される。

図３－２　コミュニティソーシャルワークプロセスの展開

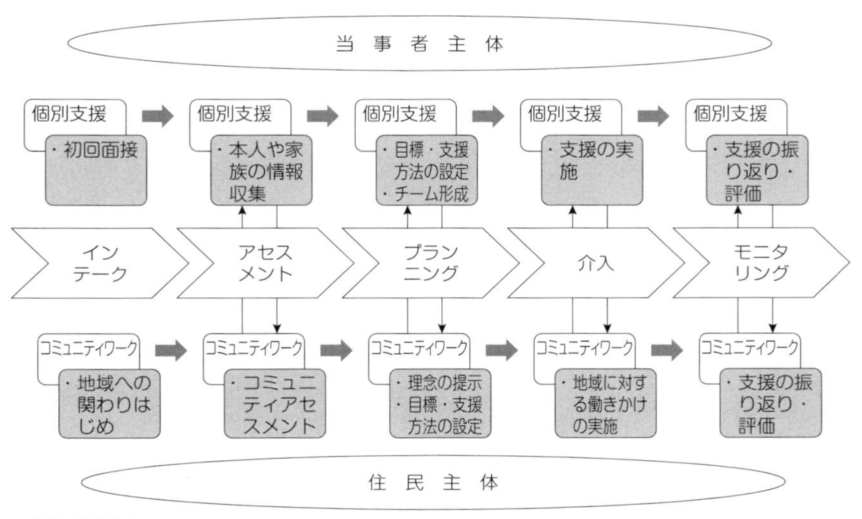

出所：筆者作成。

②　コミュニティワーク

コミュニティワークとしてのインテークは，地域へのかかわりはじめというプロセスにあたる。地域の中で声すら失っている状況の当事者の存在にまず気づくのは，その人の近くで暮らす地域住民であることが多い。みえにくい存在としての当事者のニーズ情報をソーシャルワーカーに伝えてもらうためには，まずソーシャルワーカーの存在そのものを地域に知ってもらう必要がある。ケースが起こってから地域を訪ねるのではなく，日ごろから地域のケア関係の中にソーシャルワーカー自身も参加することができるように，地域とのつながりをつくっていく必要がある。

アセスメント

①　個別支援

個別支援の**アセスメント**において，以下の点がコミュニティソーシャルワークでは重要となってくる（第４章第１節参照）。

・個人のニーズを探る

複雑に生活問題が絡まり合っている状況の中では，当事者ですら自分自身が何に困っているのか整理して把握することがむずかしい状況となる。時として主訴だけがその人のニーズとは限らないことがある。

・生活問題の背景を探る

制度のはざまにあるような当事者の場合，その社会的排除はプロセスとなって長い間，その人に負の連鎖の影響を与え続けていることも考えられる。またその当事者だけではなく，家族全体としての支援が必要な場合も多い。その人の生活問題だけに焦点をあてるのではなく，その生活問題が起こる背景を探る広い視点と，過去・現在・未来に及ぶ広い時間軸を用いて生活問題の背景を探っていく必要がある。

・潜在的ニーズの把握

地域の中で声を出せずに埋もれてしまっている状況の人に対するアセスメントは，事務所で電話を待つだけではおこなうことができない。地域の中に出かけていくソーシャルワーカー自身の**アウトリーチ**の姿勢と，ソーシャルワーカーに地域の気づきの情報を伝えてもらうための情報ネットワークを形成する必要がある。

②　コミュニティワーク

地域の**アセスメント**においては，地域の課題は何かということをアセスメントする視点と同時に，地域の資源を見出すアセスメントが重要となる。地域にどのような人材がいるのか，地域にどのような利用可能な資源があるのかという，地域の強みに視点をおくアセスメントが次のプランニングにつながる重要な情報となる[(4)]。

プランニング

①　個別支援

個人への支援**プランニング**においては，個人の持つさまざまな生活問題を解決していくために**フォーマル・インフォーマル**を交えた多様な支援主体による支援計画が立てられることになる。その際に，コミュニティソーシャルワーカーは当事者のこうありたいという思いを支え，当事者の強みを生かすストレングス視点を基点としつつチームを形成していく機能が期待される。また，当事者だけではなく家族全体を視野に入れた支援プランニングを立てることが求められる。

②　コミュニティワーク

地域への支援プランニングにおいて，当事者の課題をその人の課題としてのみとらえる個別支援の視点，つまり「木」をみる視点から，そういう生活問題を抱える人々の存在をほかにも意識し，そういう問題が起こる場としての地域に働きかけるコミュニティワークの視点，つまり「森」をみる視点にとらえ直し，地域で課題の共有化をはかるためにはどのように働きかけるか，あるいは不足する資源の開発を目指すにはどうすればよいかという，地域への働きかけに対するプランニングを立てていく。

介　入

プランニングに基づき，個別支援，コミュニティワークの展開をおこなっていくが，それぞれの支援を別々におこなうのではなく連動させることを意識し，つねに個別支援とコミュニティワークの視点を往復させる必要がある。

①　個別支援

個別の支援の介入をするうえで，その人が暮らす地域のケア関係を生かしながら地域とともにその当事者を支える実践をおこなうことになる。個人を支える**ソーシャルサポートネットワーク**（第４章第２節参照）を形成する際に，家族や地域の人たちだけで抱え込むことを防ぎ，また専門職の介入が進められることにより個人を取り巻く地域のケア関係が断ち切られることも防ぐように，フォーマル・インフォーマル協働のネットワークの形成を進めていく必要がある。

②　コミュニティワーク

地域と一緒に個別支援をおこなっていきながらも，そのような生活問題がこの人だけの課題ではないという視点をつねに持ち，このような課題が起こる地域のあり方を地域とともに考えるという森をみる視点が，地域福祉の森を豊かに育てていくことにつながっていく。

モニタリング

これら個別支援とコミュニティワークを連動させていくコミュニティソーシャルワークの実践プロセスの中で留意すべき点として，個別支援とコミュニティワークを同時並行で展開していくとしても，たとえば一つのケースを地域で支援したからといってすぐに資源開発にまで結びつくとは限らないということがある。地域の変化に時間がかかることは当然のことといえるだろう。地域とともに考え，地域とともに個別実践を繰り返し積み重ねていくというプロセスを重視し，その経験の中から地域ケアの関係性に変化が生まれる。さらに新しいネットワークや資源の開発を目指していくことが求められる。

①　個別支援

個別支援の**モニタリング**をしながら，その人の支援を状況の変化に合わせてソーシャルサポートネットワークの支援内容をつねに最適化していくことが求められる。

②　コミュニティワーク

地域に働きかけつくりあげられたネットワークや資源についても，やりっぱなし，つくりっぱなしにするのではなく，その地域での**プログラム開発・資源開発**が当事者の生活課題を解決するうえでどのように効果があったのか，改良すべき点はどこか，さらに発展させていくためにはどうすることが必要かという評価をおこなう必要がある。

3　総合相談体制への展開

前節では地域の中で，地域ケアを推進するために総合相談支援を担うソーシャルワーカーの配置がすすめられているということにふれ，コミュニティソーシャルワークの支援プロセスを確認した。本節ではコミュニティソーシャルワークの担う総合相談の「総合」とは何を意味しているのかについて，まずは次の短い事例を読んで考えてみよう。

事例

集落の中の一軒の家の様子が気になるという，その地域を担当する民生委員からの電話を受け，コミュニティソーシャルワーカーがその家を民生委員と一緒に訪ねた。

応対に出たのは80代と思われる女性で，「すみません，ご迷惑をかけて……。でも大丈夫です，何も心配はありませんから」という言葉とともに玄関の扉は閉められてしまった。

しかし，玄関からも室内にはゴミがたまっている状況がみえ，女性の痩せた姿をみたソーシャルワーカーは生活問題の存在を確信した。それからも何度もその家を訪ね，少しずつその家族についての情報を周囲の住民や民生委員，そして女性本人からも集めることができるようになった。

その家には働いていた職場を4年前にリストラされた息子（60歳）が同居しており，母親の年金で2人が生活しているということであった。しかし年金が入るとすぐに息子が借金の返済のために大半を引き出してしまい，生活が困窮しているということもわかってきた。母親は軽度の認知症の疑いがあり，金銭管理はむずかしい状況であることも明らかになったが，介護保険の認定審査はまだ受けていない。

母親は「このままでは将来が不安。息子には働いてほしいのだが……」とため息をつきながら語るが，何度声をかけても，家にいるはずの息子がソーシャルワーカーに顔をみせることはまだない。

高齢の親とその中年世代の子どもが暮らし，一家を支える唯一の収入が高齢の親の年金であるという世帯の増加は，**80・50問題**として知られている。最近では，ここにさらに孫世代の20代の若者が一緒に生活をし，３世代が困窮するというケースも増加している。これらのケースは，高齢の親が息子や娘，孫が働かず家にいるという世間体の悪さを気にして家の中に抱え込み，周囲に相談ができないまま世帯丸ごとが孤立感を深めている状況が見受けられる。

そしてようやく，上記のように支援の必要性がソーシャルワーカーに伝わるのは，高齢の親に介護ニーズが発生してからであり，その時にはすでに家庭の中で生活問題は深刻化し支援がままならない状況になってしまっている場合が多い。

上記のケースはコミュニティソーシャルワーカーに情報が伝わり，多様な支援主体によるチームが形成されていった。まず高齢の母親に対して，要介護認定の手続きをすすめ，入浴もままならない状況であった母親に対してデイサービス利用を進めていくこととなった。また年金が息子の借金の返済に充てられてしまい，金銭管理ができないという母親の状況に対して，社会福祉協議会の**日常生活自立支援事業**▶につなげ，金銭管理の支援とともに，定期的に家族を訪ね，ニーズキャッチができる体制を整えた。

息子は当初，母親の介護サービス利用について利用料がかかるということで消極的な態度だったが，一方で母親の介護を抱え込み，疲れ果ててもいた。そこへ，母親への支援が入ることによって息子の態度にも変化がみられ，**生活困窮者自立支援事業**▶につながることができた。近隣の人たちが片づけに協力してくれるということも決まり，近隣の見守りで何か気づくことがあれば，コミュニティソーシャルワーカーに連絡が入るようになった。

専門分野の総合化

制度のはざまの問題も受け止め，地域ケアを推進する総合相談の総合には二つの軸がある。何と何を総合化する（一体として取り組む）のかについて，この二つの軸を考えてみよう。まず１つ目の軸は**専門分野の総合化**である。

事例のように，地域の中で，生活問題が絡まり合い当事者自身は「困っている」という状況は自覚していても「何に困っているのか，何を解決しなければならないのか」を整理できずに，誰に助けを求めていいかもわからずにたちどまってしまうことが往々にしてある。この事例でも当初，母親は「何も心配ない」と支援を拒否している。しかし「心配がない」のではなく，「何が心配なのかがわからなくなっている」のであり，そのような人が一つの分野の制度的な支援をおこなうサービスの窓口に自分からつながるとは考えにくい。

制度ごとの相談窓口では，制度的なサービスを受けられるかを判断する基準によって利用者のニーズを切り分けることになる。制度にはあてはまらないと判断した場合，別の相談機関に送致するだけにとどまる支援が連鎖することが，いわゆる「たらい回し」という状況であり，つなぎという実践があったとしても，その中身は次の制度窓口を紹介するにとどまってしまう，制度のはざまの問題を受け止めるためには専門分野を総合化した窓口が必要となる。

また総合相談の窓口は，専門分野別の支援知識とスキルを持ったソーシャルワーカーや，地域のボランタリーな活動者がゆるやかにつながるプラットフォームの機能を果たすことが求められる。コミュニティソーシャルワーカーは窓口につながるケースをまず受け止め，的確にアセスメントし，そのニーズに対応できる多様なメンバーによるチームを編成して支援を展開する。総合相談窓口は，ニーズの入り口であるニーズキャッチの場面と，課題解決をはかるタスクチームによる支援という出口の場面の双方において専門分野が総合化される。

援助技術の総合化

総合相談の総合化のもう一つの軸は，一人の課題を解決するという個別支援だけにとどまらず，一人の課題を地域の課題としてとらえ直し，コミュニティワークに連動させ，地域住民とともにその課題の解決に向けて働きかけるという**援助技術の総合化**である。

１つ目の軸が要支援者の「生活者」としての視点に立ち，複雑に絡まり合う複数の生活問題を支えるための専門分野を横つなぎする横軸の広がりであると

図3－3　総合化の2つの軸

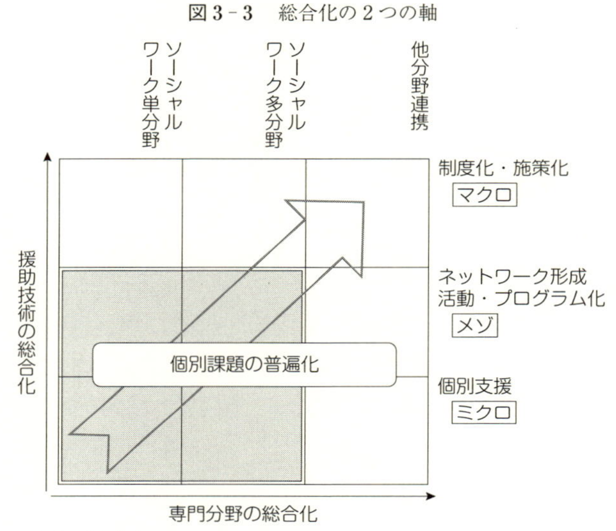

出所：筆者作成。

すると，個別支援をコミュニティワークに連動させる援助技術の総合化は，序章4頁でもふれたように個別支援という**ミクロ**から，地域でのケア関係の広がりという**メゾ**，さらに地域社会のしくみの変革を促し制度化・施策化を含む**マクロ**というレベル間をつなぐ縦軸の広がりであると考えることができる。地域ケアを推進するコミュニティソーシャルワークは，こうした縦と横の双方の広がり，つまり面の広がりを実現することにより，制度の「はざま」を埋めていくことを可能にする。

ここで気になるのは，総合相談として面で地域ケアを推進していくということと，既存のサービスをネットワークでつなぐケアマネジメントとは何が違うのかということである。

図3－3の網掛け（グレー）の部分に注目してみよう。専門的な支援者が複数分野集まり，ソーシャルサポートネットワークを形成するということは，介護保険制度のケアマネジメントに代表されるように，すでに地域で実践がおこなわれている。介護の必要な人に対し介護サービスを提供し，生活が困窮してい

る場合には生活保護ケースワーカーとのつなぎも実施するだろう。しかし，ケアマネジメントにより，地域における見守りが開始されたとしても，それはあくまでも当事者への個別支援の範囲にとどまり，地域のケア関係を豊かにしていくという地域福祉の森の土壌づくりまでは視野に入っていない。図３-３の網掛けの部分を越えることはないのである。

しかし，個別支援を実践しながらも，その人の暮らす地域の中でのケア関係に着目し，その関係性を豊かにするために，個別課題を「あの人の問題」にとどめず，そのような生活問題が起こることを「地域社会の問題」としてとらえ直す「**個別課題の普遍化**」を経ることによって，図３-３の左下から右上に向かう矢印の力が生まれるのである。一人の問題を地域社会の問題としてとらえ直し，地域住民と専門職，あるいは地域のもっと広い範囲での多様な関係者がどうすれば地域社会の問題の解決をはかることができるかを，ともに協議し考えることによって，ネットワークが広がり，今までなかったような新しい資源が開発されたり，制度化・施策化につなげることが可能となる。コミュニティソーシャルワークはそういう意味で，網掛け部分のソーシャルワーク実践から，「個別課題の普遍化」を橋渡しとして右上に向かって個別支援とコミュニティワークの間の壁を突破するソーシャルワーク実践と考えることができるだろう。

人は地域の中で関係性を持ちながら暮らす生活の主体者であり，一人の人の地域での生きづらさはその地域の課題でもある。この考え方が地域生活支援を展開するコミュニティソーシャルワーク実践の柱となる。その人の地域での生活を支えることと，その人が暮らす社会のあり方に対して働きかけることは分離できない。そしてこの２つの軸が織りなす面のどこに立っても，地域住民との協働の重要性が埋め込まれているのである。

超高齢化，人口減少の時代における地域社会のあり方をデザインするには，社会的排除の状況に向き合い，社会に対して働きかける実践として，地域生活支援を推進するコミュニティソーシャルワークは必要不可欠である。だからこそ，どのようなコミュニティソーシャルワーク実践を進めることでこの２つの総合化の軸を複合的に面で展開することができるのかを，地域全体で共有しておく必要がある。

コミュニティソーシャルワークは誰が担うのか

図3-3にもあるように，個別課題を普遍化し，地域の課題としてとらえ直し社会福祉以外の関連分野とも連携を取りながら，制度のはざまを埋める資源開発にまで展開しようとすると，総合化の幅が広がる分，求められる機能も多岐にわたることになる。

一人のソーシャルワーカーが地域生活支援を推進するコミュニティソーシャルワーク機能をすべて担うのであれば，個別課題の普遍化をおこなうプロセスで，自身のソーシャルワーク視点を個別支援の視点からコミュニティワークの視点へ転換する必要があるだろう。個別支援の視点のまま，地域に課題解決への協力を依頼しても，ケアマネジメントによるソーシャルサポートネットワークの形成にとどまり，「あの人の問題」が「地域社会の問題」へ転換していくことはむずかしい。

コミュニティワークの視点から個別課題をとらえ直した時，「あの人の問題」は，「あの人のように○○の生活問題を持つ人たち」と主語が置き換わることになる。この節の冒頭で示した事例をもう一度みてみよう。この家族の高齢の母親はもちろん他の誰でもない，唯一の存在ではあるが，「中年の無職の子どもと同居し，年金で世帯全体の生活を支え困窮する高齢者」として普遍化し地域を見渡した時，同じような悩みを持つ高齢者が複数存在することに，日ごろから地域に出向き，地域情報を把握しているソーシャルワーカーであれば気がつくだろう。この地域に，高齢者とその子どもとの関係に関する悩みを受け止める相談機能がないとしたら，あるいは中年のひきこもり者に対する支援が不足しているとしたら，それは地域社会の課題としてとらえ直すことが可能になる。

しかし現実として，はざまにあるような個別支援ケースに寄り添いながら，地域にも出向き，コミュニティの課題やコミュニティの資源状況を把握するということを両立させることは，相当のスキルと経験が求められるだろう。

一人のソーシャルワーカーが，コミュニティソーシャルワークの全機能を担うのではなく，機能を複数のソーシャルワーカーが協働して担うことも考えられる。まず**総合相談窓口**を担当する個別支援ワーカーが，一人の人の生活問題を的確にアセスメントしチームを形成し，その人に対するオーダーメイド型の寄り添い支援を展開する。そのうえで個別の生活問題の中から地域社会の課題へと普遍化できる可能性を個別支援の視点から見出し，コミュニティワーカーに提示する。

これを受けたコミュニティワーカーが，地域での住民による地域福祉活動状況，当事者の地域生活の現状，地域住民の思い，当事者の思い，支援者の思いなど，地域とのかかわりから培ってきたコミュニティワークの視点から「個別課題の普遍化」の可能性をとらえ直す。さらに，多様な主体とともに話し合い地域社会の課題を見出し，その課題を地域住民とともに解決するための支援を展開していく。一人のソーシャルワーカーが自身の視点のスイッチを個別支援からコミュニティワークに自在に切り替えることにより「個別課題の普遍化」を進めていくことも可能であるかもしれないが，この場合，個別支援，コミュニティワーク双方の十分な経験と熟練したスキルと知識が必要となるだろう。

また，個別支援ワーカーとコミュニティワーカーが「個別課題の普遍化」のプロセスを2つの援助技術をつなぐのりしろとしてとらえることができた場合について考えてみよう。この場合，双方の視点によって「個別課題の普遍化」から地域課題を見出していくために対話することにより，地域にどのような働きかけをするべきか具体的なコミュニティワークの目標設定が可能となる。そうすることによって個別支援から地域における資源開発までを視野に入れたコミュニティソーシャルワークが展開されることになる。

一人のソーシャルワーカーが自身の視点のスイッチを切り替えながら単独で担う場合も，あるいは複数のソーシャルワーカーが「個別課題の普遍化」をのりしろとして協働して担う場合も，コミュニティソーシャルワーク実践は，個別の課題に寄り添う個別支援のみに終始するのではなく，地域に不足する資源開発を目指すコミュニティワーク実践を含めた総合的な相談支援であるということができる。

地域の中での総合相談窓口の乱立の課題

近年，高齢者介護分野での生活支援コーディネーター，生活困窮者自立支援事業の主任相談支援員をはじめ，個別の支援から地域での資源開発までを包括的に実施するためのコーディネーター機能が分野ごとに地域の中で乱立する様相をみせている。個別支援のプロセスの中で地域社会の問題を見出すという，「個別課題の普遍化」のプロセスは，前の節で述べたようにコミュニティワークの視点からの問い直しがないと，一方的に専門職が見出した課題の解決を地域に依頼することになり，地域が疲れ果ててしまうことにもなりかねない。

地域社会の状況や，今までの活動経緯を理解したうえで，地域のケア関係を土壌として森を育てるためには，個別支援とコミュニティワークという援助技術の総合化だけを担保した分野ごとの総合相談窓口を乱立させるのではなく，分野の総合化と援助技術の総合化の双方を視野に入れたコミュニティソーシャルワークを展開する体制を，地域住民に近い日常圏域に総合相談窓口として設定する必要がある。そこに総合相談のニーズキャッチを担う個別支援機能と地域での資源開発を目指すコミュニティワーク機能が連動できるような人員配置を担保していくことが，結果的に第２章第３節にあるような予防的実践を引き出し，地域のケア関係が豊かに推進されるのである。

注

(1)　バイスティック（Biestek, F.）は『ケースワークの原則』（1957年）の中でケースワークの７つの原則の冒頭に個別化の原則をあげている。地域の中で個別支援を展開する時に，一人ひとりの生活の多様性に寄り添いその人の暮らしを支える個別化は重要な視点となる。

(2)　リスター（Lister, R.）は，貧困が単に物質的な不足だけではなく，気持ちを蝕むという側面を持っているということに注目している（リスター，R.／松本伊智朗監訳（2011）『貧困とは何か』明石書店）。人の関係性の貧困が，人の暮らしに大きく影響するということは生活困窮者自立支援法成立（2013年）に向けた議論の中で重要な課題とされた。

(3)　NHK ドラマ「サイレント・プア」(http://www.nhk.or.jp/drama10/silentpoor/) は2014年に放映され，コミュニティソーシャルワーカーの取り組みが周知されるきっかけとなった。

(4)　地域の強みに着目し，地域に働きかける視点としてアセットベースドコミュニティディベロップメント（Asset Based Community Development：ABCD）の視点がある。桜井政成（2015）「カナダにおける NPO・住民主体のコミュニティ・ディベロップメント」『都市問題』106(5)，27-31。

用語解説

ワンストップサービス

初期相談として，相談者がどのような課題を持っていたとしても，まずは受け止めて課題整理をおこなうことを可能にする体制をさす。相談をためらう人が気軽に相談できることを目指し，相談窓口の設置はできるだけ身近な日常生活圏域に設置されることが望まれる。名張市「まちの保健室」などの事例（本書第２章第１節）が全国でも各地で展開されている。

申請主義

日本の福祉制度によるサービスの大半は，本人もしくはその代理人が窓口を訪れ申請することによりはじめて利用が可能となる。2000年に社会福祉法が成立し，福祉サービス利用のしくみが措置から契約に変わり，その傾向はますます強まっている。しかし，自身がサービスの利用要件に当てはまるということを知らなかったり，制度のしくみそのものが理解できていない場合など，申請主義がサービス利用の壁になることがある。

コミュニティソーシャルワーカー

地域において住民間，住民と多様な関係者とのネットワークづくりをすすめ，福祉課題の解決や資源の開発を目指す専門職として，都道府県での配置事業がおこなわれている。2004（平成16）年度に大阪府において開始され，その後秋田，神奈川，東京，愛知，島根県で都道府県社協を中心として養成研修・配置が進められている。

地域福祉のコーディネーター

2008年「これからの地域福祉のあり方に関する研究会報告書」において，地域福祉を推進していくために，コミュニティソーシャルワーク機能を担う人材配置の必要性が示され「地域福祉のコーディネーター」としての役割が明記された。配置される地域によって，「コミュニティソーシャルワーカー」「地域福祉のコーディネーター」等名称はさまざまである。

バークレイ報告

1982年にイギリスにおいてバークレイ委員会が政府に対しておこなった報告。コミュニティケアを進めるうえで，ソーシャルワーカーの役割と任務について再検討をおこない，コミュニティソーシャルワーカーという概念をはじめて提起した。ソーシャルワーカーは社会的ケア計画とカウンセリングの２つの役割を担うことを示し，コミュニティケア利用者への個別支援が強調された。

▶「これからの地域福祉のあり方に関する研究会報告書」

厚生労働省　社会・援護局　地域福祉課により組織された「これからの地域福祉のあり方研究会」（座長：大橋謙策）により最終報告として2008年に提出された。地域による新たな支え合いの構築の必要性を提起し，自助と公助に加え共助（地域住民および多様な担い手による住民主体の支え合い）のあり方が示されている。

▶日常生活自立支援事業

社会福祉法の第二種社会福祉事業に位置づけられる福祉サービス利用援助事業として，都道府県社会福祉協議会・指定都市社会福祉協議会および，委託を受けた市町村社会福祉協議会によって実施される。判断能力が不足する当事者の福祉サービスの利用や，日常的な金銭管理，書類預かりなど日常生活の自立を支援するとともに，定期的に利用者宅を訪問し細やかなニーズキャッチをおこない，必要な資源につなぐ機能も果たしている。

▶生活困窮者自立支援事業

生活困窮者自立支援法（2015年４月施行）に基づき，全国の福祉事務所設置自治体が実施主体となって生活に困窮する人，またはおそれのある人に対して，相談支援窓口を設置し自立までを包括的・継続的に支援する事業。自立相談支援事業，住居確保給付金の支給，就労準備支援事業，一時生活支援事業，家計相談支援事業，学習支援事業その他包括的な事業を実施する。

第Ⅱ部
地域福祉援助

第Ⅱ部では地域福祉の方法の全体像について学んでいく。地域の中には，声も出せないような状況で生活問題を抱えながら孤立している人が多勢暮らしているし，地域の課題を感じ，何か自分たちもできることをしたいと地域福祉活動に取り組む住民たちもいる。また，社会福祉に関する制度や政策も，時代の流れとともに目まぐるしく内容が変化する。地域福祉の方法全体を見渡すとこのように，学ぶべき範囲は個別のニーズ把握から，制度のしくみづくりまで本当に幅が広い。制度の理解や実践主体の機能理解だけでは，動態的な「地域福祉援助」を学ぶことがむずかしいということは，地域福祉を学ぶ学生，あるいは地域福祉を教える立場の教員も実感していることだろう。

そこでこの第Ⅱ部では事例を通して，地域福祉という森に踏み入って木々を観察し，あるいは鳥の目になって地域福祉の森の全体を見渡す経験をしてもらいたい。その際に役に立つのが，序章において示した「地域福祉援助の実践場面とその基盤」（**図序-1**）である。それぞれの章の事例で示される地域福祉援助の実践場面は地域福祉の方法の全体像でいうとどの部分にあたるのだろうか，次にどのような展開に進むのかと，現実を読み解くための「ガイドマップ」として横におきながら，事例を読み進めてもらいたい。 本書では個別支援と地域支援を別立てで考え，それぞれを担うソーシャルワーカーが縦割の分業で実践をおこなうのではなく，コミュニティソーシャルワークとコミュニティワークが個別課題の普遍化をのりしろとしながら連関することを重要視している。現実の実践現場では，どちらかのワークに軸足を置いてソーシャルワーカーは実践をおこなうことになるが連関する相手のワークも見通す視点を持つことが求められている。

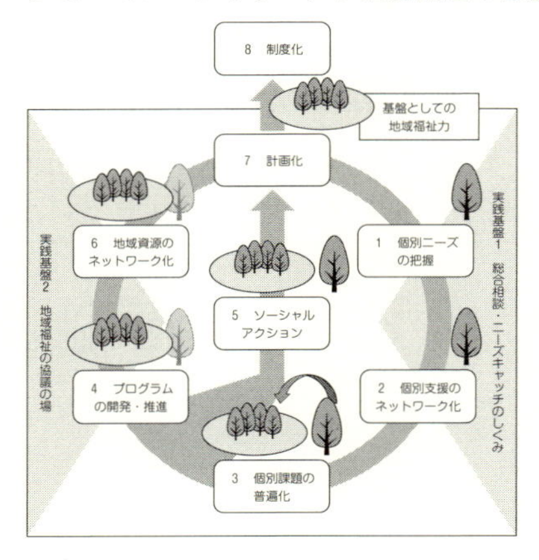

このガイドマップを手にしながら地域福祉の森に足を踏み入れソーシャルワーカーの持つべき，広い視点を学んでいこう。

第4章

ミクロの地域福祉援助

1　個別ニーズの把握

ニーズとは

今までの第2章，3章でも説明したように，地域生活支援とは，単純に地域という場所でケアをおこなうということのみではなく，今までその人が築いてきた社会関係を大切に保ちながら，地域での生活全体を支えるための支援をおこなっていくことを意味する。またその際に，充たされるべき当事者の欲求をニーズという[(1)]。その人の生きづらさは生活全体にわたる幅の広いものであるだろうし，またその人自身が自分の抱える課題を自覚しているとは限らない。

次の短い事例からまずニーズの現れ方について考えてみよう。

事 例

自治会長をしているAさんは，同じ団地に住むBさん（60代男性）の様子が気になっていた。今までは階段などで出会うと立ち話をしたり，自治会の行事に一緒に参加するなどしていたのだが，昨年，Bさんが妻と離婚し，一人暮らしになって以来顔をみる機会がめっきり少なくなり，たまにみかけて挨拶をしても，返事が返ってこないこともあった。

ある日思い切ってBさんの家を訪ねてみた。するとBさんは玄関を開けてくれたが「大丈夫，心配ない」と繰り返すのみですぐに扉を閉めてしまった。Aさんは，Bさんが昼間から飲酒していることや，カーテンが閉まったままで家の中が薄暗く，ビールの空缶などが散乱していることに気づいたが何もいうことはできなかった。

この事例を読んでＢさんには何らかの課題がありそうだということは，誰もが感じるだろう。しかし，Ｂさんが自分自身のつらさをどこかの相談窓口に出向いて専門職に相談しているわけではない。また地域の一般の住民であるＡさんは，Ｂさんに対してどのように支えていけばよいかわからずに悩んでいる。このままでは，Ｂさんは何の支援にもつながらず，地域の中で孤立を深めていくことになるだろう。

地域の中で課題を抱える本人を支えていく支援を展開していくためには，まずはその本人の生きづらさに気づき，その人の地域生活を支えるためにどのような支援の必要性があるのかというニーズを把握する必要がある。

ニーズの現れ方

さまざまなニーズを抱え込み地域の中で孤立するＢさんの事例のように，地域の中で当事者のニーズは必ずしも支援にすぐ結びつくとは限らない。ニーズが専門機関によって把握されたうえで，サービス提供を前提に入所する施設内でのケアと異なり，地域ケアを展開しようとする時に「当事者のニーズを地域の中でどのように把握するのか」ということが支援を開始する際の課題となる。

ニーズを受け止めるしくみとしては「相談窓口」を思い浮かべる人が多いかもしれない。専門職が対応してくれる窓口が，地域の中で開設されていれば，課題を抱えた人がどこに相談に行けばよいのかわからず迷うことを防ぎ，そこに行けば話を聞いてもらい支援につながる安心感が地域の中に生まれるだろう。

しかし一方で窓口さえ設置すれば地域のニーズをすべて受け止められるというわけではない。事例に登場したＢさんは，団地の近くに相談窓口があったとしても自分の寂しさや，日常生活の不安をすぐに相談に行くだろうかと考えてみてほしい。「こんなことを相談してもいいのだろうか」「自分さえがまんすればそれですむことだ」等いろいろな思いが相談窓口に当事者が出向くことに

図４－１　ニーズの分類

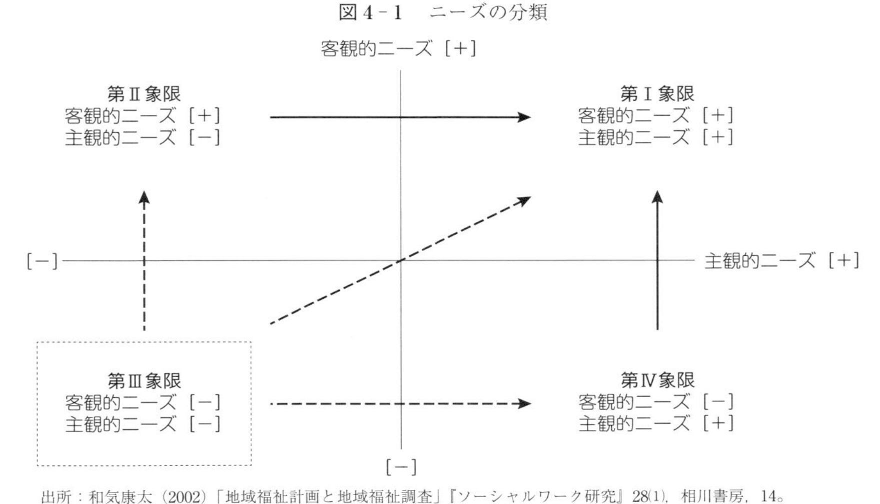

出所：和気康太（2002）「地域福祉計画と地域福祉調査」『ソーシャルワーク研究』28(1)，相川書房，14。

ブレーキをかける可能性もある。

相談窓口で受け止めることができているニーズが，地域の中で起こっている多様なニーズを広くカバーできているかどうか，あるいは相談窓口の場所や開設時間などの設定が，ニーズを持つ当事者にとってアクセスしやすいものになっているかなど，地域福祉として個別支援を考えていくうえで，ニーズ把握のしくみは，相談窓口を含め多様な手法を考えていく必要がある。

また，ニーズがその地域の中でたしかに存在するとしても，さまざまな壁（バリア）がそれらを覆い隠している可能性がある。目にみえる住居の外壁，マンションのオートロック，あるいは目にはみえない本人の心に存在する周囲との関係を断ち切ろうとする壁，近隣住民の意識に存在する偏見という心の壁など，目にみえるもの，みえないものを含め，それらの壁の存在に気づき，その壁の奥に隠れているみえにくいニーズも含めて，ニーズに対してどのように接近し把握していくかが，地域福祉として重要な視点となる。

ニーズの現れ方について和気康太が整理した図を手がかりにしながら，具体的なニーズ把握の方法について考えてみよう（図４－１）。

図4－1は横の軸に**主観的ニーズ**，縦の軸に**客観的ニーズ**をおいて，ニーズの現れ方を4つの象限に分けている。主観的ニーズとは，支援を必要とする当事者が，自分自身でニーズがあるということを自覚しているかどうかという，本人からみるニーズの現われ方を示している。［＋］なら本人からみてニーズが現れている状況，［－］であれば本人からみてニーズが現れていない状況ということになる。

客観的ニーズとは，支援を必要とする当事者のニーズが，専門知識を持った支援者からみて現れていると判断されているかどうかという，専門職からみるニーズの現れ方を示している。［＋］なら支援者からみて本人のニーズが現れている状況，［－］であれば支援者からみて本人のニーズが現れていない状況となる。

このように当事者からみる視点と専門職からみる視点の2つの視点でニーズが現れているかどうかをみていくと，ニーズの現れ方が多様であるということが理解できるだろう。

ニーズ把握の手法

ニーズの現れ方の違いがいろいろあるのであれば，ニーズ把握の手法も多様に地域の中で備えておく必要がある。それぞれのニーズの現れ方の違いによって，ニーズ把握の手法を考えてみたい。

①　客観的ニーズ［＋］，主観的ニーズ［＋］**【第Ⅰ象限】**

この場合は，本人からみても専門職からみてもニーズが現れている状況となるので，ニーズを自覚し相談窓口に相談に訪れた本人に対して，直接アセスメントをおこない必要な支援につなげることができる可能性は高い。

ニーズ把握の手法としては，地域の中にある多様な相談窓口の機能をわかりやすく明確に提示することによって，ニーズを自覚している本人が，どの相談窓口に行けば自分のニーズに支援がつながるかということを迷うことなく選択することができるような工夫が考えられる。せっかく相談をする決心をして窓口に出向いても「ここは違う，別の窓口へ」といわれ，別の窓口でも「ここは違う，あちらの窓口へ」といわれるような「たらい回し」の状況になってしまうと，本人がニーズを専門職に伝えようとする意欲がそがれてしまうかもしれない。

また，窓口に訪れた本人に対して，ていねいなアセスメントを実施し，複雑に絡まり合ったニーズを本人と一緒に解きほぐしていく専門職のかかわり方が求められる。

近年では身近な地域でさまざまなニーズを総合的に受け止める「**ワンストップサービス**」を実施する自治体の取り組みも進められている(2)。

②　客観的ニーズ［＋］，主観的ニーズ［－］**【第Ⅱ象限】**

この場合は，専門職からみると支援を必要とする本人のニーズは現れているのに，本人が自分自身のニーズに気づいていない，あるいは相談をしようとしていない状況となる。地域の中で個別支援を担う専門職が「本人拒否ケース」「支援困難ケース」とする事例にはこの状況にあてはまるものが多い。先にあげた事例でもBさん自身が充足すべきニーズの存在に気づいていない状況にある。「大丈夫」という言葉を，なぜ本人が発しているのか，その言葉の向こう側に本人のどのような思いが隠れているのかについて専門職は寄り添い，読み取っていく必要がある。

本人が自分自身の支援を必要とする状況（ニーズ）を理解し，支援を受け入れるためには，本人が理解しやすい方法での情報提供，相談への同行など本人と支援の間をつなぐ役割を専門職が果たしていく必要がある。本人の心の中で支援に対して壁が生じている可能性もあるが，その場合は「支援を受けるべきだ」という支援者の視点からではなく「支援を受けたくない」という本人の視点に立ちながら，なぜそう思うのかということを，ていねいにアセスメントし寄り添いながら解きほぐしていく必要があるだろう。

③　客観的ニーズ［－］，主観的ニーズ［－］**【第Ⅲ象限】**

この場合は専門職からみても本人からみてもニーズが現れていない状況となる。しかしこの場合，唯一気づくことができるのが本人の周囲にいる，地域でのかかわりを持つ人たちであるということは，地域福祉として大きな意味を持つ。先にあげた事例の中でＡさんは専門職ではないが，「あの人の様子が気になる」「以前と変わってしまい心配だ」とＢさんのことを気遣い心配している。こうした近隣などの身近な人が当事者の変化に気づくことによって専門職の相談機関に情報がつながる場合もあり，また近隣の人から本人に対して「一度相談してみたら」という促しがあって相談につながる場合もある。もっともニーズの現れがみえにくい客観的ニーズ［－］，主観的ニーズ［－］の状況から支援につなげるためには，まだニーズとしてはっきりと現れているわけではない「気づき」をキャッチするアンテナが地域の中で普段から機能しているということ，またそうした地域の「気づき」を支援者がしっかりと受け止めるためには，本書の序章で学んだ「地域福祉援助の実践基盤１総合相談・ニーズキャッチのしくみ」が必要となる。(3)

④　客観的ニーズ［－］，主観的ニーズ［＋］**【第Ⅳ象限】**

この場合は専門職からみるとニーズは現れていないが，本人は自分自身のニーズを自覚している場合となる。本人がニーズを自覚しているということは，たとえそれが専門職の立場からみて制度としてのサービス要件に当てはまらない場合であっても，本人が「生活のしづらさ，生きづらさ」を感じているということは事実として地域の中で起こっているということになる。本人の生きづらさに共感し支えようとする活動から生まれる，民間の先駆的な取り組みが，制度を変えていく原動力ともなってきた地域福祉の歴史的な経緯があり，その先駆性，開拓性が地域福祉の特徴でもある。本人に現れるニーズを支援につなげるためには，客観的ニーズを，制度的なサービス支援をおこなう専門職の視点からだけではなく，当事者を支える地域ボランティアの視点，あるいは制度に当てはまらないようなニーズにも対応する活動を展開している非営利組織等，地域で活動する支援者の多様な視点を意識し，地域へと広げながらニーズを把握していく必要がある。

ニーズの解きほぐしと整理

さまざまなニーズの現れ方の違いを意識しながらニーズを把握することがで

きた次の段階として，ニーズの解きほぐしと整理がある。

人が生活をしていく中で現れるニーズは経済的なニーズ，就労のニーズ，学びのニーズ，医療のニーズなどさまざまなニーズがある[(4)]。またそれらは単独で現れるのみではなく，しばしば同時にいくつものニーズが発生しそれらが複雑に絡まり合うことがある。

本人の地域生活を支えるということは，本人を支援の対象者とみなしサービス提供をおこない，それらの運営を管理することのみではない。本人を，自らの生き方を選び取っていく力を持っている主体者としてとらえ，その人が周囲に働きかけていく力を支援する必要がある。

そのためにはその人の生きづらさがどのように重なり合いながら本人の地域生活に影響を及ぼしてきたのか，また現在の生活にどのような課題をもたらしているのか，あるいは今後どのような課題が持ち上がることが予測できるのか，という時間軸を用いた解きほぐしが必要となる。

Ｂさんのように，心を閉ざし「大丈夫，ほうっておいてくれ」という言葉の壁に自らを隠そうとする当事者の不信感やあきらめに対し，一本ずつ糸をほぐすように，地域生活を支える糸口を，当事者とともに，当事者を支える地域の支援者とともに対話を重ねながらたどっていく作業が求められるのである。

2　個別支援のネットワーク化

地域の中で支援が必要な人の生きづらさを，本人の家族や近隣住民だけに担わせるというような私的な領域に閉じ込めることには限界がある。第１節の事例に登場するＢさんの問題を，近隣の知人であるＡさんにすべて任せてしまうと，あっという間にＡさんは疲れ切り，その支援は破たんしてしまうだろう。また反対に，支援が必要なのだから，公の制度サービスにつなげればそれでよいということでもない。地域関係からの安易な引きはがしや，制度的なサービスによる囲い込みは「地域で生活する人」としての本人の存在を，地域からみえないものにしてしまう。地域ケアのもっとも重要な目標は，第２章第

2節でも示されているように本人が今まで大切につないできた地域との関係性を維持しながら地域生活を保障していくことである。

多様な関係者の中心に位置する本人

第1節で示したように，当事者が抱えるニーズを何らかの方法で受け止め，それが支援者につながり，本人のニーズ整理が進むと，それぞれのニーズに対してどのような支援を展開していくのかという支援の方向性と優先順位が明らかになる。そして，誰がどのように本人とかかわっていくのかという具体的な役割分担も進むことになる。

ここで，役割分担という言葉の意味をもう一度考えてみたい。支援者の側からみて，当事者を支援の対象としてとらえ，支援者の実施すべき役割のみに着目して支援をおこなう「分野別の支援者視点」では，分野別の支援者自身の領域についてはニーズを把握し，支援をどう組み立てていくかを考えることができるが，他の分野との支援の重複や，支援が届いていない「はざま」を把握することができない。

本人が地域の中でどのように暮らしたいと願っているかということを軸とする「当事者主体の包括的な地域生活視点」からみると，支援ネットワークの中心から支援の全体性を見渡す視点を獲得することができ，支援と支援の重なりや支援と支援のはざまを当事者の側から，修正することが可能となる。また，この視点をすべての支援者が共通して持つことにより，支援者同士のつながりやネットワークを形成する必要性も共有することができる。

つまり，複数の支援者が当事者の支援ネットワークを形成する際に，本人の望む地域生活のあり方をネットワーク形成の目的に位置づけ，支援者が本人とともに当事者主体の包括的な地域生活視点から，支援ネットワークの不備や欠損を修正していく必要があるのである（図4-2）。

支援ネットワーク相互の関係性

当事者が今までの地域関係を維持しながら地域生活を営むうえで充足しなけ

図４－２　当事者の地域生活の視点によるネットワーク全体の把握

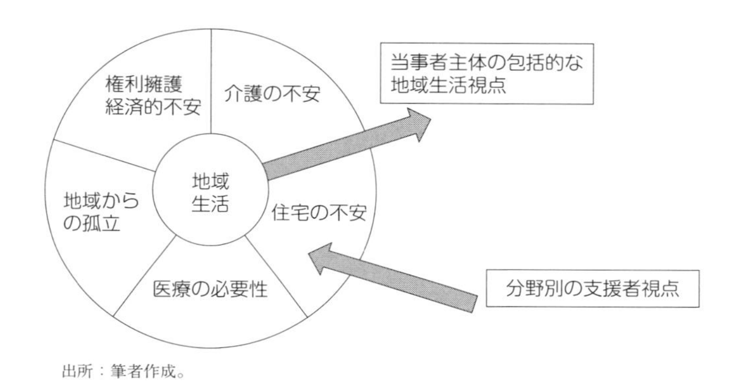

出所：筆者作成。

ればならないニーズに対して，多様な主体がネットワークを形成していく必要性について述べてきたが，ネットワークを形成する主体同士にはどのような関係性が求められるのだろうか。

支援者がそれぞれの役割を果たすことで自動的にネットワークが形成されるというわけではない。またメンバーの人数が多ければ支援が効果的に展開されるというものでもない。

支援を必要とする当事者は，当事者本人の社会ネットワークが縮小している場合が多く，支援者とつながる機会も乏しくなっている。つまり支援者ネットワークは自然に形成されるのではなく，意図的に支援者と当事者，支援者同士のつながりを構築する働きかけを必要とするのである。

もう一度事例に戻って考えてみよう。Ｂさんは長年住んでいた団地の中で，自治会に参加したり，立ち話をしたりしながら**近隣ネットワーク**を形成してきた。しかし，離婚し独居生活となったことをきっかけとし，近隣との付き合いが疎遠になり，Ｂさんの近隣ネットワークは縮小している。また独居となることで家族関係のネットワークも縮小している。本人自身が持つ社会ネットワーク（社会とのつながり）が縮小されると，そこから得られるサポートの量も当然のことながら減っていく。社会福祉の果たすべき機能としては，縮小してしまった当事者のネットワークを再度拡大，再生産する支援が重要となる。[5]

このように，本人のソーシャルネットワークの縮小に対し，支援者がサポート機能を発揮しながら地域生活を支え，本人の縮小した社会とのつながりを再び紡ぎなおす再生産をおこなうようなネットワークを**ソーシャルサポートネットワーク**という。このようなネットワークは問題解決に向けてサービスを提供するなど具体的なサポート（**道具的支援**）をおこなうという意味を持つとともに，当事者の気持ちを支え，安らぎをもたらすという心理的なサポート（**情緒的支援**）の意味を持つ。[6]

ソーシャルサポートネットワークに参加する支援者メンバーは，専門性や強みを生かし，分担された役割を担う機能を発揮する。このようなネットワークの性質を独立性という。近隣に住む知人として，Bさんへの声かけや，生活の中での変化に気づき見守る支援は専門職ではむずかしく，近隣に住みBさんと日ごろからのつながりを持っているAさんならではの支援となる。また，Bさんに医療のニーズがあるのであれば，医療専門職による治療が必要となるだろう。制度によるサービス提供をおこなう支援は，その制度にかかわる専門職が専門的知識やスキルを生かしておこなう支援となり，住民であるAさんには担うことができない専門的支援となる。このようにネットワークに参画するメンバーは，他のメンバーでは代わることができない独立性を持つからこそ，それぞれ固有の役割を果たすことができるのである。

固有の役割を担い，ソーシャルサポートネットワークに参加するということは，強みを生かすということと同時に，自分自身の支援では届かない部分があるという支援の限界を支援者自身が気づくということでもある。もし，「私がこの人のつらさをすべて担う」という支援者がいるとすれば，その支援者は自分だけでは担いきれない部分までも無理して担おうとして疲れ切ってしまうか，あるいは自分が担いきれない部分には目をつぶって支援のレパートリーを縮小してしまうことになり，いずれにしても支援を必要とする当事者の生活の全体性を保障することができなくなってしまう。

ネットワークを形成するということは，それぞれの支援の不足する部分を，ネットワークを形成する他のメンバーの機能で補い合うことを目指すということであり，このようなネットワークの性質を相補性といい，ネットワークを形成する支援者全体の機能を総合化すると，当事者の生活の全体性が保障されるということでもある。地域でのつながりを保ちながら当事者の生活の全体性を支えるネットワークは，この相補性，独立性という２つの性質を同時に保ちながら，チームとして当事者を支えることになる。

ネットワークの種類

ネットワークは人や組織という点とそれをつなぐ関係性の線で構成される。その型は大きく分けると，**結束型**と**橋渡し型**の２つがあるとされる。またネットワークという構造に，信頼や規範（ルール）が蓄積されると，それは社会にとっての資本としてとらえることができるとする考え方は**ソーシャル・キャピタル理論**（〔コラム１〕参照）と呼ばれ，社会福祉だけではなく，政治学や経済学など多様な領域で重要視されている[(7)]。

結束型のネットワークとは，ネットワークに参加するメンバー同士が互いに強いつながりがあるような関係性であり，内向きのネットワークと呼ばれる。学生時代からの仲良しグループのように，互いに気心が知れ，互いの長所も短所もわかり合っているというような間柄は，いざという時の結束力が高く，情緒的なサポート力に優れているとされる。しかしその反面，互いの行動範囲や興味関心が共通していると，持っている情報の種類も同じようなものに偏る傾向となり，外部への広がりが得にくいとされる（図4-3）。

橋渡し型のネットワークはネットワークに参加するメンバー同士の関係性はゆるやかですき間を持ち，メンバーには多様性があり，外向きのネットワークと呼ばれる。自分とは違うタイプのメンバーがいると，自分だけでは得られないような資源や情報を手に入れることがそのメンバーを介して可能となり，新しいことを成し遂げようとする時に機動力を発揮し，道具的サポート力（課題解決力・資源開発力）に優れているとされる。しかし反面，互いの思いや目的がずれることがあり，ネットワークの維持にコストがかかるとされる（図4-4）。

図４－３　結束型のネットワーク

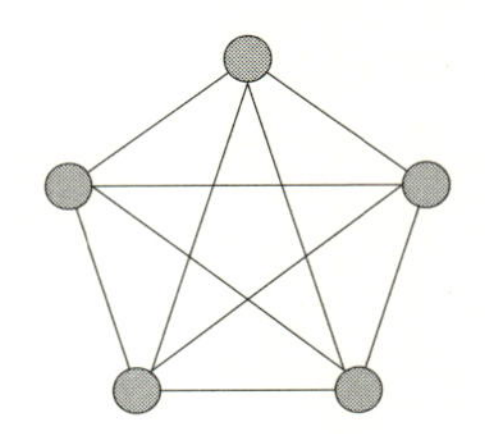

図４－４　橋渡し型のネットワーク

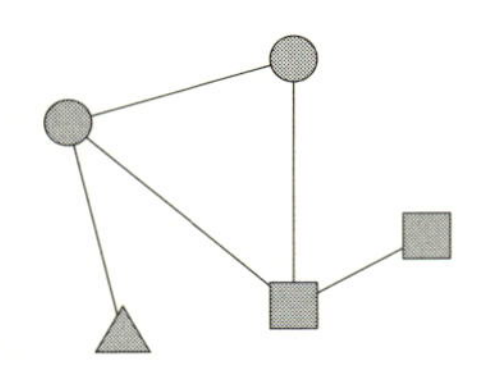

ネットワークにおけるコーディネーターの役割

ネットワークによる支援を展開していくためには，ネットワークの要となるコーディネーターの役割が重要になる。それぞれの支援者や本人，本人家族も交えてそれぞれが持つ情報を共有し，互いの専門性や役割による視点のずれを修正し，それぞれの支援の間にある「はざま」の存在に気づくためには，メールなどのICT▶による情報共有だけではなく，顔を合わせて話し合いをおこなう**ケア会議**▶の運営は必要不可欠となる。ケア会議の日程調整，参加するメンバーの選定，資料の準備，当日の会議運営，記録，会議参加メンバーや関係者への会議内容のフィードバックなどケア会議の事務局としての役割がコーディネーターに求められることになる。

また本人の状態は時間経過とともに変化していく可能性があり，それに伴い支援ネットワークに求められる機能も変化していく。本人の状態変化に関する情報を随時把握し，ネットワークメンバーと情報を共有することが必要であると同時に，本人の変化に合わせて柔軟にネットワークを組み替えていくこともコーディネーターには求められる。ネットワークに柔軟性を確保しようとする時，コーディネーターは個別のアセスメント情報だけではなく，地域にどのような資源がありどのような人材が活動しているのかという地域に対するアセスメント情報も把握し，ネットワークを地域の中で最適化する役割も担うことになる。

個別の支援ネットワークからコレクティブな視点へ

当事者の地域生活を支えるために多様な支援者がネットワークを形成しながら支援を展開し，そうした一つひとつの個別事例を地域の中で蓄積していくというところまでは，個別支援の範囲といえるだろう。しかしその蓄積の中から「この人と同じような悩みを持つ人がこの地域には他にもいる」というコレクティブな視点に立って課題のとらえ直しがおこなわれることにより，個別支援からコミュニティワークに橋が架かることになる。

次章では，個別課題の普遍化から出発し，地域の中でコミュニティワークが展開されプログラムが開発・推進されるプロセスをみてみよう。

注

(1) ニーズのとらえ方についてはさまざまな研究がおこなわれている。たとえば，三浦文夫はニーズについて「ある個人，集団あるいは地域社会が，一定の基準からみて乖離の状態にあり，そしてその状態の回復・改善等を行う必要があると社会的にみとめられたもの」と定義し，ニーズを社会の中でとらえることの重要性を示している。三浦文夫（1978）「対人福祉サービスの今後の方向（その１）」『季刊社会保障研究』13(4)。

(2) 大阪府ではコミュニティソーシャルワーカーの配置が進められている。また他の自治体でもコミュニティソーシャルワーカー，地域福祉コーディネーターなど多様な名称で同様に総合相談支援の取り組みがおこなわれている。

(3) 豊中市では住民主体の「なんでも相談窓口」が小学校区ごとに配置されている。くわしくは勝部麗子（2016）『ひとりぽっちをつくらない――コミュニティソーシャルワーカーの仕事』全国社会福祉協議会，を参照。

(4) 岡村重夫はニーズを７つの基本的要求として整理している。くわしくは岡村重夫（1997）『社会福祉原論』全国社会福祉協議会，を参照のこと。1983年に初版が出版されている。

(5) ネットワーキング論として，金子郁容（1992）『ボランティア――もう一つの情報社会』岩波新書，渡邉洋一（2013）『コミュニティケアという社会福祉の地平』相川書房，などが地域の中でのネットワークを考えるうえで参考になる。

(6) 石田光規（2011）『孤立の社会学』勁草書房。孤立は人に孤独感をもたらすだけではなく具体的なサポート関係の消失をもたらすとしている。

(7) 代表的な論者としてはパットナム（Putnam, R. D.）がいる。くわしくは Putnam, R. D.（1993）*Making Democracy Work*, Princeton University Press.（＝

2001，河田潤一訳『哲学する民主主義——伝統と改革の市民的構造』NTT 出版），を参照。

用語解説

ソーシャルサポートネットワーク

ソーシャルサポートとソーシャルネットワークの２つの意味を含む概念として理解される。個人の地域生活を支えるために，個人に近い関係性を持つインフォーマルな主体（家族・近隣・友人など）と制度によるサービスを提供するフォーマルな主体（行政・専門機関などの専門職）が有機的に連携しネットワークを構築し，包括的な支援体制を形成する。

ICT

Information and Communication Technology の略語。福祉の分野でも 2015年に厚生労働省が示した「誰もが支え合う地域の構築に向けた福祉サービスの実現——新たな時代に対応した福祉の提供ビジョン」においてサービス提供側の効率化をはかるとともに，サービスの効果を高める取り組みが重要であるとされ，ロボットや ICT といった先進的な技術の導入が検討されている。

ケア会議

当事者の生活課題の解決を目指し，当事者の支援に関係するフォーマル・インフォーマル支援者が話し合う場。ただし，ケースの出口を探すだけのケース会議とは異なり，当事者の生活課題の解決を目指すと同時に，そこからみえてくる地域課題を見出すことをもう一つの会議の目的としていることに特徴がある。2017年の介護保険法改正により，高齢者分野では地域包括ケアシステムを目指し，多層的な地域ケア会議の設定が求められている。

〔コラム1〕

ソーシャル・キャピタル

ソーシャル・キャピタル（日本語では社会関係資本と訳されている）という言葉をはじめて使ったのは，1916年アメリカのウェストバージニア州における農村学校の州教育長であったハニファン（Hanifan, L. J.）であったとされる。その後ソーシャル・キャピタル論が一躍注目を集めるきっかけとなったのが，パットナム（Putnam, R. D.）による *Making Democracy Work*（邦題：哲学する民主主義）であった。イタリア南部と北部の州政府を対比させ，社会全体のソーシャル・キャピタルが豊かなほど政治パフォーマンスが高いということを，膨大なデータで鮮やかに証明してみせた。パットナムはソーシャル・キャピタルの構成要素として，構造としての「ネットワーク」と，その構造のうえに蓄積される人々の意識としての「信頼」「規範」をあげている。このことは，ただつながるということだけで何か利益が得られるのではなく，つながった人々の間に，互いに対する信頼があり，互いの行動を規定する「規範（ルール）」があることによって，メンバー全体に利益が共有されるということを示している。

社会全体の利益という視点からみたソーシャル・キャピタルの研究の流れがある一方で，個人の利益という視点からみたソーシャル・キャピタルの研究の流れがあり，リン（Lin, N.）が代表的な研究者の一人である。個人がネットワーク上に情報を流したり，ネットワークのメンバーとの協働作業に協力することにより，一人ではできないようなことを，ネットワーク上に蓄積されているソーシャル・キャピタルを利用して達成することができるという考え方である。

2つのソーシャル・キャピタル論は，別々のものではなく一連としてつながっている。個人がネットワークでつながりを増やし，ネットワークのメンバーと信頼に基づく協働実践をすることにより，やがてその地域全体のソーシャル・キャピタルも豊かになり，社会全体の制度やしくみも円滑に回るようになる。

またソーシャル・キャピタルの構造であるネットワークには2つのタイプがあるとされていて，その目的も異なっている。

仲間同士が相互にサポートし合い，資源を維持することを目的とする場合は結束（ボンディング）型の内向きなソーシャル・キャピタルが求められ，多様なメンバーがつながり資源を獲得・開発することを目的とする場合は橋渡し（ブリッジング）型の外向きなソーシャル・キャピタルが求められる。コミュニティワーカーは，地域の状況に応じて，どのようなソーシャル・キャピタルを目指すか戦略的に働きかけることになる。

第5章

メゾの地域福祉援助

1 個別課題の普遍化

個人の問題？

ある人が集合住宅の中で孤立死した。近所の人はその人のことを誰一人よく知らず，顔はみたことがあるけれど，話したことはないといった。ある人は，高校生の時にいじめを経験し，仕事をしても長続きせず，40歳になった今も引きこもりの生活を続けている。両親に介護が必要になって，誰に相談したらよいかわからずに困っている。ある人は，働き盛りの50代で脳梗塞になり，高次脳機能障害と診断された。短期記憶に障害が残り，仕事を続けることがむずかしくなった。妻は障害の特性もなかなか理解できず，介護と仕事で疲れ果てている。

こうした問題は，一人ひとりが直面しているそれぞれに固有の個別的な問題である。こうした問題に対し，個別的具体的な支援を地域という場でおこなっていくことが重要であると同時に，地域福祉は，こうした問題を地域の問題として考え，当事者や地域住民，そして地域社会がその解決策を模索していくところにその特徴がある。「**個別課題の普遍化**」とは，当事者や地域住民，そして地域社会がこうした地域の中にある「一人ひとりの課題」を地域に共通する課題（私たちの問題）として認識し，とらえ直していくことであり，そのことが，地域での共同性を再構築していく取り組みの前提になる。なぜなら，一人ひとりの個別的な悩み，困りごと，生活のしづらさの背景に地域課題があることを認識できないと，課題解決の目標があくまで個人の問題解決にとどまってしまうからである。その意味で，個別課題の普遍化という段階はコミュニティソーシャルワークとコミュニティワークが重なる「橋渡し」の段階ともいえる。

自己責任が強調される社会

通常，私たちは一人ぼっちで社会と向き合っているわけではない。第1章でも述べたように，個人と社会の間には，家族や地域社会，会社といった中間集団と呼ばれる集団が存在し，私たちを守ってきた。いろいろな問題があっても，最悪の事態から保護する機能のことを**セーフティネット**というが，家族や地域社会は，生活上のさまざまなリスクに対する身近なセーフティネットといえる。また，日本では，会社もこうしたセーフティネットの一つだった。終身雇用，年功序列制賃金に代表される日本型雇用と呼ばれるシステムは，すべての人ではないにしても，多くの人に一定の安定を保証してきた。こうした中間集団が安定していれば，社会保障制度や社会福祉制度は，そこから漏れ落ちる例外的なリスクに対応する「最後の」セーフティネットで構わなかった。

ところが，第1章でもみたように，こうしたセーフティネットが次第にほころび始めている。

もちろん，私たちの社会を安定させてきたしくみが不安定になっていることは，必ずしもマイナスなことだけではない。安定したしくみは，逆にいえば，生き方を縛るものでもあったからだ。そのため，これまで「当たり前」とされてきた生き方を前提とせず，私たちが自由にさまざまなことを選択できるようになっているという見方もできる。しかし，その結果，個人が直面する困難は「あなたの選択した結果なのだから」というかたちで，自己責任とされてしまうような社会になってきているのである。

このように，課題の解決が「自己責任」とされるような社会は，個別の課題を地域の課題（もしくは社会の課題）として考えていくことがむずかしい社会である。とはいえ，私たちは，同時に他者と共同（協働）して問題解決を希求する存在でもある。あらゆることを個人の力で解決できないとすれば，専門職，そして地域住民や課題を抱えている当事者自身が，困難を抱えた状況にかかわり，改善しようと働きかけ，ともに解決していくための新しい取り組み（共同性・協働性）をつくりだしていくことができるかもしれない[(1)]。こうしたアプローチは，**コレクティブ・アプローチ**と呼ばれることもある。

一人での問題解決が求められたり，それが可能にみえてしまう今の社会の中で，それを一人の問題として放っておくのではなく，地域の課題として受け止め，共同での解決を目指す取り組みがコミュニティワークであり，課題の普遍化はその出発点といえる。

専門職にとっての「課題の普遍化」

経験を積んだ個別支援の専門職は，自ずと同じような課題を抱えた利用者に出会うことがあるはずである。社会的孤立や引きこもり，高次脳機能障害者の抱える生活のしづらさは，その人固有の問題であると同時に，同じような生活のしづらさを抱えた人が他にもいるという意味でその人だけの問題ではない。そのように考えると，個別支援の専門職は実は地域課題をよく知っているのである。しかし，多くの場合，実感として「この地域では○○という課題があるな」と感じていたとしても，それを解決するための取り組みを自分の仕事とは考えられないし，その余裕もない場合が多い。こうした状況は，「モグラたたき」にたとえられることがある（**図５-１**）。次から次へと出てくる問題（モグラ）に対処すること（個別支援）で手一杯で，どうやったらモグラが出てこなくなる土壌（地域）をつくることができるのか（予防）まで考えるゆとりがなかったり，そのことが業務の範囲として考えられていないのである。本書では，これを「木と森」にたとえてきた。個別支援が一本一本の「木」の問題（個別課題）であるとすれば，コミュニティワークが取り組むのは，「森」の問題（地域課題）である。

たしかに，個別支援は，あくまでその人固有の課題解決を目指すものであり，一方，コミュニティワークの対象は問題が発生している地域の構造や地域社会のあり方である。つまり，支援の対象が「個」であるか，「地域」であるかと

図5-1　一人ひとりの課題と地域や社会の課題との関係

出所：筆者作成。

いう違いがある。しかし，個別支援とコミュニティワークはそれぞれが独立しているわけではない。個別の課題の蓄積が共有され，地域の課題としてコミュニティワークにバトンタッチされる，この両者の重なりが「課題の普遍化」の段階なのである。

多くの個別支援の専門職は，この連続性を意識できないでいる場合が多い。しばしば，個別支援の専門職は，日々の支援で精一杯で，地域の課題まで考えている余裕がないという声も聴く。しかし，個別課題の普遍化は，業務の範囲を越えて仕事をすることを求めることではない。バトンタッチの方法は，両者がともに考えることであり，そのための場をつくることである。高齢者分野でいえば**地域ケア会議**，障害者分野でいえば**障害者地域自立支援協議会**，児童分野でいえば**要保護児童対策地域協議会**などがこうした場であるし，それ以外にも両者が課題を共有化し，ともに考える機会をつくっている地域もある（これらの場については終章も参照）。大切なことは，共通する課題を解決できる地域づくりをおこなっていかなければ，自分たちの仕事は大変になる一方で，何より利用者の暮らす環境を改善していくことができないという視点で気づきを共有し，解決への道筋をつくるということである。

地域住民やボランティアにとっての「課題の普遍化」

私たちは，自分自身が経験したことや身近な人が経験したことであれば，同じような課題を抱えた人に思いをはせることができるかもしれないが，先に例にあげた社会的孤立や引きこもり，高次脳機能障害といった問題を「我が事」「私たちの問題」として考えることはむずかしいかもしれない。一般に「私たちもそうなるかもしれない」という問題は，比較的「私たちの問題」（＝地域課題）として考えやすい。たとえば，認知症は誰でもなるかもしれないし，たとえ家族がいても，その介護は大変だろうと想像できる。子育ても多くの人が経験するから，仕事と子育てを両立することはむずかしいだろうと想像がしやすい。しかし，安定した仕事に就き，友人が多い人にとっては，社会的孤立の問題は，「我が事」ではないだろうし，そもそも高次脳機能障害という障害自体を知らない人も多いだろう。ひとり親家庭の困難や引きこもり，ホームレスの問題などは，その背景にある地域や社会の問題がみえにくく，自己責任と考えられやすいため，課題の普遍化がむずかしいといえる。住民が主体となった小地域福祉活動の多くが，比較的課題を共有しやすい高齢者の課題を中心に取り組まれているのは，そうした事情によるものだと考えられる。

では，「私たちはそうならないだろう」と思われている問題，いいかえれば目にふれにくかったり，みてみぬふりをされてしまうような少数者の課題は，「地域課題」ではないのだろうか。ここでは，次のボランティアの定義をヒントに考えてみたい。

「あるきっかけで直接または間接に接触するようになった人が，何らかの困難に直面していると感じたとしよう。ボランティアとは，その状況を『他人の問題』として自分から切り離したものとはみなさず，自分も困難を抱えている一人としてその人に結びついているという『かかわり方』をし，その状況を改善すべく，働きかけ，『つながり』をつけようと行動する人である[(2)]」

これはボランティアの定義について述べているものだが，さまざまな自発的活動全般に当てはまると思われる。「あるきっかけ」は，家族や友人かもしれないし（直接），メディアや講義などかもしれない（間接）。「その人に結びついているというかかわり方」をするというのは，自分自身が同じ困難を抱えていないとしても，それと「つながっているという感覚」を持つことだといえる。

「つながっている感覚」は，必ずしもそれが自分に起こるかもしれないからという理由だけでわいてくるものではない。海外で人道支援にかかわる人は，それが自分にも起こるかもしれないという理由でかかわっているというよりは，その国で困難を抱えている人の問題を放っておけないと感じ，何らかのつながりを感じているのだ。このように，課題を普遍化する際には，問題を知ることや当事者の話を聞くといった「出会い」や問題を知る機会（「つながっている感覚」を持つ機会）をていねいにつくりだしていくことが必要になっていくだろう。

当事者にとっての「課題の普遍化」

次に，当事者にとっての課題の普遍化について考えてみよう。今まさに課題に直面している人は，自らの問題に立ち向かうことで精一杯なのが普通である。また，地域や社会から排除されているような場合には，課題解決そのものに立ち向かう意欲を失っている場合もある。こうした状況におかれた当事者が，自分自身そして同じ課題を抱えた人の問題を普遍化していくためには，**当事者組織（セルフヘルプグループ）**の存在が重要になる。当事者組織（セルフヘルプグループ）は，当事者が自発的につくった相互援助や特定の目的を達成するための組織をいう。岡智史は，こうした組織を「わかちあい」からはじまる「ひとりだち」と「ときはなち」を目的としたグループであるとしている。つまり，当事者だからこそわかる気持ち，情報や生き方を分かち合い，同じような困難を乗り越えてきた人との対話を通じて自分自身を変えていくこと（ひとりだち）で，自分自身を批判したり，差別してしまうというとらわれから「ときはなち」，自分たちを押さえつけていた環境を変えるために社会に対して働きかけていくことができるようになるという[(3)]。このように，当事者組織（セルフヘルプグループ）は，当事者が課題を普遍化させていくための声を上げていく際に，重要な媒介となるのである。

図５－２　個別課題の普遍化のプロセス

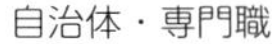

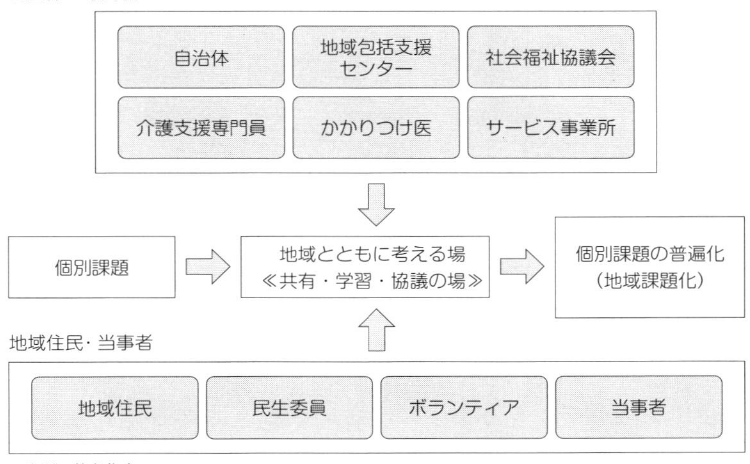

出所：筆者作成。

ともに考える場からコミュニティワークへ

ここまで，専門職や地域住民，そして課題を抱えた当事者それぞれの視点から，それぞれが個別課題の普遍化にどのようにかかわっているのかを考えてきた。共通しているのは，一人の課題を地域や社会の問題としていくことであり，その連続性を意識し，次の展開を考えていくためには何らかのともに考える場（機会）や組織が必要になるということである。

図５－２は，このプロセスを図示したものであるが，地域福祉の観点からは，このプロセスを専門職のみでおこなうべきではないという点を強調しておきたい。図中の「地域とともに考える場」は，地域住民や当事者とともに考える場（機会）であり，住民や当事者とともに課題を共有し，学習し，協議することで，次節以降で説明するような住民や当事者が主体となった地域組織化やソーシャルアクションが可能になるのである。

では，こうした場や機会をつくることを，誰が，どのように支援していけばよいだろうか。もちろん，こうしたことが地域の中で自然発生的に起こってくることもある。しかし，一般的には，地域課題を「私たちの問題」として解決に向かうアクションを起こしていくための学びや活動をサポートし，地域の中のさまざまな人や機関をつなげ，行政の計画などに反映させていくといった一連の過程には，支援が必要である。こうした一連の過程を本書では**コミュニティワーク**といい，その過程にソーシャルワーカーがどのようにかかわっていけばよいか考えていきたい(4)。

一人ひとりの個別課題の背景にある課題が地域課題（＝私たちの問題）として共有されたら，次のステップは，それを解決するための方策を考えることである。課題を解決するために，新たな活動を開発していく方法と，そうした課題を社会問題として訴えていく方法について，第2節，第3節でそれぞれ論じよう。

2　プログラムの開発・推進

地域組織化の構造とプロセス

専門職や地域住民，そして問題を抱えた当事者が「同じような悩みを持つ人が地域にいる」という気づきを共有し，それを解決するための実践をつくりだそうとする場合，その実践を開発し，推進する主体（誰が）とプログラム（何を）に注目する必要がある。まずは次の短い事例を読んで，プログラム開発の主体とプログラムについて考えてみよう。

事　例

集合住宅でのサロンの組織化

ある集合住宅で，孤立死の事例があった。集合住宅を担当する地域包括支援センターの職員は，同じ集合住宅のケースの中に社会的孤立の事例が多いことから，この集合住宅で社会的孤立を解消するような取り組みができないかと考えた。

集合住宅の自治会長や民生委員，社協の地域担当職員と協議をおこない，まずは集合住宅の社会的孤立の状況を調査してみることになった。調査票は郵送するのではなく，民生委員と地域包括支援センターの職員が一人暮らしの高齢者世帯を一軒一軒訪問し，社会的孤立の実態とともに，ニーズの把握もあわせておこなった。その結果，集合住宅内では，社会関係が希薄な人が多く，何か困ったことがあっても頼る人がいない人が相当数いることがわかった。同時に，元気な高齢者も多く，本当はもっと交流があればよいと望んでいる人が数多くいることもわかった。一緒に訪問調査をおこなった民生委員は，地域包括支援センターの職員と一緒に訪問することで，これまでかかわることがむずかしかった集合住宅の課題を再認識するとともに，元気な高齢者の意欲的な声を聞けたことで，課題を解決するための取り組みをおこなっていく可能性がみえてきたと語った。

地域包括支援センターの職員は，調査結果を住民にフィードバックする機会を活用し，住民の自主的な活動を組織化できないかと考えた。再度，自治会長や民生委員，社協の地域担当職員と協議し，調査結果のフィードバックや認知症サポーター養成講座，地域で取り組めることについてのワークショップなどを内容とした２日間の「地域サポーター養成講座」を開催した。訪問調査で声かけをした住民に再度呼びかけるなどした結果，予想以上の地域住民が集まり，集合住宅内での社会的孤立の問題への関心が高いことがうかがえた。

調査結果を踏まえて話し合う中で，参加した住民からは「孤立死の問題は他人事ではない」「高齢になって引っ越してきたため，集合住宅内に誰も知り合いがいなくて寂しかったが，どうしてよいかわからなかった」「何かあっても相談できる人がいない」といった声が上がった。こうした課題を整理する中で，住民の中から集合住宅にある集会スペースを使って，茶話会をしてはどうかという提案があった。地域包括支援センターの職員は，別の地域でおこなわれているサロン活動の取り組みを紹介し，住民の有志でその取り組みを見学してみたらどうかと提案した。他地域での取り組みも参考に，住民の有志が「まずは月に１回のサロンから始めてみよう」と月に１回のサロン活動が開始されることになった。サロンを運営する住民は，自分たちのグループをいつも笑って話せる会にしようと，「笑話会」と名づけてサロンの企画を話し合うグループを発足させた。民生委員や地域包括支援センターの職員は，調査で訪問したつながりの希薄な住民などにも声かけし，サロンへの参加を呼びかけていった。[(5)]

図５－３　活動主体とプログラムの循環

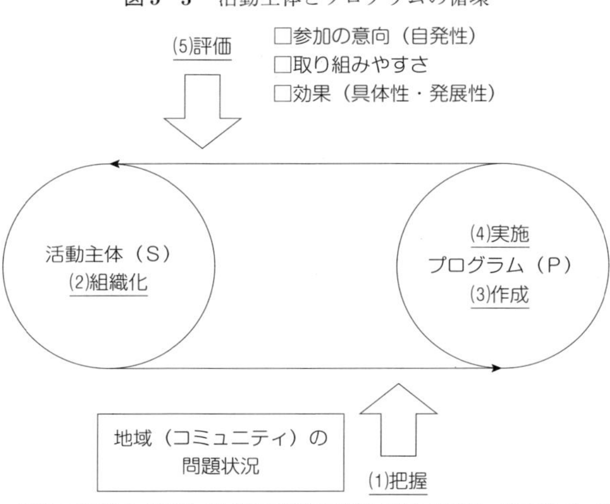

出所：平野隆之（2008）『地域福祉推進の理論と方法』有斐閣，104に基づいて筆者が一部改変。

この事例における**活動主体**は，住民のグループである「笑話会」であり，集合住宅の住民が自由に集まって話をする「サロン」という**プログラム**をおこなうことを選択している。

こうした地域課題に対応した活動主体とプログラムの展開は，住民自身が自ら気づき，立ち上げることもあるし，事例のように専門職が側面的に支援することがきっかけとなって取り組まれることもある。

ただ，一般的には事例のように，活動主体の立ち上げ（これを**活動主体の組織化**という）には，専門職がかかわり，その主体が問題解決のために取り組むプログラムの開発を支援し，事業の円滑な実施に協力するという援助実践を伴う。こうした援助実践が，コミュニティワークの中でも**地域組織化**といわれる援助技術である。

地域組織化のプロセスは，(1)地域（コミュニティ）の問題状況の把握，(2)活動主体の組織化，(3)プログラムの作成と，(4)実施，そして(5)評価というプロセスに整理できる（図５－３）。

個別の課題をアセスメントし（問題状況の把握），支援計画を立てて実施し

(計画策定と実施)，モニタリング（評価）をおこなうという個別支援のプロセスとの大きな違いは，地域組織化の場合「活動主体の組織化」(⑵)が加わっている点にある[(6)]。共有化した課題を解決していくための活動の担い手となるグループや組織を生み出していくことが，地域を支援する場合には重要になるのである。以下では，それぞれのプロセス（上記⑴〜⑸）について簡潔に説明しておこう。

地域の問題状況の把握：⑴

地域課題の把握は，前節でみたような「個別課題の普遍化」を進めるうえで重要なプロセスである。地域の中にある一人ひとりの課題を地域課題，すなわち私たちの問題として明確にしていくプロセスだからである。問題把握にはいくつかの方法がある。

まず，すでにある資料を使って地域の問題を把握することができる。すでに発表されている地域特性や福祉の状況についての基礎的なデータや資料を参考にすれば，大まかな地域の特性が理解できるだろう。たとえば，働きかける地域の人口動態や地理的条件，福祉課題の実態などは，すでに公表されているデータから把握することができる。高齢化が今後どのように進むのか，どのくらい介護保険サービスを利用している人がいるのかといったデータは，「課題を普遍化」していく際にも重要な材料となる。また，地域のさまざまな社会資源を把握しておくことも重要である。社会資源は，いわゆる福祉施設等に限らない。たとえば，高齢者がよく集まる場所（もしかしたら，喫茶店や銭湯かもしれないし，地域の商店かもしれない）は自然に形成された交流の場として重要な社会資源になりうる。

次に，事例のように調査によって問題を把握することも重要である。調査で得られるデータの種類に着目すると，データには**量的なデータ**と**質的なデータ**がある（〔コラム２〕）。やみくもに調査をすればよいというものではなく，地域課題を明らかにするためにどのようなデータが必要なのかを考え，適切な調査がおこなわなければならない。たとえば，量的調査は全体の大まかな傾向を把握することには優れている。「担当地域で，子育てに悩んでいる人は○％です」「子育てサロンについて知っている人は，全体の○％です」といった結果が，地域課題を理解するのに有効な場合もあるだろう。一方，大まかな傾向では，たとえば，子育てで悩んでいる人が「どうして悩んでいるのか」まではわからない。そこで，実際に子育てをしている母親に集まってもらい，**フォーカスグループインタビュー**▶をおこなうことで，そうしたことを明らかにできるかもしれない。このように，調査はどのようなデータで，何を語りたいのかを明確にし，さまざまな方法を組み合わせて活用していくことが必要である。

他にも，地域の問題を把握するために，よく使われる方法やアプローチをいくつか紹介しておこう。

アクションリサーチは，何らかの状況の変化を目指して研究者や実践者，当事者などが一緒に取り組む調査のことをいう。つまり，単に調査をするのではなく，調査にかかわる人が問題解決に共同で取り組む「実践」の手段として調査を活用するのである。そのため，アクションリサーチの主眼は，どのような方法（アンケートやフォーカスグループインタビュー）を使うかではなく，どのように現状を変えていくかという「アクション」にある。

たとえば，この節の冒頭の短い事例は，地域包括支援センターや社協，地域住民などが協力して調査に取り組み，その結果を踏まえて地域組織化につなげていくアクションリサーチの実践といえるだろう。調査は「プロ」がおこなう独立したもので，実践者や住民は，その結果をもらうだけという関係ではなく，一緒に取り組むことで，調査のプロセスそのものが実践となる。このように，何らかの調査をおこなって地域の課題を把握しようとする場合，専門家だけで調査をさっさとやってしまうのではなく，活動の担い手として想定される人やグループなどと一緒に調査活動に取り組むことが有効なのである。

住民懇談会などさまざまな名称で呼ばれる**住民座談会**は，小地域で住民が協議する場を設けるためにおこなわれる。こうした場は，問題の把握だけでなく，それを解決するための活動についても考えていく場であるが，単に一方的な説明をして意見を聞くといった進め方ではなく，住民同士の話し合いを促したり整理するファシリテーションの機能が必要になる。

また，住民が直接参加し，交流し，意見を交わすことができる場をつくることは重要であるが，その限界も知っておく必要がある。もっとも大きな限界は，参加する人が限られるという問題である。たとえば，平日の昼間に開催すれば，自ずと参加できる人は限られてくる。また，問題を抱えた人や地域で排除されている人ほど，こうした場に参加することはむずかしいだろう。さらに，参加したとしても自分たちの思いをきちんと発言することがむずかしいかもしれない。そのため，開催場所や時間を配慮することや，こうした場で拾えないニーズについては，たとえばフォーカスグループインタビューで把握するなど，他の方法で補うことも必要になる。

マップ作りは，実際の住宅地図などを使いながら地域の問題を把握していく方法である。たとえば，災害時の危険個所を地図上に記入したり，実際に災害時に援助が必要な人や，気になる人などを地図上に記入していくことなどがおこなわれている。与えられる情報だけでなく，住民自身が知っている情報を自分たちで記入することで，地域課題が新たに発見されたり，逆に新たな社会資源が発見されることもある。

ただし，個人の情報を記入していく場合には，面白半分になったり，噂話の延長線になってしまう危険性もある。取り組みの目的やそれをどのように活用するのかについて，きちんとした合意に基づいておこなう必要があるだろう。

活動主体の組織化：(2)

活動主体の組織化は，問題解決に取り組むグループや組織をつくりだしていく（組織化）ことである。先に示した事例の活動主体は，集合住宅に住む住民であったが，問題解決に取り組むのは，こうした地域住民だけでなく，課題の共有化（本章第１節）でみたように，専門職や当事者もその担い手となりうる。ここでは，①地域性，②テーマ性，③当事者性に基づいた活動主体の組織化について簡単に説明しておく。

①　地域性に基づいて組織化する

まず，地域住民の組織化は，日本では，**地縁**（たとえば，自治会・町内会）を基盤とした組織化をはかる例が多く，たとえば，社協では，自治会・町内会を単位として見守り活動やサロン活動といったプログラムを実施するために，自治会・町内会に「福祉部」のような組織をつくることを働きかけたり，連合自治会・町内会（いくつかの自治会・町内会が集まった範囲）で**地区社会福祉協議会**といった住民団体による協議会を設置して，地域内での活動を活性化させるための組織化活動をおこなってきた地域が多い。

このような地縁（地域性）に基づいた組織化は，同じ地域に住む住民同士であるため課題を共有しやすく，地域に共通した課題であるほど共同性をはぐくみやすい。一方，地域性に基づいて活動主体を組織化する場合の留意点としては以下のような点があげられる。

まず，自治会・町内会といった地縁組織がそもそも組織化されていなかったり，加入率が低い場合がある。各戸が持ち回りで自治会・町内会長を担っている場合も多く，地域によってはこうした組織に頼ることや主体的な活動にしていくことがむずかしくなっている。こうした場合には，「長」が代わっても同じような活動が継続できるように，自治会・町内会の中に「ボランティア部」とか「福祉部」といった持ち回りでないメンバー（いいかえれば意欲のあるメンバー）で構成される組織をつくるなどの方法がある。

また，地域はつねに共同性をはぐくむ場であるとはいえず，異質なものを排除しようとする場でもある。みんなに共通する課題について熱心に活動してきた地域でも，障害者の施設が建設されることに反対するかもしれないし，自治会活動を中心に福祉活動の組織化をはかると，「自治会に加入していない人には支援したくない」といった排除の論理が働いてしまう場合もある。

さらに，中山間地域などでは，ほとんどの住民が高齢化しており，そもそも地域における共同性（たとえば，伝統行事や祭りなどもその一つである）そのものが維持できなくなっていたり，人口移動が激しい都市部では地域活動に取り組む担い手の不足が深刻になっている地域も多い。そのため，今後は，地域活動を中心的に担ってきた住民だけでなく，地域の多様な人材に目を向けていくことが必要になるだろう。

② テーマ性に基づいて組織化する

地域性に基づいた組織が，すでにある自治会・町内会といった既存の組織を基盤に取り組まれることが多いのに対して，テーマ性に基づいた組織化は，「この指とまれ」方式，つまり，やりたい人が集まってグループを組織化することをいう。たとえば，退職後の高齢者を対象としたボランティア入門講座を開催し，その修了者を中心にグループを組織化した場合を考えてみよう。グループの中から，講座で学んださまざまな地域の課題に取り組みたいという声が上がる場合もあるだろうし，コミュニティワーカーが地域の問題状況を踏まえて活動プログラムを提案することもあるだろう。

もちろん，こうした支援がなくても，さまざまな人が集まってグループを形成することはある。たとえば，介護経験のある人が，介護者が孤立しがちになるという自らの経験を踏まえて，地域の中で介護者がいつでも集える場をつくったという事例もある。配食サービスのボランティアとしてお弁当を配る中で，「もっと話がしたい」というたくさんの高齢者の声を聴いて，傾聴ボランティアのグループを立ち上げた人もいる。このように，自ら課題に気づいた人が，さまざまなグループを立ち上げている例は，枚挙にいとまがない。

③ 当事者性に基づいて組織化する

本章第１節でみたように，問題に直面した当事者が問題を分かち合い，そして問題に立ち向かっていくためには，当事者組織の存在が重要である。当事者組織は，地域性というよりは，共通の問題（interest）に基づいた組織であり，同じ障害や病気，そして社会的な状況（たとえば，父子家庭の父親の会）に着目して組織化をはかることになる。

当事者組織の目的である「わかちあい，ひとりだち，ときはなち」は，共有，認識や行動の変容，社会的な行動といいかえることもできるが，コミュニティワーカーは，当事者組織がこうした機能を果たせるように側面的に支援していくことになる。たとえば，若年性アルツハイマーの人を介護する家族は，高齢認知症の人を介護する場合とは異なる困難を抱えている。こうした悩みは，これまでの認知症の介護者家族の会では共有されづらいと感じているかもしれない。こうした悩みを聞いた地域包括支援センターのワーカーは，若年性アルツハイマーの家族会を組織しようと考えるかもしれない。

しかし，今まさに介護で悩んでいる人にとって，会を運営すること（会則をつくったりするだけでなく，呼びかけのチラシをつくったり，会場を確保したりしなければならない）は大きな負担になる。そこで，こうした組織運営を支援しながら，活動を支えていくことが必要になってくる。しかし，問題を分かち合うことを通じて，介護者はこうした課題を広く訴えていく必要性に気づいたり，既存の事業所に対して若年性アルツハイマーの人にどのようにかかわってほしいか研修を実施したりする活動を展開していくかもしれない。また，会のメンバーが自治体の計画策定のメンバーとなって発言することで，制度やしくみそのものに影響を与えることが可能になるかもしれない。

プログラム作成と実施：(3)(4)

「プログラム作成と実施」は，地域の問題状況を踏まえ，それを解決するために，どのような活動をおこなっていけばよいのか（プログラム）を考え，その実施までの計画を策定し，実施していく段階である。先に示した短い事例の中では，集合住宅の中での社会的孤立という問題状況に対して，住民が顔を合わせる機会としての「サロン（居場所）づくり」をプログラムとして実施していた。社会的孤立という問題状況を解決するためのプログラムは，必ずしもサロン（居場所づくり）だけではなく，たとえば，配食ボランティアを組織化して，希望があった人にお弁当を配り，見守りをおこなうプログラムなどいくつもの可能性が考えられる。このように，同じ課題を抱えた地域であっても，取り組むプログラムが異なることは，当然ありうる。活動をともに考えていく場合には，活動主体となる住民自身の関心や，現在の能力なども考慮する必要があるだろう。まずは取り組みやすい活動から始め，活動の中でさまざまな気づきが生まれ，活動が新たな方向へと展開していくかもしれない。このように，提案するプログラムには，長期的な視点が必要になり，その実施には地域や活動主体の特性を踏まえる必要がある。ただし，最も大切なことは，プログラムを住民自身が主体的に選択していくことであり，課題や予算があるからといってプログラムを押しつけることがあってはならない。

さまざまな地域で，それぞれの地域の課題や特性を踏まえた多様な地域活動が展開されており，地域福祉の「面白さ」はこうした地域や当事者が生み出してきたさまざまな工夫であったり，そこに秘められた熱意であったりする。コミュニティワーカーは，こうしたさまざまな取り組みについてよく知っていなければならないし，必要に応じて活動主体となる住民や当事者にこうした実践例を紹介していくことも必要だろう。しかし，ある地域でうまくいった実践が別の地域で同じようにうまくいくとは限らない。コミュニティワーカーには，地域の問題状況や活動主体の状況を踏まえ，一緒に考えていく姿勢が必要だと言えるだろう。

評　価：(5)

①　地域組織化の目標と評価

まず，評価をおこなうためには，目標の設定が不可欠である。何を目指した実践なのかが定まっていなければ，評価のしようもないからである。一般に，地域組織化の目標には，**プロセスゴール**と**タスクゴール**という２つの目標があげられる[(7)]。まず，ここではそれぞれについて説明しよう。

タスクゴールは，実際に地域の問題状況がどのくらい解決されたかに焦点をあてるもので，プロセスゴールは，協働の機運を高め，住民が参加することで，地域の凝集性や問題解決の能力がどのくらい高まったかに焦点をあてる。いいかえれば，解決すべき問題が解決されたかどうかがタスクゴールの評価であり，住民やボランティアグループのメンバーなどが，組織化の過程を通じて相互に信頼し合い，共通した問題の解決に取り組む能力が高まったかどうかがプロセスゴールの評価ということになる。先ほどの短い事例でいえば，社会的孤立の状況を改善することがタスクゴールであり，一連の過程を通じて，これまでお互いに協力することができず無力感に陥っていた住民が，自分たちに地域課題を解決できる力があるという自信をつけることがプロセスゴールであるといえる。

専門職が注意しなければならないのは，こうした目標があらかじめ立てられておらず，手段が目的化することである。たとえば，行政から補助金がもらえることになったので，地域にサロンをつくろうと働きかけることになった場合，サロンをつくること自体が目的化してしまうことがある。こうしたワーカーは，課題が実際に解決されたのか（タスクゴール）やそのプロセスで住民がどのくらい問題解決能力を高めたのか（プロセスゴール）ではなく，「いくつできたか」で評価してしまう。地域組織化を進める前に，目標をしっかり設定しないとこのような手段の目的化が起こってしまうのである。つまり，評価の前提として地域組織化の目標をきちんと設定しておくことが必要になる。

②　評価の主体

地域組織活動の評価で気をつけなければならないもう一つの点は，誰が評価をおこなうのかという点である。地域組織化における「活動主体の組織化とプログラムの循環」（図5-3）は，専門職がそれを側面的に支援することはあっても，最終的には活動主体である地域住民が主体的に動かしていくサイクルである[(8)]。したがって，評価は，住民自身がおこなうこと，少なくとも主体である地域住民自身がかかわることが求められる。循環のサイクルを住民自身で動かしていくことが，最終的な地域組織化の到達点だとすれば，活動主体である住民自身が目標を設定し，プログラムを実施し，評価するという循環を回していくことができるようになることを目指して支援していかなければならない。

③　地域組織化の記録と評価

最後に，こうした一連の評価をおこなうためにも，地域組織化の実践プロセスを記録しておくことが必要である。しかし，個別支援と異なって，地域組織化は長期間にわたる実践であり，働きかける対象も多様であるという特徴がある[(9)]。時には関係ないような住民との立ち話や，別な目的で参加した会議の際に取り組みが進むこともありうるからである。こうした特徴のため，これまであ

資料５－１　ワーカー行動記録（日報）――宝塚市社会福祉協議会の例

ワーカー行動記録

				事例検討様式で活用の部分 ↓	事例検討様式で活用の部分 ↓	事例検討様式で活用の部分 ↓
日時	コミュニティ区	相手方	事業・会議名等	経過・内容・主な事柄等	ワーカーのかかわり（働きかけ）	ワーカーの思い・気づき・コメント等
11月○日	○○○	○○会長 ○○氏	ネットワーク会議について話をもつ	まちづくり計画とネットワーク会議の位置づけを整理し、当事者の意見をいただける場としてセッティングする	当事者の意見をいただくのに、従来参加されていた方だけでなく、コミュニティに関わる方、子どもの世代を取り入れることをすすめる	○○○には、当事者の役員がいるが、当事者性のある話をしないことに気づく
11月○日	○○○○	○○氏、 ○○○、 SCS	歳末支えあい事業、ケースの引継ぎ	民生委員の交代と今後のSCS制度打ち切りのため、地区センター、民生委員、との連携強化	SCSと情報交換を事前に行う	これからSCSがなくなるため、地域の力をつけていく仕掛けが必要と感じる
11月○日	○○	福祉部	定例会	バザー、研修会について	情報提供	介護教室が地区内で広がる可能性を感じた
11月○日	○○	福祉部	児童育成会の実施について相談	NPO法人取得後の情報の流し方について福祉部、事務局、社協で話す	事業運営における留意点を提示	NPO法人の位置づけ

出所：藤井（2013）「地域福祉実践に役立つ記録の考え方とその方法」『地域福祉実践研究』４，５。

まり実践を記録することが重視されておらず，ベテランのコミュニティワーカーの「背中をみて学ぶ」といった風潮があった。しかし，記録がなければ事例検討などに基づいた実践の評価やスーパービジョンもできないし，活動も蓄積しない。優秀な職員が辞めてしまうと活動が一気に停滞してしまうといったことも懸念される。そのため，個別支援と同じように，地域組織化の実践についても，記録化の様式や方法を定着させていく必要がある。

藤井博志は，地域組織化を含むコミュニティワークの記録について，長期経過表，地区カルテ（地区別基礎データ表），ワーカー行動記録（日報），会議記録，事業企画シート，事業評価シートが必要であると指摘している[(10)]。ここでは，このうち，ワーカー行動記録（日報）についてみておきたい。これは，**資料５－１**のように，地域や個人への働きかけなどの日常的なワーカーの行動を記録したものであり，個別支援におけるケース記録の「経過記録」に該当するものである。この記録様式では，ワーカーがどの地区で，誰と，どのような事柄について話し合ったのか，そしてワーカーがどのような働きかけをおこなったのか，そして，そこでのワーカー自身の思いや気づきを記述できるようになっている。こうした地域とのかかわりの経過記録を蓄積することで，自己の実践の振り返りや事例検討（**資料５－１**中の「事例検討様式で活用の部分」）に活用すること，すなわち，実践の評価が可能になる。

3　ソーシャルアクション

ソーシャルアクションとは

地域の課題を私たちの問題と考え，それを解決していくための組織をつくり，活動をつくりだしていくこと，いいかえれば，自分たちで解決する手段をつくりだしていくことが，前節で説明した「プログラムの開発と推進」である。一方，課題の中には自分たちで解決することを越える問題や地域だけでは解決できない社会問題がある。日本では，ソーシャルアクションという言葉がかなり幅広く使われており，新しい活動をつくりだしていくこと（プログラムの開発）もソーシャルアクションとして説明されていることもあるが，そのようにしてしまうと制度に基づかないあらゆる実践がソーシャルアクションということになってしまうので，ここではもう少し限定してこの言葉を用いることにする。

つまり，ここでは，社会的に排除されたり，抑圧されている人々を組織化し，政策・制度，市民，組織，行政・司法機関などに対し，組織的な働きかけをおこない，本来認められるはずの権利を認めさせたり，資源を得たり，意思決定に参加していくことを要求していく活動を**ソーシャルアクション**という[11]。地域の中で住民などが協力して活動をつくりだしていくことがプログラムの開発だとすると，ソーシャルアクションは，力（権力）を持つ機関（行政など）に対して変化をせまるアプローチである。

また，ソーシャルワーカーが利用者を代弁してこうした活動をおこなうことは，**アドボカシー**と呼ばれるが，コミュニティワークのアプローチとしてのソーシャルアクションは，権力や資源，そして意思決定などから排除されている人や組織を支援して，こうした人々自身が行動を起こしていくことと整理しておく。

ソーシャルアクションのアプローチ

このように，ソーシャルアクションは，特定の人や地域，グループを差別したり，排除したりする政策・制度，人や組織，行政や司法機関などに対して働きかけをおこなう活動なので，時には対立的であったり，敵対的である活動を戦術として採用することもある。ソーシャルアクションにかかわる専門職は，デモや陳情，メディアなどを通じて問題を広く周知していくこと，直接交渉や訴訟などを通して権利を奪われたり，抑圧されている人をエンパワメントし，権利を回復することを目指すことになる[12]。**ハンセン病患者**のように排除されてきた人々が権利を要求する運動[13]，生存権のあり方を問い「人間裁判」といわれた**朝日訴訟**▶に代表されるような社会保障関連訴訟，自立生活の権利を要求してきた**障害者の自立生活運動**▶や地域に影響を及ぼすような問題（たとえば，1960年代の公害問題や基地問題，原子力発電所の問題など）に対する反対運動も，ソーシャルアクションといえる。

ソーシャルアクションを組織化する場合，住民や当事者，そしてコミュニティワーカーは，①問題を提起していく主体のおかれている状況と，②問題の性質やそれをめぐる環境などを考慮しながら，採用すべき戦略を選択していくことになる[14]。

問題を提起していく主体（たとえば，住民や当事者の組織）は，影響を及ぼしていく相手（たとえば，行政や政治家）からどのようにみられており，どのような交渉のルートがありそうか。また，一般的には，問題が政策担当者や世論に広く受け入れられるような環境にあるのか，そうでないのかという問題の性質や環境もソーシャルアクションのアプローチに大きな影響を与える。一般的には，主体の力が弱く，さまざまな資源へのアクセスも限られており，問題も広く受け入れられていないような場合には，主体の力をエンパワメントし，影響を及ぼしていく相手に問題を認識させていくソーシャルアクションのアプローチが有効になるといえるだろう。

一方，最近では，過度に対立的・敵対的な戦術だけでなく政策にかかわる人と協働しながら問題を解決していくアプローチがより効果的であるという指摘もされるようになり，ソーシャルアクションのあり方も変化しているといわれている[15]。しかし，いずれの場合であっても，何らかの変化のための行動を起こしていくアプローチを決定するためには，主体と問題をめぐる環境のアセスメントが必要になるのである。

すでにみたように福祉コミュニティ（第2章）や当事者組織は，地域や当事者同士の共同性では解決できない問題に対してソーシャルアクションを起こしていく足場である。とくに，行政機関や世論に影響を与えようと思えば，個人の力だけではどうしようもない場合が多い。また，前節で説明した共同で問題解決に取り組むこと（地域組織化）とソーシャルアクションは，必ずしも正反対の方向というわけではない。運動のために組織化されたグループが，一定の成果を得たのち，活動の焦点を互いの助け合いや地域での活動に移していくこともあるし，その逆や両方の活動を同時並行で進めることもある[16]。序章の**図序-1**をもう一度みてほしい。「個別課題の普遍化」と「プログラムの開発・推進」からソーシャルアクションへと伸びる矢印は，このことを意味している。

日本のコミュニティワークとソーシャルアクション

日本のコミュニティワークでは，行政などに対して住民を組織化して対立的・敵対的なソーシャルアクションを展開するという事例はあまりみられない。どちらかといえば，前節で述べたような地域に共通する課題を取り上げて，それを解決していくための活動を組織化することが中心になっている。その理由は，日本のコミュニティワークの中核的推進機関である社会福祉協議会（以下，社協）のあり方に原因があると考えられる。

まず，社協は，人事そして財政的にも行政に強く依存しているため，行政に対する対立的・敵対的な戦術をとりにくいということが考えられる[17]。また，敵対的な戦術をとりにくいだけでなく，社協の会長を自治体の首長が兼ねている場合もあり，そもそも政治的な問題を扱わない（扱えない）という性格もあるように思われる[18]。

第2に，社協は，社会福祉法という法律に位置づけられた組織であり，その活動が「福祉」という限定された範囲での活動にとどまっている点も理由の一つと考えられる。この点は，日本のコミュニティワークとアメリカなどにおける実践との大きな違いである。すなわち，社協は，地域のありとあらゆる住民が関心を持つ地域の課題を取り上げているわけではなく，「福祉」という範囲の中で，政治的に中立な住民活動の組織化を進めていく場合が多いのである。そのため，社会的に排除されたり，抑圧されている人々がソーシャルアクションを起こしていく場合には，特定非営利活動法人（NPO 法人）を自らまたは支援者と組織化したり，社会的企業や任意団体としておこなっていく場合が多いのではないかと思われる。以下の事例もそのような例である。

支援費制度の上限問題――当事者たちのソーシャルアクション

ここでは，ソーシャルアクションの具体例として，障害者の当事者団体がおこなった最近の例をあげておこう。障害者福祉制度は，2003年４月から支援費制度という制度（現在は，「障害者の日常生活及び社会生活を総合的に支援するための法律」に基づいた制度）に移行し，障害者福祉制度も介護保険と同様，措置制度から契約制度にかわった。ただし，支援費制度は，介護保険制度とは異なり，一人ひとりが受けるサービスに上限が設定されていなかった。多くの自立生活をしている24時間介護が必要な障害者にとって介護保険と同じような基準では到底自立生活（地域で一人暮らしをすること）は維持できなかったからである。ところが，制度開始直前の2003年１月になって厚生労働省がホームヘルプサービスの利用に一日４時間という上限を設ける方針を決定したと伝えられた。これに対して，当事者団体は，こうした情報の真偽を確認するとともに，支援の支給決定にあたって時間の上限を設けるべきではないという運動をただちに展開した。さまざまな種別を越えた障害者団体が厚生労働省前に集まり，連日交渉をおこなった。2003年１月16日には，約千人が厚生労働省前に集まり，新聞各紙もこのことを報道した。こうした結果，厚生労働省が現状のサービスを原則確保し，上限をつくらないことを表明して事態は収束することになった[(19)]。

この行動の中心的な担い手は，障害者の自立生活運動を進めてきた当事者団体だった。障害者の自立生活運動とは，1972年にアメリカのカリフォルニア大学バークレー校を卒業したエド・ロバーツが友人と設立した自立生活センター

(centre for independent living）が始まりといわれているが，日本でもその前後から，さまざまな当事者による運動があった。当時，日常的に介助が必要な重い障害がある人は施設で暮らすことが当たり前であるとされていた中で，自立生活運動は，地域で当たり前に暮らすということを実現するために，制度がまったくない時代から，少しずつその主張を実現してきた。その意味では，この運動の歴史は，ソーシャルアクションの歴史ともいえるだろう。

たとえば，自立生活運動では，自立を経済的な自立ではなく，自らの生活を自らが決定することととらえ，障害者自身が介助者を選択することを重視してきた。こうしたことを実現するために，紆余曲折を経ながら，当事者が中心となって自立生活センターを各地で設立し，自ら事業所となって「自薦ヘルパー」を登録することで，実質的に「自分の介助者を自分で選ぶ」しくみを当事者自身がつくりあげてきた。運動の中心となってきたのは，つねに重度の障害のある当事者であり，公的な福祉サービスの拡大を要求する運動と同時に，自ら事業者となって介助者派遣をおこない，ピアカウンセリングや自立生活プログラムなどを通じて（ケアマネジャーやソーシャルワーカーといった専門家ではなく）障害者自身が他の障害者たちをエンパワメントするというモデルを確立してきたのである。その意味で，自立生活運動が獲得してきたものは，当事者自身によるソーシャルアクションによって「もっとも重度の人であっても生き続けられてよいという主張から出発して日本で獲得されてきたもの[20]」といえる。

注

(1)　加納恵子（2003）「コミュニティワークの主体のとらえ方」高森敬久・高田眞治・加納恵子・平野隆之『地域福祉援助技術論』相川書房。コレクティブ（collective）とは，「集合的な」とか「共同でつくる」といった意味である。

(2)　金子郁容（1992）『ボランティア――もう一つの情報社会』岩波書店，65。

(3)　岡智史（1999）『セルフヘルプグループ――わかちあい・ひとりだち・ときはなち』星和書店。

(4)　こうした実践は，アメリカなどでは一人ひとりに対する個別の支援（micro social work）に対して，マクロソーシャルワーク（macro social work）とかコミュニティ実践（community practice）などと呼ばれることもあるが，本書では従来から日本で使われてきたコミュニティワークという用語を用いる。

(5) この事例は，髙橋健輔（2015）「地域包括支援センターから『互助』を考える（集合住宅支援の実践から）」『地域福祉研究』43，30-39の事例を再構成したものである。

(6) 平野隆之（2008）『地域福祉推進の理論と方法』有斐閣。

(7) Rothman, J., Erlich, J. L. and Tropman, J. E.（2001）*Strategies of Community Intervention Sixth Edition*. P. E. Peacock: Pennsylvania., 36.

(8) 平野，前掲書，55。

(9) 藤井博志（2009）『社協ワーカーのためのコミュニティワークスキルアップ講座』全国社会福祉協議会。

(10) 藤井博志（2013）「地域福祉実践に役立つ記録の考え方とその方法」『地域福祉実践研究』４，3。

(11) ロスマン（Rothman, J.）は，コミュニティワークのモデルとして，①地域開発（Locality Development）②社会計画と政策（Social Planning/Policy）③ソーシャルアクション（Social Action）をあげ，ヴェイル（Weil, M.）は，さらにそれを発展させた８つのモデルの中にソーシャルアクションを位置づけている。ここでいうソーシャルアクションは，こうしたアメリカのマクロソーシャルワークの中で使われるソーシャルアクションの考え方に基づいている（Rothman, J.（2001）“Approaches to community intervention”, Rothman, J., Erlich, J. L. and Tropman, J. E., *Strategies of Community Intervention*, F. E. Peacock: Pennsylvania., 33. Weil, M. and Gamble, D.（2005）“Evolution, Models and the Changing Context of Community Practice”, Weil, M., *The Handbook of Community Practice*, Sage: Thousand Oaks.）。

(12) Rothman, *op. cit*

(13) ハンセン病患者自身による運動は，1951年に結成された全患協（全国国立らい療養所患者協議会，現在は全国ハンセン病療養所入所者協議会）が中心になって進められてきた。こうした運動の歴史は，全国ハンセン氏病患者協議会（2012）「全患協運動史――ハンセン氏病患者のたたかいの記録（復刻版）」一光社，などを参照。

(14) Mondros, J.（2005）“Political, Social, and Legislative Action”, In Weil, M.（ed.）, *The Handbook of Community Practice*, Sage: Thousand Oaks.

(15) Rothman, *op. cit*, 34.

(16) 加山弾（2003）「コミュニティ実践の今日的課題――近年のソーシャル・アクションの動向」『関西学院大学社会学部紀要』95，203-215。

(17) 社会福祉協議会の日本の社会福祉における法的な位置づけについては，橋本宏子・飯村史恵・井上匡子編著（2015）『社会福祉協議会の事態と展望――法学・社会福祉学の観点から』日本評論社，を参照。また，同書で飯村が紹介しているように，1960年代後半に道路粉塵公害問題に取り組んだ兵庫県五色町社会福祉協議会の事例や保育所づくりなど，社協がソーシャルアクションに取り組む事例がまったくないわけではない。

(18)　2015年8月に北海道のある町の社協が，国会審議中だった安全保障関連法案について「皆で考えよう安全保障法案」というチラシを配布したところ，同地域の自由民主党の支部から副会長2名と理事1名の処分を求める要望書が出され，この3名を含む理事が「混乱の責任を取る」との名目で辞任する事態に発展した（「社協のチラシ『政治的』，自民指摘で4理事退任」『朝日新聞』2015年12月14日付）。そもそも，一民間団体であれば，どのような主張や運動をしようと自由なはずであるが（そもそもこのチラシは法案に関する賛否は書かれていなかった），そうしたことが許されないところに社協の半官半民的な性格があらわれているといえるかもしれない。

(19)　この問題の詳細は，岡部耕典（2004）「支援費支給制度における『給付』をめぐる一考察」『社会政策研究』4，東信堂，を参照。

(20)　立岩信也（2012）「共助・対・障害者」安積純子・岡原正幸・尾中文哉・立岩信也編著『生の技法――家と施設を出て暮らす障害者の社会学（第3版)』生活書院。

用語解説

フォーカスグループインタビュー

グループの相互作用を活用して，焦点を絞ったテーマについて掘り下げていく調査法である。一対一のインタビューと比べると，参加者が他の参加者の反応に刺激されてさまざまな見解を引き出すことができるという特徴がある。

朝日訴訟

1957年に結核のため国立岡山療養所に入所していた朝日茂さんが，当時月600円という生活扶助費では，憲法第25条に定める「健康で文化的な最低限度の生活」を営むには不十分であるとして起こした訴訟。朝日訴訟については，朝日訴訟記念事業実行委員会（2004）『人間裁判――朝日茂の手記』大月書店，などを参照。

障害者の自立生活運動

障害のある人が，家庭や施設を出て地域で生活することを目指す運動。自立生活運動を含めた障害のある人自身によるソーシャルアクションの取り組みは，立岩信也（2012）「はやく・ゆっくり――自立生活運動の生成と展開」安積純子・岡原正幸・尾中文哉・立岩信也編著『生の技法――家と施設を出て暮らす障害者の社会学第3版』生活書院，にくわしい。

〔コラム 2〕

量的データと質的データの「語ること」

量的なデータは，「個体の特性ではなく，諸個体からなる集合の『集合としての特性』」*を表す。たとえば，年齢や勤務年数，居住年数，その病気を発症してからの年数といったデータであれば，その平均値を求めることができる。この値は，個人の特性を表しているのではなく，ある集合における「分布のしかた」を示しているのである。また，データが賛否のようなカテゴリーデータの場合でも，比率（賛成○％，反対○％といった形で）によって集合における分布のしかたを表すことができる。このように量的なデータは，「集合における分布のしかた」を表す場合に適している。さらに，統計的分析の手法を使えば，変数間の関係なども分析できる。たとえば，賛成と反対で年齢や勤務年数，居住年数による違いがあるか，といったことを検証できる。つまり，複雑な「集合における分布のしかた」を扱える。こうした分布のしかたに注目するために，量的なデータを集める場合には，可能な限り調査したい大きな集団（母集団という）を代表する対象者（サンプルという）を選ぶことが望ましいとされる。そのための手続きとして，ランダムサンプリング（無作為抽出）という方法がある。対象者になった集団の「比率」から母集団の「比率」を推定する場合には，こうした手続きが必要になる。

一方，質的なデータは，全体における分布を語ることには適していない。質的データの強みは，調査の対象者がどのように考えているのかという「主観的な意味」を知ることができる点にある。たしかに，調査対象者の意識は，数で表すこともできる。たとえば，「1．そう思う」「2．そう思わない」といったように。しかし，どのように考えてそう思うのか，どうしてそう思うのかはわからない。数字に単純に置き換えることができないような意味を考えていく時に質的なデータは適している。

以上のように，一般的に量的なデータは，全体の分布や傾向，変数間の統計的な関係などを知ることを得意としており，質的なデータは，主観的な意味を語ることを得意とするデータだということを念頭において，必要に応じて使い分けることが必要である。

＊ 盛山和夫（2004）『社会調査入門』有斐閣，32。

第6章

マクロの地域福祉援助

1 地域資源のネットワーク化

多様な地域資源の存在

第5章第2節「プログラムの開発・推進」で学んできたように，地域においては，それぞれの地域の課題や必要に応じて，多様な活動主体や活動（プログラム）が生まれ，存在している。これらの活動はそれぞれ独自の目的や思いを持って活動しており，地域内にあるというだけで自然にかかわりを持つということは少ない。そこにコミュニティワーカーが介在し，新たなつながりを作りだしていくことで，協働による新たな活動（プログラム）の開発など，さまざまな効果を期待することができる。この節では，多様な地域資源をつなぎ合わせていく，**地域資源のネットワーク化**についてみていくことにしよう。

はじめに，地域資源という言葉について考えてみたい。一般的に「資源」は，「**ヒト，モノ，カネ，情報**」の4つからなるといわれている。地域福祉では，各地域に存在する資源によって活動や援助をつくりだしていくことが基本となる。そのため，単なる資源ではなく，**地域資源**として考えることが重要である。ヒトは地域福祉に関する活動や援助をおこなう人々，モノは活動や支援をおこなっていくために必要な機材・物品や活動拠点，カネは活動の資金，情報は活動のノウハウや支援を必要とする人の情報等と考えることができるだろう。

地域資源の4つはいずれも重要であることはいうまでもないが，「ヒト」が介在することなしに「モノ・カネ・情報」だけが自動的につながることは考えにくい。そのため，ヒトやヒトから構成される組織がどのようにつながっていくかということが，地域資源のネットワーク化を考える際にはとくに重要になる。

ネットワークの種類とレベル

第４章第２節の「個別支援のネットワーク化」でみたように，**ネットワークは**，人や組織という点とそれをつなぐ関係性の線で構成される[(1)]。そのため，ネットワークは，関係性の集合とも定義されている。この定義からもわかるように，ネットワークには，多様なレベル・大きさのものが存在することになる。

地域を基盤とする福祉のネットワークを分類すると，ネットワークの構成者という観点からは，①専門職だけで構成された援助のネットワーク，②地域住民やボランティア等のインフォーマルサポートの担い手で構成されたネットワーク，③専門職とインフォーマルサポートの担い手の両方で構成されたネットワークに分けることができる[(2)]。

また，ネットワークが対象とする範囲という観点からは，個人の生活ネットワークでもある**ミクロネットワーク**，当事者集団，セルフヘルプグループ，実務者のサービスチーム等の集団レベルでの**メゾネットワーク**，政策担当者の機関間ネットワークである**マクロネットワーク**に分けられる[(3)]（図６-１）。これを目的でみると，それぞれ，特定の個人の支援を充実させるために形成されるもの（ミクロネットワーク），組織・グループ等の集団間の連携強化を通じての課題解決のために形成されるもの（メゾネットワーク），市町村や都道府県・国のレベルで制度・政策の検討のために形成されるもの（マクロネットワーク）とみることができるだろう。

第４章第２節の「個別支援のネットワーク化」でみた**ソーシャルサポートネットワークは**，個人を中心としたミクロのネットワークであり，③専門職とインフォーマルサポートの担い手の両方で構成されたネットワークであることが多い。また，第５章第１節において「個別課題の普遍化」の場として紹介されていた**地域ケア会議**や**障害者地域自立支援協議会**，**要保護児童対策地域協**

図6－1　地域福祉におけるミクロ・メゾ・マクロネットワーク

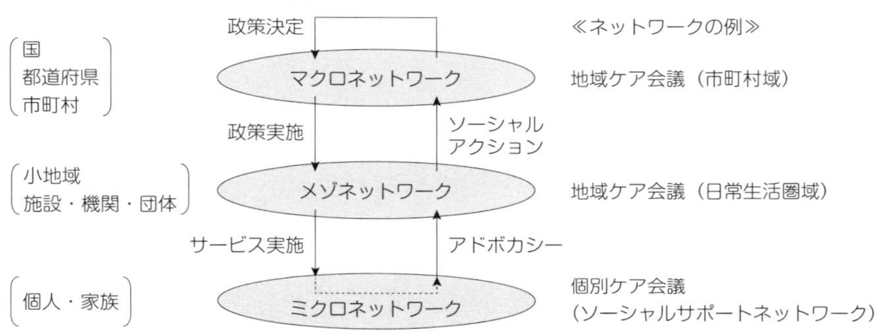

出所：山手茂（2007）「福祉社会開発の3レベル」『福祉社会学研究』第4号，17をもとに一部改変。

議会などは，主に①専門職，もしくは③専門職とインフォーマルサポートの担い手の両方で構成されたメゾからマクロのネットワークということができる。

地域においてこれらのネットワークが分断することなく機能すること，具体的には，ミクロレベルのネットワークだけでは解決できない課題がメゾ，マクロレベルのネットワークへと上がってくることが重要になる。

ネットワーク化のプロセスと効果

次に地域資源のネットワーク化のプロセス，とくにヒトをつなげるネットワーク化のプロセスについて，「ふれあい・いきいきサロン連絡会」の形成という事例を通して考えてみることにしたい。なおこの例は，上記のネットワークの種類の分類でいうと，②インフォーマルサポートの担い手で構成された，メゾネットワークにあたる。

ネットワーク化のプロセスについては，多くのネットワークに共通するパターンとして，次の展開があるといわれている[4]。

①構想・企画⇒②個別アプローチ⇒③集団アプローチ⇒④運営管理⇒⑤点検

図6－2の1は，ネットワーク化以前の状況で，ある自治体内に複数の「ふ

れあい・いきいきサロン」が活動しているが，お互いの存在を知らず，連絡をとったこともないという状況である。その状況に気づいた社協のコミュニティワーカーが「サロン連絡会」というネットワークの形成が必要だと考え（**①構想・企画**），a～eの個別のサロンに参加を呼び掛ける（**②個別アプローチ**）。各サロンにおいて連絡会への参加に合意を得ることができれば，a～eのメンバーが一堂に会する会を開催する。ネットワークの目的や趣旨，内容などについて説明し，課題等を共有する。その過程で，参加者がお互いのことを理解し，また相互に連絡をとり合える関係を形成する。リーダーや世話役をおく場合には，集団の合議によりそれらを決定していく（**③集団アプローチ**）。このようなアプローチによって，**図6-2**の②の円内のようなネットワークが形成された後も，マンネリ化・形骸化を防ぐための情報提供等の支援や，ネットワークのリーダーをおいている場合にはそのリーダーに対する運営上の支援なども必要になってくる（**④運営管理**）。さらに，一定期間が経過した後には，ネットワーク化の効果等について確認し，今後について考えていく機会を設けることも必要になる（**⑤点検**）。

次に，このようにして形成されたネットワークには，どのような効果があるだろうか。まず，aという参加者は，b～eという参加者と知り合い，互いの活動の状況等について情報交換をすることができる。それによって，aのサロンの活動へのヒントが得られたり，活動へのモチベーションが向上したりすることが期待できるだろう。またネットワーク化によって，aはb～eと知り合うだけでなく，たとえばbが持つネットワークと間接的につながっていくこともできるようになる。これらは，参加者個々の活動に対する効果ということができる。

一方で，ネットワーク化には，より広い，地域全体に対する効果もある。情報交換の中でみんなに共通する課題（たとえば参加者の減少や担い手不足等）が明らかになることや，さらにその結果として一緒に何らかの活動（たとえば研修会等）を実施していくことなどである。つまり，**地域課題の明確化**や**資源開発**などの効果が期待できる。このように，ネットワーク化には，多様な効果を期

図6-2　「ネットワーク化」による変化

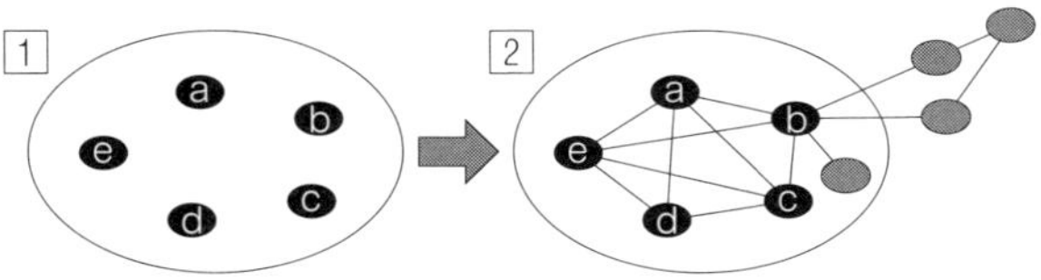

出所：筆者作成。

待することができる。

では，地域の中にネットワークを無制限につくっていくことが望ましいかといえばそうとはいえない。ネットワークの形成や維持には，時間と労力がかかるからである。**ソーシャル・キャピタル**〔コラム1〕論では，社会ネットワークは，それに対して何らかの投資（働きかけ・貢献等）をすることによって，利益（リターン）を得る過程としてとらえられている。ネットワークへの投資が負担になり，本来の活動に支障をきたすようになっては本末転倒である。また，逆の側面からみれば，人々は利益のないネットワークには興味を示さないし，参加し続けない。コミュニティワーカーとしては，ネットワークの形成自体を目的とするのではなく，ネットワーク化による利益・効果を明確に意識し，ネットワークを形成していく必要があるといえる。

ここでネットワークの多様性を理解するために，もう一つ事例をみてみることにしよう。東京23区のうちもっとも企業数が多いとされる東京都港区では，港区社会福祉協議会の働きかけによって，1996年4月に区内企業の「**社会貢献活動**」の担当者が集まるネットワークが発足した。近年，企業はそれぞれの企業の本業を生かし社会の課題解決に貢献する活動を「社会貢献活動」として展開するようになっている。「みなとネット」は，このような活動を展開する企業の担当者同士，みなと区民と企業人，港区と企業がともに活動を通してつながり，学び合い，ネットワークが育ち合うことを願い，発足したものである。代表者，会費，会則等はなく，会員みんなで工夫しながら運営がされている。各企業の社会貢献活動に関する情報交換をおこなう月1回の定例会と年1～2回のイベント開催が主な行事である。

通常，地域福祉の活動主体というと，ボランティアなどの地域住民が思い浮かぶだろう。しかし，上記の例のように企業が本業を生かした社会貢献活動を展開することによって，地域における福祉活動がより豊かになっていくことが期待できる。ただし，地域によってどのような活動主体が存在しているのか，どれほど実践の蓄積があるのかはさまざまである。そのため，地域福祉の推進に携わる専門職としては，各地域の**地域特性に応じたネットワークづくり**に取り組むことが大切となる。

ネットワークの運営――インターグループワークの手法

次に，ネットワークの具体的な運営の注意点について**インターグループワーク理論**を参考に，検討してみたい。先にみたサロン連絡会にしても地域ケア会議にしても，参加するグループ・組織のメンバー全員が，連絡会や会議の場に参加することはできない。当然代表者が参加することになる。この代表者ネットワークの形成・活動を通して，コミュニティにおける協働活動を促進し，地域福祉の推進をはかろうとする考え方，技法がインターグループワーク（理論）と呼ばれるものである。これは，1947年にニューステッター（Newstetter, W.）が整理・提唱したもので，次のように定義される。

「地域内の各種組織・団体及び機関の協働を実現させる過程において，それらの集団の代表者をコミュニティワークの主導団体（代表者会議・協議会）に結集させ，協働の結論に到達するように援助すること[(5)]」

そして，この援助を支える重要な方法として，次の３点があげられている。

① 代表力の強化

各集団の代表者が集まって協議し，決定したことをその代表者の下の所属集団が了解し，それぞれの所属集団の活動方針として遂行することが必要となる。そのため，代表者が所属集団の意志を正しく表明するとともに，逆に代表者による協議会での決定がそれぞれの所属集団へフィードバックされ，そこでの集団行動に強く作用できるような代表者が選出される必要がある。

② 代表者会議の民主的運営

代表者全員の自由な発言が保障されること，他の集団や機関の立場を理解し，相互理解と相互の利害調整が正しく促進されること，母体の集団の規模の大小にかかわらず，参加した各集団が対等に扱われることなどが重要となる。また各代表者は，自らの個人的な意見と所属集団の組織的な見解とを混同しないこと，代表者会議の討議や決定の経過を正しく自分の所属集団に持ち帰り，反映させることが求められる。

③ 各種集団間の理解および協働行動の推進

代表者会議と参加各集団との関係維持の強化のため，代表者会議の権限やその性格を各集団により理解するように働きかけたり，進行状態に関する情報などを直接各集団に提供するなどの交流がはかられることが求められる。とくに，各集団に他の集団・機関の機能，立場，実情などを直接説明することや，場合によっては一緒に直接的な協働・連帯行動に取り組むことも必要となる。

このように，地域資源のネットワーク化において代表者会議の設置と運営という手法をとる際には，ワーカーは単に代表者会議のみに注力すればよいのではなく，代表者と母体の集団との関係への目配りや，集団間の理解の促進など，多面的な支援が必要である（図6-3）。

プラットフォーム方式の可能性

ここまで地域資源のネットワーク化についてみてきたが，人や組織をつなげていく方法として，最近**プラットフォーム**方式と呼ばれる方法が提唱されている。

図6-4に示すように，従来のネットワーク化は，ある種の組織を形成し，それを維持することで目的達成を目指すものといえるが，プラットフォーム方式は，ある目的を定め，その目的遂行に関連する多様な組織や人が，入れ替わり立ち替わり参加するものとなっている。また，ネットワークがどちらかといえば継続を重視しているのに対し，プラットフォームでは当初の目的を達成したら解散する場合もある。

図６－３　インターグループワークの構造

Bグループ
調整・協議
代弁
A代表者
B代表者
代表者会議のテーブル
G代表者
C代表者
F代表者
E代表者
D代表者
F協議会
E団体
D連合会
協働行動の取り組み

出所：平野隆之（2003）『社会福祉援助技術論　第２分冊　学習指導書』法音寺学園，92。

図６－４　ネットワーク，プラットフォームのイメージ

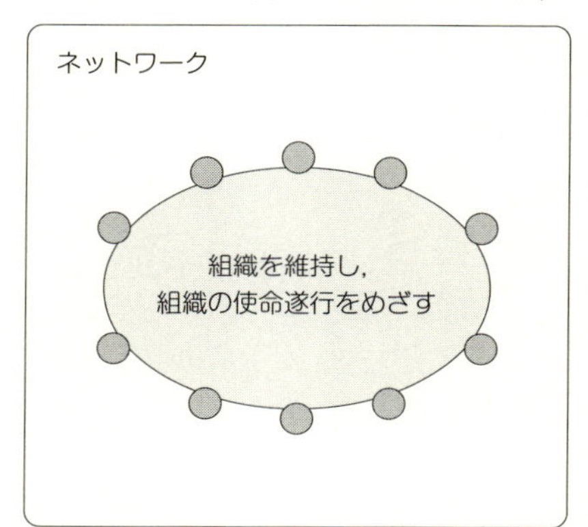

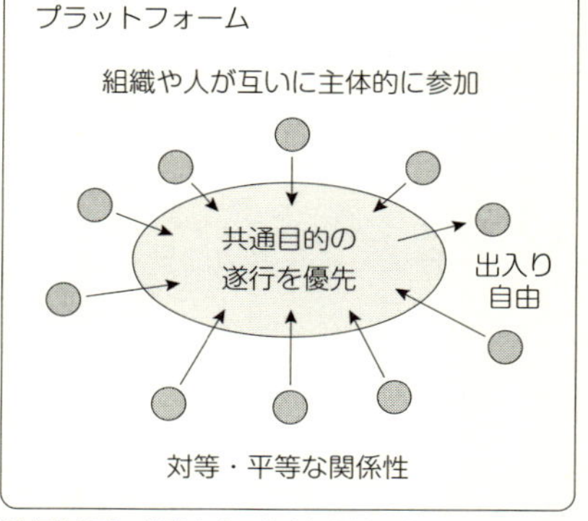

出所：全国社会福祉協議会（2008）『福祉教育の展開と地域福祉活動の推進』全国社会福祉協議会。

全国社会福祉協議会では，各地域において，福祉教育の展開に関するプラットフォームや，子どもの育ちに関するプラットフォームなどを設置することを推奨している。「ヒト・モノ・カネ・情報」をつないでいく方法として，このような新たなつながりのあり方やその効果にも，今後注目していく必要がある

だろう。

ネットワークから計画化へ

さてこの節では，「地域資源のネットワーク化」についてみてきた。地域資源には，「ヒト，モノ，カネ，情報」が含まれるが，その中でもとくにヒトのネットワークが重要であること，ネットワークは関係性の集合であり，ミクロ・メゾ・マクロ等多様なネットワークがあること，ネットワーク化の効果としては，大きく①ネットワークに参加する個々の参加者に対する効果と，②ネットワークが存在する地域社会全体に対する効果の2つがあることなどがわかった。

一方で，ネットワーク化を通じてさまざまな情報や課題が共有され，その地域において必要な新たな取り組み等が明らかになったとしても，それらのすべてが，すぐに何らかの取り組みの実施になるわけではない。なぜならこの段階では，ネットワークに参加していない関係者による合意も得られておらず，また実施に必要な財源等の確保のめどもついていないからである。これらの合意形成や財源確保は，次の「計画化」における課題となる。引き続き計画化についてみていくことにしよう。

2　計画化

計画策定の目的

この節では，何らかの「計画」を策定することで地域福祉を進めていく，**計画化**の手法についてみていく。この計画化は，第3章「地域生活支援とは何か」で学んだ**地域福祉の森**の話と深くかかわっている。一本一本の木を人，森をその人が暮らす地域とみると，木々が枝を伸ばし花や実を豊かにつけ成長することを促すためには，一本一本の木に対する手入れとともに，その木が育つ全体を一つのシステムとしてとらえ，体系的に保全していくことが必要である。計画は，この地域という森全体をとらえ，課題を把握し，手入れをしていくための手引きであるといえる。しかし，最初からその手引きが用意されているわけではない。その地域ごとに作成していくことが不可欠である。そのため，完成した計画書ではなく，作成のプロセス，つまり計画化の方法に注目していくことが必要になる。

ところでこの計画化は，地域という森全体をみることができる市町村や都道府県の単位でおこなわれることが多い。後で述べるように，2000年の社会福祉法の制定により，**市町村地域福祉計画**や**都道府県地域福祉支援計画**といった計画が法制化されている。しかし多くの人は，これらの計画の存在を知らず，また知っていたとしても，複雑でわかりにくく，ふつうの人の普段の生活とは関係がないものと考えるのではないだろうか。たしかに，公表されている行政の計画書をみると，複雑に感じられるのはもっともである。しかし先に述べたように，地域福祉計画は，私たちの暮らす地域という森を豊かにするものであり，それは私たちの生活にも当然関係してくるものである。また，計画自体もむずかしく考える必要はない。実は計画という考え方自体は，私たちも日常的に使っているものであり，計画をつくる目的も，日常的な計画と地域福祉計画等の行政計画とで共通するところがある。

具体的に家族（や友人）で旅行に行くことを想定して考えてみよう。旅行に行きたいという話が出たとしたら，どこで何をしたいか，何日間にするか，交通手段は何にするか，費用はいくらまで出せるか，電車で行く場合チケットは誰がいつ購入するかなど，大小さまざまなことを話し合い，家族（や友人）みんなが納得できる一致点を探りながら進めていくのが通常だろう。仮にまったく旅行計画を立てなかったらどうなるだろうか。どこに向かったらいいのか，何を持っていけばいいのかわからず，出発することさえできないだろう。このように計画は，何を目指すのか（**目標**）を決め，そのために何が必要かを見通し（**予測**），必要なもの（**手段**）を明らかにし，かつそれを関係者の合意のもとで進めていく（**合意形成**）ための重要なツールということができる。地域福祉の森についても，森の将来像を描き，その達成のために必要なことを明らかにしていく計画が不可欠である。

社会福祉法第107条　市町村地域福祉計画

市町村は，地域福祉の推進に関する事項として次に掲げる事項を一体的に定める計画（以下「市町村地域福祉計画」という。）を策定し，又は変更しようとするときは，あらかじめ，住民，社会福祉を目的とする事業を経営する者その他社会福祉に関する活動を行う者の意見を反映させるために必要な措置を講ずるよう努めるとともに，その内容を公表するよう努めるものとする。

1　地域における福祉サービスの適切な利用の推進に関する事項
2　地域における社会福祉を目的とする事業の健全な発達に関する事項
3　地域福祉に関する活動への住民の参加の促進に関する事項

社会福祉法第108条　都道府県地域福祉支援計画

都道府県は，市町村地域福祉計画の達成に資するために，各市町村を通ずる広域的な見地から，市町村の地域福祉の支援に関する事項として次に掲げる事項を一体的に定める計画（以下「都道府県地域福祉支援計画」という。）を策定し，又は変更しようとするときは，あらかじめ，公聴会の開催等住民その他の者の意見を反映させるために必要な措置を講ずるよう努めるとともに，その内容を公表するよう努めるものとする。

1　市町村の地域福祉の推進を支援するための基本的方針に関する事項
2　社会福祉を目的とする事業に従事する者の確保又は資質の向上に関する事項
3　福祉サービスの適切な利用の推進及び社会福祉を目的とする事業の健全な発達のための基盤整備に関する事項

地域福祉計画の法制化

福祉の領域における計画化は，1989年に国が「高齢者保健福祉推進十カ年戦略（ゴールドプラン）」を策定して以降，障害，児童等の各分野へと急速に広がり，2000年に制定された社会福祉法では，地域福祉に関する計画である「市町村地域福祉計画」および「都道府県地域福祉支援計画」が法制化された。地域福祉に関する計画の法律の条文をみてみよう。

以上の条文から，①市町村地域福祉計画は，地域福祉の推進を，都道府県地域福祉支援計画は，市町村地域福祉計画の支援を主な目的としていること，②計画の策定において住民等の意見を反映させるために必要な措置，いわゆる**住民参加**をおこなうことが求められていること，③市町村の地域福祉計画においては，地域における福祉サービスや事業に関する事項（1，2）と，地域福祉に関する活動への住民参加の促進に関する事項（3）が計画内容として規定されている[(6)]ことなどを読み取ることができる。

なお，以下では，住民に身近な計画である市町村地域福祉計画について，主にみていくことにしたい。

地域福祉計画と分野別計画の関係

地域福祉計画と分野別の計画の関係については，**図6－5**のように考えることができる。第2章でみたように，「地域福祉」は高齢者福祉，障害者福祉，児童福祉といった対象者別の分野ではなく，それを横断する考え方や実践である。①住民と当事者が地域をつくること（地域組織化活動）②地域と一緒に支えるケア（地域ケア）と，③問題が発生しないようにすること（予防的福祉）という3点が，「共通理念」としても，また「共通基盤」（具体的な活動・サービス）としても位置づくことになる。

つまり，地域の中で地域とともに，当事者の生活を支えていくという福祉の共通理念を示すこと，地域で支えるために必要な基盤整備の施策を具体化すること，さらに，従来の分野別の計画の範囲からは漏れてしまっている課題に対して地域で支えるための新たな取り組みを施策化することなどが地域福祉計画の主な役割となる。

このため従事分野別で進められてきた行政の施策を，どう再編していくかということ（たとえば相談窓口のあり方）など行政の政策の体系化・整合化（**総合化**）の課題についても，地域福祉計画において検討することが期待される。

図6－5　地域福祉計画の位置づけと役割

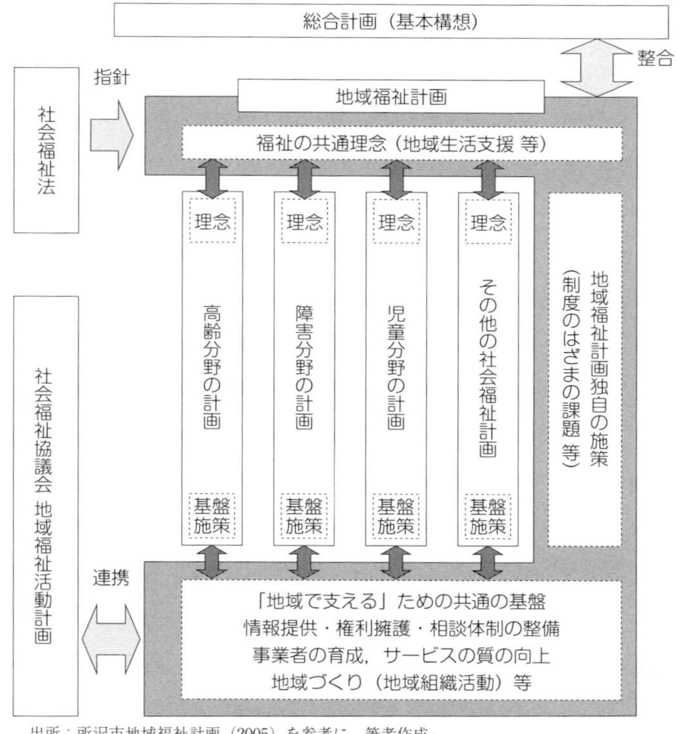

出所：所沢市地域福祉計画（2005）を参考に，筆者作成。

ところで地域福祉計画に関しては，地域福祉の推進を目的とする民間の組織である社会福祉協議会（以下，社協）（第12章）の**地域福祉活動計画**等との関係もある。地域福祉活動計画等は，民間の福祉活動推進のための自発的な計画であり，地域福祉計画の法制化以前から策定がおこなわれてきたところもある。行政計画と社協の計画の関係は，同じ地域福祉の推進を目的とすることから，都道府県・市町村のそれぞれのエリアにおいて連携を取りながら策定されることが重要である（表6－1）。

表6-1　地域福祉に関する主な計画

エリア＼策定主体	行　政	社会福祉協議会
都道府県	地域福祉支援計画 (社会福祉法第107条)	地域福祉推進計画等
市町村	地域福祉計画 (社会福祉法第108条)	地域福祉活動計画
小地域	地区別計画等	

計画策定の主体とプロセス

次に，計画策定の主体とプロセスについてみていくことにしたい。この節の初めにみた家族（や友人）との旅行計画のように，比較的少人数がかかわる計画とは異なり，地域福祉計画等においては，広い意味では，その計画が対象とする地域に住むすべての人が計画の関係者（**利害関係者**）となる。また旅行計画は，比較的短時間で計画の策定から実施までが終了するのに対し，地域福祉計画等においては，計画の策定から実施まで，少なくとも年の単位が必要になる。そのため，策定のプロセスや策定の体制も必然的に複雑なものとなる。

計画の過程は，**図6-6**のように，**計画の策定**（Plan）→**実施**（Do）→**評価**（See）と進み，再度策定されていくという，一連の循環過程（サイクル）として考えることができる。このように，計画を一定の期間で見直していく方法は，**ローリング**（Rolling）**方式**と呼ばれている。

計画の策定を構想し，推進する機関・組織が**策定主体**であり，市町村地域福祉計画の場合は，市町村行政が策定主体となる。実際に行政内のどの部署，役職者が担当するかは，市町村によってさまざまであるが，通常は地域福祉を担当する部署が事務局となり，策定のプロセスを推進する。ただし地域福祉計画の場合，策定主体内のみで計画策定をおこなうことはほぼなく，**計画策定委員会**等の策定組織を設けておこなわれるのが一般的である。

策定組織は，計画に関係する団体・機関等の代表者や**公募**の委員等から構成される。計画の策定段階では，住民等に対する調査や座談会，ヒアリング等により，課題の把握などがおこなわれる。その結果を踏まえ，具体的な計画案が

図6-6　福祉計画の過程モデル

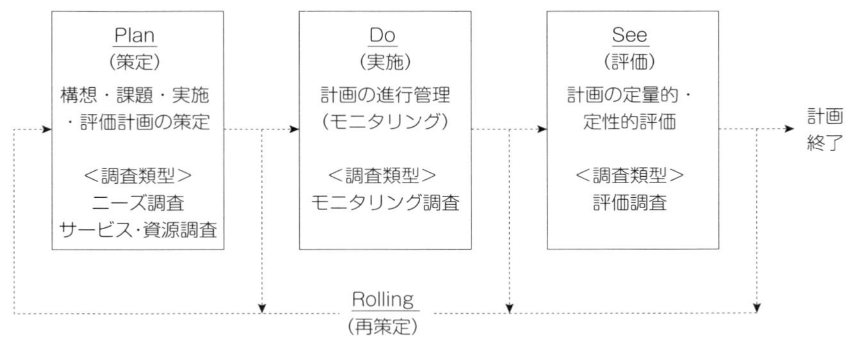

出所：和気康太（2012）「福祉計画の過程と留意点」新・社会福祉士養成講座編集『福祉行財政と福祉計画』中央法規出版，47，をもとに一部改変。

作成され，策定組織での検討を経て，計画案の公表・意見募集などがおこなわれる。この計画案の公表・意見募集は，**パブリックコメント**と呼ばれ，公共施設等に計画案をおいたり，ホームページ上に掲載したりなどして，意見を求めるスタイルが多く取られている。パブリックコメントによって集まった意見を踏まえ，必要な計画の修正等をおこない，最終案の決定にいたる。

次に計画案の検討の段階について，より詳細にその手順（ステップ）をみていくことにしよう。

計画案の検討段階では，一般的に，**図6-7**に示した4つの内容について，順に検討がおこなわれる。はじめが計画の対象や計画期間，計画の理念などの大枠の「構想」を決める段階（**構想計画**）である。次に，計画上の「課題」を整理し，それを計画期間内にどの程度改善していくのか目標を決める段階（**課題計画**）である。続いて，目標を達成するために，どのような取り組みをいつまでに実施するのか決める段階（**実施計画**）があり，最後に，策定された計画を誰がいつ，どのような指標によって「評価」するのかを決める段階（**評価計画**）となる。これらの段階は，基本的には順番に進んでいくものであるが，同時並行的に進められたり，後の検討結果を踏まえて，前の内容が修正されたりすることもある。

図6－7　福祉計画の策定手順

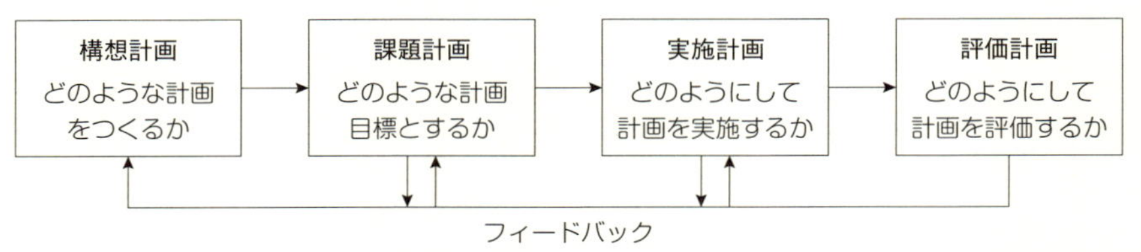

出所：高田眞治（2003）「地域福祉計画策定の方法」髙森敬久・高田眞治・加納恵子・平野隆之『地域福祉援助技術論』相川書房，259，をもとに一部改変。

なお，地域福祉計画については，構想計画の自由度が比較的高いことが一つの特徴といえる。たとえば計画の期間（年数）や計画の範囲等はそれぞれの自治体に任されている。そのため，同じ地域福祉計画という名称でも，その計画内容は非常にバリエーションに富んでいる。

計画の技法

次に，計画策定（Plan）・実施（Do）・評価（See）の際に必要となる方法・技法について，順に確認していくことにしたい[(7)]。なお，計画策定で用いられる技法については，第5章第2節「プログラムの開発・推進」において，問題把握の方法として解説されているものと重なるところが多いため，そちらもあわせて参考にしてほしい。具体的には，各種調査活動，フォーカスグループインタビュー，住民座談会などである。

①　策定（Plan）

最初は，計画の策定の過程である。「構想計画」を検討する段階では，データの収集が課題であり，直接的に住民から意見を求めること，既存の資料の収集等がおこなわれる。具体的な方法としては，**ブレインストーミング**▶や実態調査・ニーズ調査等がおこなわれる。「課題計画」を検討する段階では，データを分析・整理し，計画へと具体化していくことが課題であり，引き続きブレインストーミングや住民座談会等が実施されるとともに，多様なデータを整理するために用いられる**KJ法**▶等の技法が活用される。続いて，「実施計画」を検討する段階では，財源や人員の確保の見通しを立て，実施過程を運営・管理し

図6-8　バーチャート

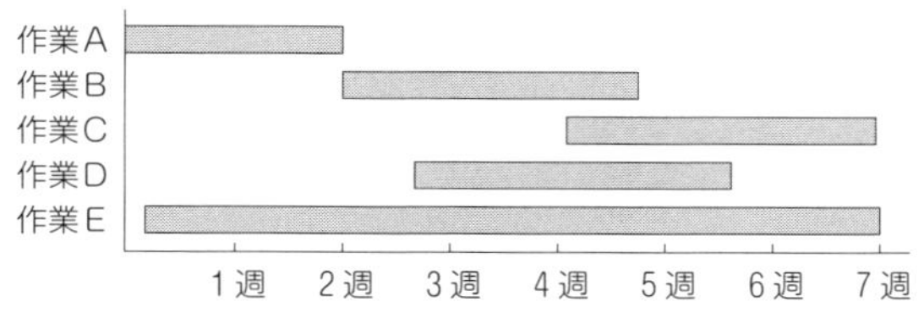

出所：『日経 IT プロフェッショナル』2002年11月号，130.

図6-9　PERT 法（ネットワークプランニング）

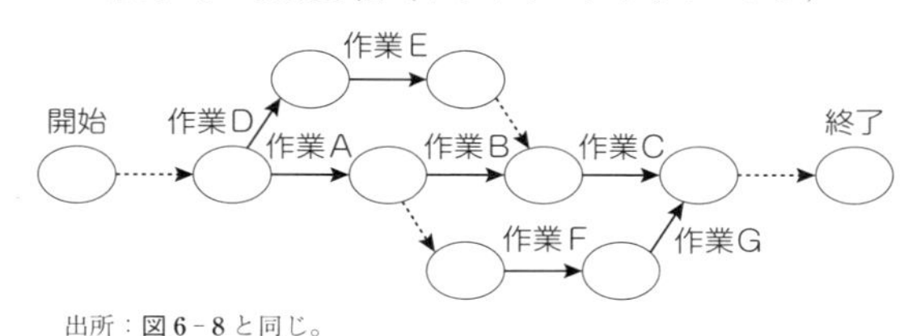

出所：図6-8と同じ。

ていくことのできる計画を立てることが課題であり，そのために**バーチャート**（図6-8）や**PERT 法**（図6-9）等の作業と時間の流れを見通すための方法が活用される。「評価計画」を検討する段階では，実際の評価の実施を見据え，数値目標などの**評価指標**の設定等が課題となる。

② 実施（Do）

次に，実施の過程では，計画が予定どおりに実施されているか確認をする**進行管理**の技法が必要になる。計画策定委員会を，計画推進委員会や進行管理委員会等に再編し，計画の**モニタリング**をおこなっていくことが望ましい。

③ 評価（See）

前述のモニタリングが，基本的に毎年度実施していくものであるのに対し，ここでいう評価（See）は，計画の最終段階で総合的な視点からおこなわれる評価（evaluation）である。この過程では，策定主体が設置する評価委員会等によって，質的・量的な評価調査がおこなわれる。**プログラム評価**の技法などを用いて，個別のプログラムの成果・効果等を確認することに加え，計画全体の目標の達成状況について，確認・評価していくことが重要である。

計画化における住民参加と課題

最後に計画化の課題について，とくに住民参加ということに注目しながら整理しておきたい。

この節のはじめにおいて述べたように，計画化とは，地域という森全体をとらえ，課題を把握し，手入れをしていくための手引きを，みんなの合意を得つつ作成するプロセスであるといえる。そして，地域という森に実際に住み，その森の課題を日々直接感じている地域住民の意見の反映なくして，手引き（計画）を作成することはできない。

第２章「地域福祉とは何か」においては，社会福祉における参加は，**政治参加**（意思決定過程への参加）と**社会参加**（社会福祉活動への参加）の２つに整理されていた。この節においてみてきた計画策定への住民参加は，政治参加，とくにその中のマクロな政治参加（政策決定過程への参加）と考えることができる。そしてこのような計画策定（Plan）の段階における参加は，計画案に住民の意見が反映されるということにとどまらず，計画の実施（Do）の段階において住民が積極的に関与することにもつながっていく（くわしくは第13章の高浜市の事例を参照）。つまり計画への住民参加は，社会参加を豊かにすることにもつながっていくと考えられる。

しかし，地域福祉計画の実際の策定状況をみると，市町村における計画化には，いくつかの大きな課題があることが指摘できる。

第一に，地域福祉計画の策定率の低さである。厚生労働省の調査によれば，計画策定済みは69.6％，策定予定が8.3％，策定未定が22.2％となっている（2016年３月31日時点）。約３割の自治体では，地域福祉の森を豊かにするための手引き自体が作成されていないということである。

第二に，住民の参加が意見の聴取など形式的なものにとどまり，政策決定には実質的に関与していないことが多いということである。住民の参加のレベルを整理するモデルとしては，たとえばアーンスタイン（Arnstein, S.）の**住民参加の梯子**▶などが知られている。単なる意見聴取等の段階の参加から，共同作業の段階等へと進化していくことが求められる。

第三に，地域福祉計画への住民参加がおこなわれている場合も，参加者が特定の住民層（たとえば高齢者等）に偏っている場合が少なくないということである。より広い住民層の参加の方法について検討していく必要がある。さらにいえば，地域という森について知っているのは，地域住民だけではない。その地域において働く福祉専門職も，専門職としての視点からその地域をみているはずである。本章第1節の「**地域資源のネットワーク化**」においても確認したように，地域においては多様なネットワークが形成されてきており，その中ではネットワーク内だけでは解決できない課題が発見されることも多い。それらを集約し，計画化していくことも，今後さらに重要になるだろう。

3　制度化

制度のはざまの問題

前節でみた「計画」と同様に，「制度」も多くの人にとってなじみが薄く，具体的にイメージすることがむずかしいものだろう。ここでは制度を，何らかのサービスを公的に実施するための枠組み（**基準**や**要件**の組み合わせ）としてとらえ，制度化とは，そのような枠組みを新たにつくったり，変更したりしていくこととしておきたい。なお，制度化の主な主体としては，自治体，とくに都道府県行政を想定している。

はじめに制度が基準や要件で規定されていることについて，介護保険制度の指定通所介護（デイサービス）を例にみてみよう。基本となる法律は**介護保険法**であり，対象は介護保険の要支援または要介護１～５の認定を受けている在宅の高齢者である。施設に関しては，第８条第７項（通所介護）において，人員に関する基準（15人に１人以上の介護職員等），設備に関する基準（食堂・機能訓練室・静養室・相談室および事務室を有する），運営に関する基準等が定められている。このような基準が設定されていることによって，一定の質が保たれることになるが，柔軟な運営や利用はむずかしくなる。

また通常，制度は高齢者や障害者，若者，児童などの対象別で設計されている。これはすべての人に無制限にサービスを提供するわけにはいかないことから必要なものである一方，いわゆる**制度のはざまの課題**や**制度の壁**といったことにもつながる。たとえば先ほどの介護保険制度の場合，原則として65歳以上の高齢者，しかも要支援・要介護認定を受けている人がその対象となっており，その要件に合わない場合には，制度の利用ができないことになる。

制度化には，このようなはざまや壁を，既存の制度を変革したりすることでなくしていく取り組みも含まれている。そして，第1章で述べられているように，地域福祉においては，民間の先駆的な取り組みが，制度を変える原動力ともなってきた。具体的な例として，高齢者，障害者，児童といった対象の枠を超えてサービスを提供する**共生ケア**と呼ばれる実践の制度化の事例を取り上げたい[(8)]。

事例：共生ケアの制度化

共生ケアの先駆的実践として知られるのが，1993年に富山市において惣万佳代子氏らが立ち上げた「このゆびとーまれ」である。病院での勤務経験から，当初は高齢者が希望する最期を迎えることを支援したいと考え，制度によらない民間デイサービスを立ち上げたが，実際の最初の利用者は，その当時利用できるサービスが地域において非常に限られていた障害児であったという。そこから，地域のニーズに応えること，利用者の属性を理由にして利用を「断らない」ことを理念とした結果，多様な利用者が集まるつどいの場が形成されていった。そして，その実践には多くの見学者が訪れ，理念に共感し，同様に対象者を限定しない民間デイサービスが富山県内に多数生まれていった。

制度によらないということは，利用料は基本的に利用者の全額自己負担となる。そのため，「このゆびとーまれ」では，開設当初から行政に対して支援を呼び掛けてきたが，制度の縦割りの壁から補助を受けることができなかった。しかし，その実践が認められる中で，県や市が独自に補助を出すかたちで，補助が受けられるようになってきた。たとえば，障害児の利用料に対する補助や，「民間デイサービス育成事業」による運営費の補助などである。こうした支援

図6-10　介護保険の指定通所介護事業所における障害児・者の利用可否の変化

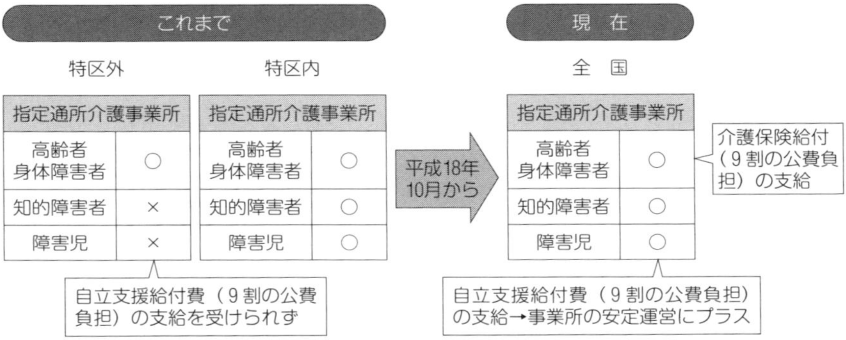

これまで

特区外

指定通所介護事業所	
高齢者 身体障害者	○
知的障害者	×
障害児	×

特区内

指定通所介護事業所	
高齢者 身体障害者	○
知的障害者	○
障害児	○

自立支援給付費（9割の公費負担）の支給を受けられず

平成18年10月から

現　在

全　国

指定通所介護事業所	
高齢者 身体障害者	○
知的障害者	○
障害児	○

介護保険給付（9割の公費負担）の支給

自立支援給付費（9割の公費負担）の支給→事業所の安定運営にプラス

出所：富山県ホームページ「とやまの共生ケア」（http://www.toyama-kyosei.jp/develop/）。

によって，運営の基盤が整い，富山県下の共生ケア実践はさらに広がりをみせていった。

その後，2003年には富山県が富山型デイサービス推進特区（**構造改革特別区域**▶）の認定を受け，特例措置として，知的障害者や障害児も制度の中で介護保険通所介護を利用することが可能となり，共生ケアを制度として利用することができる環境が整えられた。なお，この特例措置は，その後2006年からは，全国において実施できるようになっている（**図6-10**）。

上記の事例から，制度は新たな実践の実施を妨げる壁にもなるが，実践の形に対応して変更していくことによって，実践を促進するものにもなるということがわかるだろう。つまり，いったん制度が変われば，それは地域福祉において実践の**前提条件**として作用するようになるということである。

また，制度化には**行政・民間**の両方の力が不可欠であるということも重要なポイントとして指摘できる。両者の目指す方向性・ベクトルが重ならなければ制度化にはいたらない。たとえば，富山県では，「このゆびとーまれ」も含む共生ケアの実践者が横につながる富山県民間デイサービス連絡協議会が1993年に発足しており（**地域資源のネットワーク化**），同会が市や県に対して制度化に向けての要求をおこなってきた（**ソーシャルアクション**）。しかし，同会は単に要求を伝えるのみではなく，研究事業や研修事業を県と協働で実施するなどして，

表6-2　富山県の地域住民参加型福祉活動の支援概要

地区社協	市町村社協	県社協
ケアネットチームへの支援	ケアネットセンターへの支援	普及活動等への支援
①チームづくり ・情報誌の発行 ・ふれあいサロン ※1地区30万円（県1/6） ②チーム活動 ・継続的な見守り ・個別支援（買物代行，除雪等） ※1地区30万円（県1/3）	ケアネットセンター（市町村社協）の運営助成 ※実施地区数により上限500万円（県1/2）	啓発活動や指導助言を行う県社協へ助成 ※必要経費の2/3を支援

出所：富山県提供資料（第5回「地域共生ホーム全国セミナー」in とやま～報告資料）。

実践の質の向上に努めてきたことが，制度化を後押ししたと考えられる。(9)

事例：小地域福祉活動の支援

さらに，富山県における別の制度化の取り組みとして，**小地域福祉活動**に対する支援についてみてみよう。富山県における小地域福祉活動の推進に対する支援は1989年に開始され，現在は，①地区社協の活動への補助，②地区の活動を支援する市町村社会福祉協議会（以下，市町村社協）への補助（コーディネーターの配置），③市町村社協を支援する県社会福祉協議会への補助（コーディネーターへの指導・助言をおこなうスーパーバイザーの設置，コーディネーターへの研修等）の3つの階層をもって事業が展開されている（**表6-2**）。

さらに富山県では，この小地域福祉活動への支援と前述の共生ケアへの支援について，**地域福祉支援計画**の性格を含む「富山県民福祉基本計画」において，数値目標も含め記載している。2021年までの目標数として，富山型デイ200か所（すべての小学校区での整備），ケアネット活動の取り組み地区数300地区（すべての地区社協での実施）があげられている。このように制度化と計画化は非常に密接な関係にある。

制度化のしくみと課題

以上，富山県の事例をとおして都道府県行政における制度化の取り組みについてみてきた。前述の地域福祉の森という観点からみると，都道府県は，県内の市町村や小地域といった森を俯瞰的にながめ，その森に助成等を通じて必要な栄養を与えることができる立場にあるといえる。そしてその方法として，都道府県の独自財源による**「都道府県単独補助事業」**の実施や，国の制度の変更要望等がおこなわれている。

しかし，このような取り組みはすべての都道府県において実施されているわけではない[10]。そのため，「制度化」の課題として都道府県間，地域間での格差があげられる。一方で，「制度化」は地域からの必要性の提起があってこそ可能になるものともいえる。「個別課題の普遍化」，そして「ソーシャルアクション」等をとおしての計画化・制度化の推進が重要といえる。

注

(1) 川島ゆり子（2011）『地域を基盤としたソーシャルワークの展開——コミュニティケアネットワーク構築の実践』ミネルヴァ書房，を参照。なお，ネットワークを形成するための実践プロセスに対しては，「ネットワーキング」という言葉があてられることも多いが，本書では「ネットワーク化」という言葉を用いる。

(2) 原田正樹（2012）「地域福祉援助のネットワーク」『地域福祉援助をつかむ』有斐閣，255。

(3) 牧里毎治（2000）「地域福祉とソーシャルワーク——介護保険制度化のソーシャルワーク」『ソーシャルワーク研究』24(3)，70-76。

(4) 原田正樹，前掲論文，257。

(5) 定藤丈弘（1989）「住民参加の促進と連絡調整」髙森敬久・髙田眞治・加納恵子・定藤丈弘『コミュニティ・ワーク』海声社。なお，③は同書では「各種集団間の直接的な連帯行動の促進」とされている。

(6) 地域福祉計画の計画内容については，2007年8月に出された厚生労働省通知により，災害時などの要援護者対策として，「地域福祉における要援護者に係る情報の把握・共有および安否確認方法等」も計画に盛り込むこととされたため，現在は，条文の1～3にこれを加えた4点ということになる。

(7) 和気康太（2012）「福祉計画の過程と留意点」新・社会福祉士養成講座編集『福祉行財政と福祉計画』中央法規出版。

(8) 「共生ケア」の取り組みについては，平野隆之（2005）『共生ケアの営みと支援——富山型「このゆびとーまれ」調査から』全国コミュニティライフサポートセンター等を参照。

(9) 富山県の共生ケアの制度化において，実践者の横のつながり（ネットワーク）が与えた影響については，平野隆之・榊原美樹（2009）『地域福祉プログラム――地方自治体による開発と推進』ミネルヴァ書房，を参照。

(10) 「都道府県単独補助事業」の現状と格差については，平野・榊原，前掲書，および，榊原美樹・奥田佑子・平野隆之（2016）「都道府県行政による地域福祉のデザイン――小地域福祉の新たなシステム提案の動向と課題」牧里毎治・川島ゆり子編著『持続可能な地域福祉のデザイン』ミネルヴァ書房，等を参照。

用語解説

ヒト，モノ，カネ，情報

これらは，もともと経営学の観点から提起されてきたもので，「ヒト」は社員（人材），「モノ」は商品や製品をつくりだす材料，原料，部品，機材など，「カネ」はモノやヒトを買うための資金，「情報」は企業の保有するノウハウや知識，技術情報，顧客データなどとされている。

プラットフォーム

「皆が乗る台，舞台」の意味で，さまざまな団体が，その活動理念や特性を持ちながらゆるやかに連携し，より活躍できる舞台をさす（和田敏明・山田秀昭編（2011）『概説　社会福祉協議会』全国社会福祉協議会より）。

ブレインストーミング

事前に設定されたテーマにかんして，小グループで参加者が思いつくままにアイデアを出しあっていく会議法。①批判厳禁，②自由奔放，③質より量，④結合改善（他人のアイデアを活用し，発展させる）の基本的なルールにより，短時間で多彩なアイデアを得ることができる。

KJ 法

文化人類学者川喜田二郎がデータをまとめるために考案した手法である。データをカードに記述し，類似したカードをグループごとにまとめて，図解したり，文章化したりするのが基本的な流れである。

バーチャート

縦軸に作業項目をとり，横軸に時間（月・日数等）をとって，各作業の開始から終了までを棒状で表現した工程表のこと。

PERT 法

Program Evaluation and Review Technique の略で，網の目のような形から，ネットワークプランニングとも呼ばれる。計画項目と時間の関係を矢印で示し，各項目に取りかかる時刻と所要時間，作業上の項目間の関連を一目で理解できる技法である。

▶モニタリング

　環境の変化，計画の実施状況，計画の実行に伴う波及効果を組織的に観測し，計画策定時の想定との乖離を明らかにし，目標へ向けて軌道修正をはかるための情報処理活動である。

▶プログラム評価

　特定の目的を持って設計・実施されるさまざまなレベルの介入活動およびその機能についての体系的な査定（調査）である。介入活動，つまりプログラムの実施から効果にいたる過程について，「インプット（投入）→アクティビティ（活動）→アウトプット（結果）→アウトカム（成果）→インパクト（影響）」の要素からなるロジックモデルによって整理するとともに，各要素に関する調査等がおこなわれる。

▶住民参加の梯子

　たとえば，アーンスタインの「住民参加の梯子」などが有名である。第１段階は〈世論操作〉，第２段階は〈不満をそらす操作〉，第３段階は〈一方的な情報提供〉，第４段階は〈形式的な意見聴取〉，第５段階は〈形式的な参加機会拡大〉，第６段階は〈官民の共同作業〉，第７段階は〈部分的な権限委任〉，第８段階は〈住民主導〉であり，１～２段階は「非参加」，３～５段階は「形式的な参加」，６～８段階は「市民権力」もしくは「住民の権利としての参加」と分類されている。

▶構造改革特別区域

　国による各種の規制について，地域を限定して緩和等をおこなうことで既存の構造を改革し，地域を活性化させることを目的に平成14年度に創設されたしくみである。

　地方公共団体からの提案に基づき指定等がおこなわれ，実施後の成果によっては，全国的に展開することが想定されている。

▶小地域福祉活動

　自治会・町内会や小中学校等の小地域を単位とする住民主体の福祉活動のことであり，一般的に，地区社会福祉協議会（地区社協）等の名称で呼ばれる住民の組織を形成し，その支援を担当するワーカー（職員）を配置することで推進がはかられてきている。なお，自治会・町内会および地区社協については，第10章を参照のこと。

〔コラム３〕

計画策定の３つの志向

本章第２節では，家族旅行の計画を例に，計画策定の目的について，何を目指すのか（目標）を決め，そのために何が必要かを見通し（予測），必要なもの（手段）を明らかにし，かつそれを関係者の合意のもとで進めていく（合意形成）ものとして紹介した。この場合，計画の策定は計画の**内容**をつくることが目的となっているが，実は計画策定には，別の目的もありうる。たとえば，家族旅行の計画を立てる際に，親が子どもたちの成長を願い，あえて口出しをせず子どもたちだけで計画を立てるのを見守るというような場合である。これは，計画の**策定プロセス**そのものを計画策定の目的として重視するタイプということができる。

このように，計画策定には，複数の目的設定が考えられるため，ワーカーが計画策定を企画したり支援したりする際には，何を目的として設定するのかを意識して取り組む必要がある。具体的な枠組みとしては，「**計画志向**」「**改善志向**」「**過程志向**」の３つの援助目標が提起されている*。この援助目標に応じて策定にかかわるメンバーや策定の進め方も変わってくる。

「計画志向」は，地域社会の中にある解決しなければならない問題を明らかにし，かつそれの有効な解決策を協議することに目的がおかれる。そのため，問題を科学的に分析する調査研究活動が不可欠となる。また委員会メンバーとしては専門家集団を集めることが採用されることになる。

「改善志向」というのは，具体的な改善を計画策定の中で実現するというところに重きをおく方法である。そのため，たとえば改善課題にかかわる利害関係者を参加させ，具体的に利害調整を実現する作業がおこなわれるという方法や，改善計画の実行性を高くするため有力者を構成メンバーとして選ぶ方法も無視できない。議会で議決を得るなど予算的な裏づけを確保することも重要となる。

最後の「過程志向」では，地域社会を構成する各代表メンバーが地域福祉計画に盛り込むべき課題について十分に発言できる機会をつくり，同時に自分たちで地域福祉活動の実践を計画的に担えるような能力を育て上げることに目的がおかれる。その意味では学習が大切にされる委員会運営となる。

これらの３つの志向はいずれか一つが優れているということではなく，その時の状況や必要性に応じて選択されることになる。

＊　平野隆之（2003）「計画策定委員会の運営」髙森敬久・髙田眞治・加納恵子・平野隆之『地域福祉援助技術論』相川書房，247。

第7章

基盤としての地域福祉力の向上

1　ニーズを早期に発見するしくみ

地域福祉の基盤づくりと地域福祉力の向上

地域福祉とは，住民と当事者が主体的に参加し，つくりだしていく福祉の考え方と実践である（本書第2章第3節）。したがって，地域福祉援助の8つの実践場面を展開していくためには，「入り口」から「出口」まで一連した「住民や当事者が主体的に参加する」ことができる場が設けられていることが前提条件となる。

入り口とは，住民や当事者自らが地域の福祉課題やニーズを表明したり，反対に，キャッチしたりすることができる機会のことである（図序-1の「実践基盤1　総合相談・ニーズキャッチのしくみ」）。出口は，課題やニーズをもとに解決策を講じ，行動に移していくための「実践基盤2　地域福祉の協議・協働の場」（図序-1）のことである。そこで，本章では，本書の第3章第3節でも取り上げられている80・50問題を引き続き例にとりあげながら，住民や当事者がどのようにニーズをキャッチし，協議・協働の場を展開していくことができるのか，実践基盤づくりにおける地域福祉援助の視点と方法について押さえておくことから始める。

また，こうした参加の場が日常的に機能していくことは，時間を追うごとに変容したり新たに生じる福祉課題やニーズへ応じる地域福祉援助の経験や実績が地域に蓄積されていくことになり，「地域福祉力の向上」が図られていく。

本章では，こうした蓄積を「福祉文化の醸成」としてとらえ，育むための視点と方法について考えていくことにしよう。

埋没していくニーズ

80・50問題とは，80代の保護者に50代の**引きこもり**状況にある子どもが同居している世帯のことを端的に表現した言葉である。保護者が要介護状態や疾患を発症することで，自宅での生活が困難となってはじめて，長期間引きこもっていた無就業の子どもの存在が，周囲に明らかとされるケースが多発している。では，なぜ，長期間引きこもり状態にありながら本人や保護者は支援を求めるために，声を上げなかったのだろうか。

もちろん，回答は一つではなく，引きこもりにいたる経緯や家族との関係性などの要因が複雑に絡み合う中で，個々別々の理由があげられる。ただ，その中でも多くのケースに共通して「グレーゾーン」「情報の非対称性」「自尊心の保持・欠如」の３つの要因が，大きな影響を及ぼしていることも明らかにされてきた。そこで，この３点を概観しながら，声を上げることができず，引きこもりが長期化する背景について迫っていきたい。

３つの要因

①　グレーゾーン

知的障害や発達障害，精神疾患の疑いはあるが，医学的基準からみてボーダーラインにあり，障害や疾患として認められないか，認められても，軽度である状態のことをグレーゾーン（あいまいな領域）という。引きこもり経験者のおよそ60％以上は何らかの障害や疾患が認められるとの報告もあり，グレーゾーンに該当するものも多い[(1)]。この場合，ADL（Activities of Daily Living；日常生活動作）も平均値であり，普通学校，大学を卒業するなど一般的な経歴をもっているケースも少くない。そのため，無自覚かつ指摘を受けることがあまりなく性格の問題や個性としてとらえられてきた経験を持つ人が多く，制度や支援とは結び付かず，ニーズが埋もれていきやすい傾向にある。

②　情報の非対称性

情報の非対称性とは，専門職（売り手）と支援を必要とする人（買い手）との間で情報や知識の共有ができていない状態のことをいう。たとえば，グレーゾーンの問題も，精神科医や臨床心理士など，専門知識があれば診断し疾患や障害としてとらえることができるかもしれない。しかし，親子など深い関係性であっても，医学的な知識がなければ，気づかず見過ごしてしまう。その他，最近では，引きこもり者の家族会や相談機関も増えてきてはいるが，こうしたサービスがあることを，支援を要する人々が知らないのであれば，申請主義の壁もあるため，支援に結びつく可能性は低いものとなる。

③　自尊心の保持・欠如

自尊心はいいかえれば，自己肯定感である。成人した子が引きこもっている状態を，子育ての失敗であり，恥ずかしいこととしてとらえ，できない親としてのレッテルを貼られることを避けるために，周囲にその事実を明かさないこともある。反対に子は，疾患や障害のため引きこもりの状況であることを自己覚知できていない場合や，度重なる失敗や挫折を経験し，引きこもり状態にいたることで，「自分なんて，どうでもよい」と自暴自棄になり，社会に期待が持てず，将来を絶望しているケースもある。こうした場合は，不穏な行動が目立ち，自傷やDVなど，暴力的な行為がエスカレートしていくこともある。

このように，自尊心の持ちように左右されて，「助けて」や「なんとかして欲しい」と自ら声を上げることができないケースもある。

グレーゾーンにおかれることで，無自覚であり，さらには，情報の非対称性により，受けることのできる支援にも気づかず，制度のはざまに陥りやすい。また，恥をさらして傷つきたくない，または，諦めにより奪われた自尊心が，いずれも声を上げることを妨げ，引きこもり期間の長期化を招き，時を追うごとに，ニーズが埋もれていくことになる。

困った人から困っている人へ

埋もれゆくニーズに対し，誰がどのような策を講じれば，早期に発見することができるようになるのだろうか。たとえば，小地域ごとに配置されている**コミュニティソーシャルワーカー**が一軒一軒個別に訪問し発見していくことで可能になるだろうか。答えは否である。人々の暮らしは時間とともに変化していくものである。その変化に気づくことができるのは，専門職ではなく，ともに暮らしを営む隣近所の住民である。近隣住民は，引きこもり者のいる保護者であるとの認識はなくても，買い物や軒先で顔を合わせる機会があるかもしれない。もしくは，同じ自治会に入っていながらも，会費未納であったり，まだ一度も顔を合わせたことのない世帯として認識していることもある。

ただ，認識があるだけでは，ニーズをキャッチするところまではいかない。たとえば，引きこもり者の自室を中心にごみ屋敷化が進み，隣接している住民が自治会長などに相談し，行政を介して，ごみの撤去を求め，そのことが，かなわなければ退去するように声を上げることもある。このように，隣近所や地域が，会費を納めない，また，ごみ屋敷の住民を「困った人（家族）」として認識している段階では，「排除」が生まれやすい。豊中市社会福祉協議会のコミュニティソーシャルワーカーの勝部麗子氏は，こうした「困った人（家族）」を「困っている人（家族）」として，住民がとらえることができるかどうかが重要であると述べる。つまり，迷惑な人から，ニーズを抱えた当事者であるという認識を持てるように，気づく力を持った住民をまずは増やしていくことがニーズキャッチには欠かせない条件になる。そのために，専門職は，住民が適切な知識や情報を得ることのできる機会をつくりだすことから始めなければならない。

知る機会

「グレーゾーン」におかれている人々のニーズを把握するためには，「情報の非対称性」を乗り越えて，知識や情報を共有する「知る機会」をつくりだす必要がある。すでにゴミ屋敷など問題が生じており，事後的な対応をはかることもあるが，そもそも，こうした問題が生じる前に，事前に参加できる機会として位置づけられることが望ましい。この知る機会のポイントは，事実を伝えることであり，一方的な価値の押し付けや住民に「すべきこと」を強いる場でもない。引きこもり者が生まれやすい社会的な背景や現状，そして，どのような困難を抱えやすいかなどについて，主観ではなく，エビデンス・ベースド・プラクティス（Evidence-based-practice：裏打ちされた事実に基づく実践）として，共有をはかっていくことである。その際には，わかりづらい専門用語を並べるだけではなく，どのようにすれば伝わるか，聞き手側の立場にたった話し方を工夫する努力がもとめられる。

そして，こうした情報を得た住民が，いかに受け止めようとも自由であり，どんな意見でもまずは，受容することが専門職としての取るべき態度である。たとえそれが，孤立する人々に対する，批判的，差別的な意見であっても，そのこと自体が，住民の認識や考えを専門職が知る機会となったことへの成果であると受け止めることができる。こうした声を聞くことで，はじめて，誰がどのような思いを抱いているのかがわかる。そのうえで，一人ひとりに向き合い，一つひとつの意見に対して，改めて事実に基づく知識や情報を伝える機会を得ることになる。そのため，行政の広報紙や機関紙，回覧板やホームページなどさまざまなかたちで情報は発信されているが，対面的に伝えることのできる機会を設けることが望ましいだろう。

出会う機会

情報の共有化を踏まえて「出会う機会」を演出していくことが次の段階である。「出会う機会」は，「接触体験の機会」ともいいかえることができる。先に述べたように，引きこもり者や精神疾患，発達障害という単語だけで，人々に偏見やスティグマを抱かせるほど，言葉の持つ力は侮ることができない（たとえば，障害者の害の字をめぐる論争もつきないことも同様である。本章では，社会福祉法の記載に従い「害」，その他は「がい」と表記している）。そして，実際には経験したことのない，未知なるものに対して，漠然とした不安が差別的な行為へとつながる要因の一つとするならば，実体験としての当事者との出会いそれ自体が不安の軽減や解消につながることもある。それは，障害というラベリング（ある特殊な事実をもとに人物や物事に類型的かつ固定的な評価を与えること）により，ひとくくりにされてきたイメージをひもとき，一人ひとり個性のある人格の持ち主として，認識されるように個別化を進めていくことでもある。

たとえば，現在，引きこもり状態である本人が参加することはなかなかむずかしいが，元引きこもり者や支えてきた家族，そして，専門職などが，当時の実際の場面を語ることでもその効果は期待できるだろう。

学び合いの機会

知ること，出会うことは，現状を正しく認識することに力点がおかれているものであり，次に学ぶことにより，課題解決への道筋を見出していくことにつながっていく。ここでの「学び合いの機会」とは，地域住民，当事者，専門職が，対等な立場にたち，お互いを知り，相互に学び合う機会のことである。それぞれの立場からみえている地域社会のこと，生活者としての想いや仕事をとおして得てきた経験，そして，時にはライフヒストリーにいたるまでを語り合い，お互いの理解を深めていく。こうして関係を深めながら，たとえば，「引きこもり者のニーズを早期に発見する」ために，それぞれの**ストレングス**（強み）やできることを確認し，プランニングしていくことが学び合いの中でもとめられる成果の一つである。本書第15章で取り上げた「NPO 法人暮らしづくりネットワーク北芝」は，ワークショップ方式で，住民一人ひとりの意見（つぶやき）をひろいあげ，実践へと結び付けるプログラム開発をおこなっている。

また，「引きこもり者のニーズを早期に発見する」など，ある課題を中心に，さまざまな主体が学び合いに参加することで，新たなアイデアが生まれることもある。これまで，小地域福祉活動としてはかかわりの薄かった企業などで働く人もその対象にはいる**マルチステークホルダープロセス**▶といわれる，利害関係者が幅広く集まり，対等な立場で話し合いを進め，課題解決に向けたプログラムやプランを描いていくことによって，メンバー間の信頼関係が高まっていくことになる。

協議・協働の場

「協議・協働の場」では，住民が，生きづらさを抱える人々の状況や背景を「知る」ことを起点にしながら，困難を抱える当事者やその家族と直接「出会い」，また，多様な主体との「学び合い」の中で，種々の課題解決をはかろうとするプランやプログラムを開発していく。そして，協議を踏まえ，協働で推進していき地域の福祉力を高めていくことに目標をおく。

「協議・協働の場」としているのは，住民主体の原則にしたがい，専門的な知識を持っている専門職や権威を持っている行政のトップダウンにより，意思決定がなされるわけではないことを強調したいからである。また，住民だけで進める福祉でもなく，行政や専門職，企業などを含む，さまざまな地域社会を構成する主体との対話による協議を通して，責任の所在や役割を明確にし，協働関係を築きながら具体的な行動を起こしていくプロセスを重視している。

したがって，引きこもり者のニーズを早期に発見することに関していえば，住民の役割は，地域で気にかかる世帯や個人がいる場合，直接訪問して声をかけ現状を把握することだけではない。これまでに出会った専門職や行政に気づきを伝えるだけでも十分に役割を果たすことにもなる。その時に，専門職は，総合相談のしくみを整え情報を受け止めると同時に，**アウトリーチ**によるアセスメントを進めていく。

このように，専門職では気づかないニーズのキャッチを住民が担い，専門職の訪問につなげていくこと，また，場合によっては行政とともに，専門職が訪問していくことなどもあるだろう。住民が気づきを伝えることを起点に公私協働の一つの行動が地域に蓄積されていくことになる。

こうして一つの問題を解決し，また，新たな問題や課題があれば，そのつど，３つの機会を循環しながら経験していくことで，住民の気づく力の向上がはかれる。その結果，地域の福祉力が高まっていく。この３つの機会に日常的に参加できるしかけづくりも「協議・協働の場」には求められる（図７-１）。

図７－１　協議・協働の場

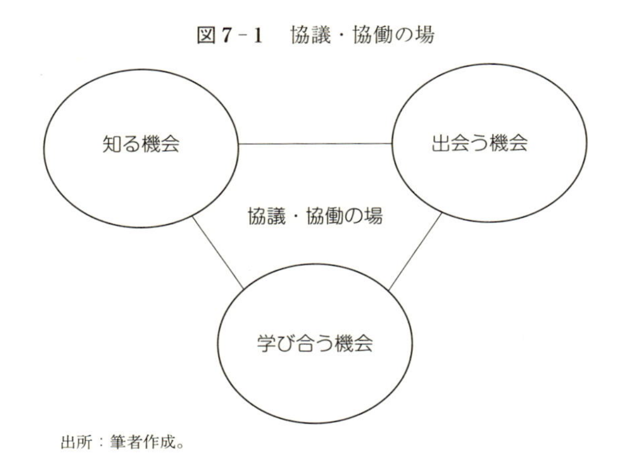

出所：筆者作成。

2　地域福祉の推進目標としての福祉文化の醸成

協議・協働の場の日常化

協議・協働の場は，小地域を一つの範囲にとらえながら，住民懇談会の企画運営や自治会の定例会，公民館の社会教育プログラムの中で，３つの機会を生み出していくアプローチをとる。そして，このアプローチは，問題や課題が発生してから，「知る」ことや「出会う」ためのプログラムにとりかかるのではなく，住民それぞれの日常生活の中にこうした機会が埋めこまれていくことで，より一層，地域福祉は恒常していく。

そのためにも，地域福祉の拠点化を進めていくことが鍵となる。北海道では，社会福祉法人ゆうゆうが，「当別町共生型地域福祉ターミナル」を開所し，共助を進める取り組みとして，介護や援助の基礎講習を受けた町民が，地域の高齢者などを支える，地域共生型パーソナルアシスタント事業をはじめ，世代を問わず，毎日「ごちゃまぜサロン」が開かれている。世代，障害や高齢といった種別を取り払い，誰もが集うことのできるケアとサポート機能を持った地域福祉の拠点化を先駆的に開発してきた一つのモデル事業であり，今では，道庁をあげて，「共生型地域福祉拠点」事業として，下記の枠組み(2)において，水平展開が目指されている。

①　日常生活でさまざまな支援が必要な場面において，公的サービス以外に，住民同士がお互いに助け合い，支え合うための取り組み（共助）に導く拠点

②　支援者と支援を受ける者（高齢者，障害のある人，子どもなど）という双方向の関係ではなく，誰もが一住民として参画する中で地域課題を見出し，支援を受ける側も役割を持ち，可能な共助に主体的に参画するための機能を持つ

③　支援を必要とする者の状況に応じ，自治体等と連携した公的サービスの適用や専門機関へのつなぎなどの機能をあわせ持つ

④　拠点運営をコーディネートする人材により，一連の取り組み支援や関係機関との連携をはかる

この取り組みは，日常的な空間における公私協働を推進する場としても注目を集めている。そして，こうした拠点を形成していくプロセスについては，第16章で取り上げている西圓寺の取り組みが参考になるが，日々の生活の一部に「知る，出会う，そして，学び合う」の機会にふれていくことで，時間の経過とともに，支え合うことが特別なことではなく，「当たり前」になっていくのである。

地域福祉の拠点に居場所の機能を持たせる

地域福祉援助の目標は，ケア等の支援を要する人も社会に参加する生活者としてごく当たり前に住民として生きる権利を回復すること，そして，誰もが自立した暮らしを営める地域社会を創造することである。ここでの「自立」とは「一人で生きる」ということではなく，「一人暮らしができる」条件を地域社会が整えていくことである。たとえば，独居で認知症の高齢者も，親亡き後の障害者も，一人暮らしを選択するかどうかは別として，一人暮らしが可能な環境を用意していくという考え方である。そのために，必要なことは，頼れる先（依存先）をたくさんつくりながら生きる，という社会的自立観に立つことである。

しかしながら，現在，「声を上げることができない」人々が多く存在する。

自己責任論といったまさに逆の圧力がかることで心を閉ざし，自尊心が奪われ，生きる気力を失っていく人々が後を絶たない。そのため，地域福祉の拠点づくりにおいて必要なのは，ありのままを受け止めることのできる居場所の機能を持たせることである。

居場所とは，現状から逃げることがゆるされる「退避する空間」であり，誰しもがいることを許され承認される「人間関係を構築する空間」であり，そこから徐々に「社会への参画の起点としての空間」として機能させ，「時間の中で自分の近未来がみえてくるように導く[(3)]」ためにともに歩むことのできる場である。支える側への転換ばかりをはかるのではなく，今のまま，ありのままの状態で承認される関係性を育むことも重要な場の機能の一つである。

福祉文化とは

このような協議・協働の場，居場所としての機能を持った拠点で推進していくプログラムは，本人，家族，友人，知人，近隣住民，専門職，行政，そして企業などにいたるまで，主体を超えて，支え合うことが，当たり前だと思う価値規範と行動様式を持った人と組織，団体をつくりあげることが目標になる。ここでの価値規範とは，**ノーマライゼーション**や**ソーシャル・インクルージョン**（社会的包含）の思想などに共通する「共生」概念を軸として，その実現に向けて取るべき行為の基準や規則のことをいう。

いいかえれば，支え合いを当然とする文化をつくることであり，そのことを本章では福祉文化として位置づけていくことにしたい。

福祉文化とは，偏見や差別がない社会であることはもとより，究極的には，生きづらさを抱える人々を包摂していく，**福祉コミュニティ**（第２章）が，地域住民の自発的かつ主体的な営みの中から内発的に形成されていくことが当然とされるレベルに地域の福祉力が高まっている状態のことをさす。

こうした福祉文化を小地域の拠点事業をとおして，醸成（つくりだ）していくためには，どのような道のりが必要なのか考えていく。

福祉文化をはぐくむ方法

文化という言葉は，人々の日常生活の具体的な活動の中に現れるものである。それは，一人ひとりの人間によって自らの生活のために創造されていく，実際の生活に即した知恵の集積であり，一定の集団に共有化されている価値や生活様式のことである。この文脈からもわかるように，文化を醸成するということは，個人，そして，家族，地域が，継続的な営みを積み重ねることでしか醸成されないことがわかる。そこで，「文化」化のプロセスをここでは便宜的に，習慣→慣習（風習）→慣例化というように段階的に醸成されていくものとして説明してみる。

「習慣」とは，個人的ないし家族単位の行動の規範や生活様式である。たとえば，人権，社会福祉の知識や価値を認識，共有しており，隣近所の見守りやボランティア活動など日常的に困難を抱える人々の支援に主体的かつ自発的に参加していることをさす。そして，こうした日常的な営みとして福祉とかかわりのある生活様式を持つ人が個人や家族単体ではなく，一定範囲の地域に住む人々（たとえば自治会・町内会の範囲）へと広がり経年的に繰り返されることで慣習（習わし）となっていく。これらが，市や区役所，社会福祉協議会などの公的な組織や世間一般に，良きこととして認識され，推奨されることが慣例化（挨拶運動などが例）である。そして，推奨しなくても，自治会・町内会などの生活圏域から徐々に広がり，根づいていくことで「福祉文化」が一定程度，醸成されたとみることができる。

一人の良き行動が波紋のように広がりをみせることもあれば，地域の慣習が一人に影響を与えることもある。地域福祉の推進は，個人であれ，地縁，テーマ型の組織であれ，それぞれが，一つひとつ活動を継続することが文化を醸成する活力になっていく。開発することが地域福祉援助の一つの特徴であるが，もう一方で持続するということも必要である。

ただし，一つのプログラムを開発し，推進していく中で，単に続けるだけでは，必ずといってよいほど硬直化していくことになる。そのため，一つひとつを振り返りながら，そもそもプログラムを開発した時の，目的と目標が何かを確認し，変化の激しい地域社会に応じる形で方法論をつねに更新していくことも大切である。そして，専門職として何をすべきか，つねに使命に立ち戻りながら，持続発展的なプログラムを一つひとつ推進していくことで，福祉文化はゆるやかに醸成されていく。

注

(1)　川上憲人・小山明日香・三宅由子ほか（2007）「地域疫学調査による『ひきこもり』の実態と精神医学的診断について」『平成18年度厚生労働科学研究費補助金（こころの健康科学研究事業）こころの健康についての疫学調査に関する研究協力報告書』93-101。

(2)　北海道保健福祉部総務課企画調整グループ，ホームページ。（http://www.pref.hokkaido.lg.jp/hf/sum/kyouseigata.htm）

(3)　福原正宏（2014）「生活困窮者支援に向けたコミュニティづくりと社会的居場所づくり」大阪市調整会編『自治体セーフティネット――地域と自治体ができること』公人社，72-95。

参考文献

アリンスキー，S. D.／長沼秀世訳（1972）『市民運動の組織論』未来社。

岩間伸之・原田正樹（2012）『地域福祉援助をつかむ』有斐閣。

空閑浩人（2013）「ソーシャルアクション（social action）」山縣文治・柏女霊峰編『社会福祉用語辞典［第9版］』ミネルヴァ書房。

高良麻子（2015）「社会福祉士によるソーシャルアクションの体系的把握」『社会福祉学』56(2)，126-140。

用語解説

▶引きこもり

引きこもりとは，狭義には「家にいて，外出しない」者であり，広義には，「ふだんは家にいるが，自分の趣味に関する用事の時だけ外出する」者までを含む。障害や高齢といった属性によるものではなく，日常の行動様式を示す概念である。非常に緩やかであるが増加傾向を示しており，2014（平成26）年度の推計値では，15～34歳の若年無業者は56万人，15～34歳人口に占める割合は2.1%となっている。

▶マルチステークホルダープロセス

マルチステークホルダープロセスとは，３者以上のステークホルダーが，対等な立場で参加・議論できる会議をとおし，単体もしくは２者間では解決のむずかしい課題解決のために，合意形成などの意思疎通をはかるプロセスのことである。対等な立場により，信頼関係が醸成され，多数の主体の参加により社会的な正当性と全体最適の追求が促される。

〔コラム4〕

ソーシャルアクションの源流を探る

ソーシャルアクションをソーシャルワーク実践の一つとして位置づけようとする議論は，1930年代のアメリカにさかのぼる。当時のソーシャルワークは，1915年のフレックスナー（Flexner, A.）による「ソーシャルワークは専門職か？」と題した講演において，医学に対して非科学的なソーシャルワークの専門性を否定されて以降，①クライエントに援助する「機能」の追求と，②問題が生じる背景にある「原因」を理解することなく，ニーズと社会資源の調整の技術論にはしっていた*1。いわば，福祉サービスマネージャーとなり社会変革の力を失ってしまっていたのである。

こうした状況下で，人種差別や貧困など抑圧に対して，解放のために人種，宗教やイデオロギーの壁を越えて団結する実践を進めてきたのが，アリンスキー（Alinsky, S. D.）らによる「ラディカル」な地域組織化運動である。

アリンスキーによるコミュニティの組織化運動は，1939年に始まる。シカゴの食肉加工業地域にあるバッグオブザヤーズ（Back of the Yards）と呼ばれる東欧系移民が居住するスラム地域をフィールドに，貧困問題，青少年非行，住宅難，失業といった一連の問題の解消を目指して「バッグオブザイヤー近隣協議会」を設立し住民の組織化を進めていった。彼は，1939年から1972年に没するまで，少なくとも10都市で11の組織化を手がけたとされている*2。

アリンスキーが組織化活動をはじめた頃のアメリカの状況は，完全失業者数が，1000万人に上るほどの大恐慌の最中であった。アリンスキーは，こうした経済的危機に端を発する民衆の不満の高まりと政治社会構造の変動期に，あえて政治的立場や思想に依拠することなく「ラディカル」な「コミュニティ」組織の形成に着手した*3。また，アリンスキーは，生涯をとおして，ソーシャルワーク実践に対しては，批判的であり，組織化プロセスにおいても，ソーシャルワーカーら，外部の専門家を一切入れることはなかった。

その理由はアリンスキーが住民の主体的参加および自己決定を重視していたことにあり，地域の組織化を支援するのは，ソーシャルワーカーではなく「オーガナイザー（organizer）」であるとしていた。彼は，住民に対して専門的助言ではなく意思疎通のチャネル（媒介的役割）であることを強調していた。彼の手法は，組織化のプロセスや原理において貧困地域の外部に「敵」を設定し，住民を直接行動や示威行動に駆り立てて地域利益の実現をはかるというものであった。その戦術は時に過激で，アリンスキーによる組織化は，当初，学問的考察対象になりえない扇動的アマチュアの実践とされたのである。

だが，アリンスキーによる地域住民の組織化してきたコミュニティは，1960年代に人種問題とそれに由来する貧困の問題が浮上した頃広範な文脈で評価されるようになった。そして，同時期，実践面では，貧困の問題の浮上とともに，ソーシャルワークの実践における社会改革的視点の必要性が認識され，理論面ではアリンスキーによる組織化が「ソーシャルアクション」モデルの代表例として類型化されるにいたったのである[*4]。全米ソーシャルワーカー協会の出版する辞典において，アリンスキーは，「コミュニティオーガナイザー」として掲載されるなど，ソーシャルワークにおいてもアリンスキーの果たした役割は広く認識されるようになった[*5]。

＊1　室田信一（2010）「アメリカにおけるコミュニティ・オーガナイザーとは誰か――ソーシャルワークの専門性と関係から」『日本の地域福祉』62-77。

＊2　石神圭子（2014）「アメリカにおけるコミュニティの組織化運動(1)――ソール・アリンスキーの思想と実践」『北大法学論集（The Hokkaido Law Review)』65(1)，155［26］-133［48］

＊3　同前書。

＊4　渡邊かおり（2010）「アリンスキーによる地域組織化活動――ソーシャルワークにおけるその評価の変遷」『人間社会環境研究』第19号。

＊5　同前書。

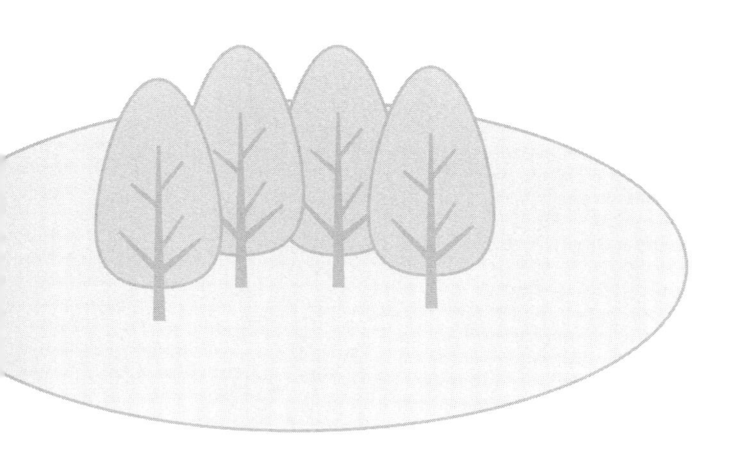

第Ⅲ部
地域福祉の主体と実践

第Ⅲ部では，地域福祉の推進にかかわるさまざまな主体とそれらの主体がおこなう地域福祉の実践について事例を通して学んでいこう。先に序章において，地域福祉の方法は，多様な主体による地域福祉活動と，ソーシャルワーカーによる地域福祉援助の２つからなると整理した。これは主体という点でいうと，「地域福祉の実践」は**活動主体**による活動実践と，活動実践を側面的に支える**援助主体**による援助実践からなるといいかえることができる。さらに主体という点では，地域福祉計画を策定する市町村などの政策立案者も一つの主体とみることができる。これらの関係を整理したものが，下の図である。地域福祉の推進主体を，**活動主体**，**援助主体**，**政策主体**の３つに整理している。

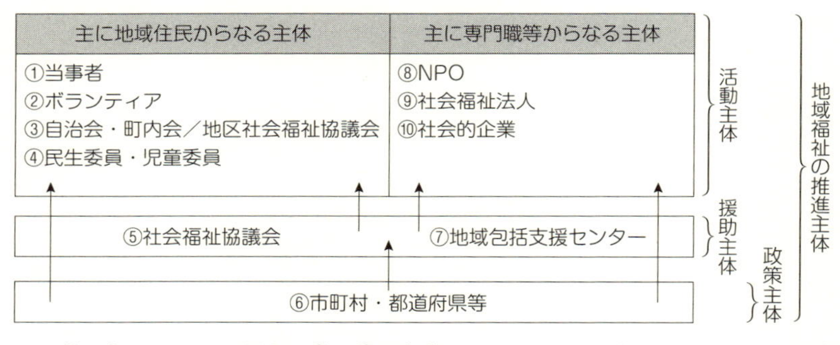

第Ⅲ部では，この図中の①～⑩の主体について取り上げている。なお，10個の主体を便宜上３つに分けているが，これらは固定しているものではなく，活動主体の位置におかれている主体が援助主体になる場合や，その逆の場合などもありうる。また，この部で取り上げている主体はあくまでも主だったものであり，これ以外の主体も地域の中には存在している点にも注意が必要である。

以下の各章の構成は，まず主体の解説 次に事例の紹介となっている。また事例については，事例のポイントの解説と演習課題もあわせて載せている。それぞれの事例について解説や演習課題を参考に，地域福祉を進めていくための方法についても意識しながら学んでいってほしい。地域福祉の多様性やおもしろさを，きっと感じてもらえるはずである。

第8章

当事者組織

当事者組織とは

地域の中でさまざまな生活課題を抱え，支援の必要な状況にある人々は「**当事者**」と呼ばれ，ともすると支援を受ける対象者として，力のない存在として位置づけられる。しかし，本来当事者には支援を受ける受援者としての立場だけではなく，その人自身が課題を解決する力がある。支援者は，まず一人ひとりの当事者の「主体が持つ力」に着目をし，当事者が持つ力を支えるストレングス視点で支援を展開する必要がある。

当事者が自分自身の生活をつくりあげていく権利主体なのだという「当事者主権」[(1)]という考え方は，歴史の中でさまざまな運動による積み重ねによって位置づけを明確に示してきた。たとえば，アメリカで1970年代より展開された**自立生活運動**ではスローガンとして“Nothing about us without us”（私たち抜きに私たちのことを決めるな）を掲げ，保護的支配からの脱却と普通の市民としての権利を持つ人間であることを強く訴えた。

当事者が自分自身でその生き方を選択する権利を支え，同時に当事者の生きづらさを地域社会の課題としてとらえる地域福祉援助は，その課題に対して当事者と地域住民がともに解決を目指して協働していく営みを支援する。しかしそれは，たとえば**地域福祉計画策定委員会**に，個人の当事者をメンバーに加えるということだけで実現されるわけではない。その個人が地域に暮らす当事者たちの生活課題，価値観，思いをよく理解し，当事者の視点で課題の普遍化をおこなうことが望まれる。（本書第5章第1節）。

当事者組織について，岡知史は「その構成員が特定の体験を共有し，その体験に付随する諸困難に対処することを目的として自発的にかつ主体的に展開している持続的な市民活動の形態である[(2)]」としている。

当事者組織の形態

当事者組織とはその構成するメンバーが当事者であるということになるが，当事者が自発的に集まり組織化されるものもあれば，専門職の支援により組織化されるものもある。

組織化の地理的な範囲でみれば，行政区単位に組織化される組織（たとえば，市町村社会福祉協議会が事務局を担い結成される介護者家族の会等）もあれば，全国各地で同じ目的を持って組織が立ち上がり，それらが独立して活動をするとともに全国的なネットワークを形成する（たとえば，薬物依存症のリハビリ施設である「ダルク」等）ものもある。

セルフグループとは当事者組織の一形態として，当事者が行政区と関係なく自発的に集まり，互いに共通する体験や思いを分かち合い，情報交換をおこない，それぞれの参加者が自分自身で問題解決の主体となっていく取り組みをさす。メンバーの自発性・自立性を尊重した組織とされ，専門機関の専門職が組織化を担い，専門的知識を提供しながら継続的に支援をおこなうグループについては，厳密にはセルフヘルプグループとは呼ばないとされている[(3)]。

セルフヘルプグループの課題としては，リーダーの問題があげられる。これは中心的な役割を担うリーダーが熱心に問題に関する情報収集やミーティングの準備をおこなうなど，労力を費やす一方で，グループの運営には参加せずに周辺で傍観者的に参加するのみのメンバーが多数いることによりリーダーへの負担の重さ，重責による**バーンアウト**が課題となっている[(4)]。

当事者組織の機能

当事者組織には支援者にはなしえない，当事者だからこそできる活動や果たすことができる機能がある。

①　サービス利用者としてサービスへの提案，改善要求

サービスを受ける当事者として，自らの経験をもとにサービスに対する意見を表出し，制度の不備に対して改善要求を連帯して提起する。

②　当事者同士の悩みを分かち合う

同じような経験をしている人との出会いは，悩みや課題が自分だけの問題ではないということに気づき，それまで自分自身の中にため込んでいた抑圧された感情から解き放たれる経験をする。

③　サービス提供主体となる

当事者として，受益者となるだけではなく，当事者自らが感じるニーズに基づくサービス提供主体にもなりうる。

④　地域課題を「みえる化」する

地域からはみえにくくなり，孤立してしまうような当事者の課題を組織化し，コレクティブにとらえ普遍化し，地域の課題としてとらえ直すことにより地域からその当事者の持つ生活課題が認識されやすくなる（第５章第１節参照）。

地域における当事者組織化の課題

当事者組織化に対するコミュニティワークの課題として，当事者の課題が地域からみえにくいマイノリティの課題である場合，その課題の存在に地域住民が気づいたとしてもその課題を「わがこと」としてとらえることがむずかしくなるということがある。当事者同士が同じ経験を持つ「**共同性**」でつながる組織は「**地域性**」がそのつながりの本質ではない場合が多く，ともすると本書第４章図**4-3**のように結束型の内向きなネットワークとなり，課題解決力，資源開発力が弱い可能性がある。

外向きの機動力をもつ橋渡し型のネットワークにするためにはコミュニティワーカーは地域において，当事者と地域住民の出会いの機会，地域住民が当事者の課題や生きづらさに共感できる機会や場を創出し，粘り強く時間をかけながら，共同性と地域性の間に橋を渡すようにネットワークをつなげていく働きかけが求められている。

事例　一人の問題を高次脳機能障害者の家族交流会開催につなげる——大阪府吹田市 CSW

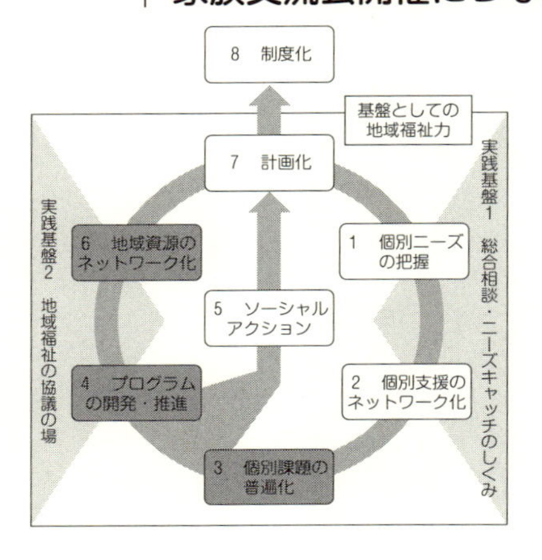

【地域の概要】

■大阪府吹田市

・人口36万9441人，世帯数16万8328世帯

・高齢化率23.1％，自治会加入率約53％
（2016年９月末現在）

・コミュニティソーシャルワーカー（以下，CSW）の配置：吹田市の地域福祉計画に基づき，2006年度より，地域密着の相談員として配置。市内６つのブロックに分け，各ブロックに対し２～３人を配置（計13人）。CSW は，コミュニティワーカーの役割を兼ねており地区担当も担う（それぞれの役割については序章（５頁）参照）。

【事例のポイント】

当事者が点として存在しているものの，集まる機会も思いを分かち合う機会も存在していない状況の中で，一人の当事者が車いすの貸し出しで来所したきっかけからニーズをキャッチし，当事者家族交流会開催にまでつなげた事例である。当事者の組織化を進める中で，支援者の組織化も進み，恒常的に交流会を実施することを目指すこととなった。専門職の気づきから当事者組織化につなげていったコミュニティワーカーの支援に注目しよう。

Scene 1　対応した個別の事例がきっかけで

家族交流会開催にいたったのは，ある個別の事例がきっかけである。2015（平成27）年８月，夫を介護する妻が車いす貸し出しサービス（吹田市社会福祉協議会（以下，吹田市社協）の**善意銀行**▶事業）を利用するために来所。その際，疲弊し不安そうな妻の様子を受け，対応職員が地域担当 CSW に報告。車いすの貸し出しだけで解決する内容ではないと想定し，CSW が妻の話を聞き，下記のことがわかる。

・夫は，心停止による低酸素脳症が原因で高次脳機能障害の診断を受けている。

・救急搬送された病院での治療後，リハビリ病院へ移ったが病院側とのトラブルにより入院期間を残して早期退院。その後は医療機関にかかっていない。
・行政等の関係機関とつながっていない。手帳も未申請。
・60歳代で就労していたが，身体障害となり職場復帰はむずかしい。経済的に不安は少ない。
・性格の変わってしまった夫の介護に疲労している。

妻の介護負担が重く精神的にも疲労しており，早急に市の「障がい福祉室」に連携し，夫の通院の再開，障害者手帳の申請・障害者サービス利用など，必要な支援が開始された。CSW の個別ケースとしてのかかわりは終結となる。しかし，妻が夫の高次脳機能障害という病気を理解できず，社会から孤立している状況であった。

Scene 2　個別の課題を普遍化する

今回，吹田市社協の窓口への来所がきっかけで支援につながることができたが，高次脳機能障害は，年齢層が幅広く症状もさまざまなことから周囲の理解も得られにくく，本事例のように地域内で孤立しているケースが多いのではないかと考えた。

市の障がい福祉室や市内の「中途障がい者支援事業所」と情報共有をおこなう中で，若い世代の当事者への対応や家族の障害受容がむずかしく，不安を訴える人がいても市内に家族交流会がないため勧められないのが現状だと知る。市内に当事者家族が気軽に交流できる場があれば，仲間に悩みや困りごとの相談ができ，家族の負担軽減や今後の励みになるのではないかと考えた。そこで，関係機関の協力を得ながら，地域全体に向けたアクションを起こすこととなる。

Scene 3　関係機関への情報収集

まず，吹田市内で高次脳機能障害者の支援に携わる関係機関に情報収集をおこなった。具体的には，高次脳機能障害者数の把握と交流会へのニーズの聴取をおこなう。市内に所在する，①中途障がい者支援事業所（作業所），②脳神経外科を有する急性期病院にアポイントを取り，高次脳機能障害者への支援状況の把握に努めた。

①の「中途障がい者支援事業所」は，中途障害者の作業所としては市内唯一の法人である。吹田市社協施設連絡会[5]に加入しており，CSW は日ごろから地域内で交流のある施設であるため，スムーズに相談を持ちかけることができた。話の中で，施設利用者の9割が高次脳機能障害の当事者であるということや，以前に施設利用者の家族会が開催されたことがあったが担い手の問題などで継続ができなかったことがわかる。家族交流会に対するニーズの高さについて共感を得ることができ，協力について快諾してもらった。

②の急性期病院については，市内3つの病院の地域医療連携室の**医療ソーシャルワーカー**（MSW）にアポイントをとり，急性期治療後の高次脳機能障害者数やその家族への支援状況などを聞く。各医療機関においては，潜在的なケースも予想され，少ないながらもケース対応している現状があるということがわかる。病気の特性から不安を訴える家族もあり，家族交流会の必要性があることを把握するできた。またあわせて，家族交流会の必要性について関係機関の理解を得ることができた。

Scene 4　関係機関との情報交換

関係機関から情報収集はしたが，この先を CSW だけで進めることはできず，関係機関を巻き込む必要がある。そこで，情報提供に協力してくれた機関に呼びかけ，家族交流会開催に向けた情報交換会を開催する。「障がい福祉室」，「中途障がい者支援事業所」1施設，急性期病院3機関，吹田市社協の6機関・施設に参加してもらい，高次脳機能障害者および家族への支援状況について共有する。主な意見としては，下記があげられた。

・年齢層に幅があり，60歳以下の当事者への対応がむずかしい。制度にもつなげにくい。
・当事者に対する家族の受け入れがむずかしい。
・一人として同じ症状はなく，個別性が高い。
・周囲の理解も必要となる。

・男性の当事者が多く，それにより家族が家計を支えなければならないことがある。
・突然の発症で，窓口へストレスや不安を訴える家族も多い。

これらのことから，さまざまなケースが存在することがわかる。参加者は未知数であるが，まずは一度家族交流会を開催し，家族の声を聞くことで継続の必要性を検討することとなる。

当日の内容は，当事者家族の支援を一番のねらいとすることから家族交流会を第2部とし，当事者家族のみが参加できるようにした。第1部は，基調講演として地域に対する高次脳機能障害の理解と啓発のため，地域住民が参加できる講演会の開催を検討した。その際，講師は専門の医師に依頼し，講師からも対象ケースの人へ呼びかけを依頼した。

また，参画機関について，回復期リハビリテーション病院への呼びかけを勧める声もあり，現参画機関が推薦する回復期リハビリテーション病院に対して協力の依頼をおこなった結果，承諾を得ることができ，計7機関で取り組んでいくこととなった。

今回，関係機関が情報交換の場を持ち，家族交流会の必要性を共有できたことが大きな成果であった。CSWだけがひとり歩きするのではなく，参画した機関により地域全体の課題として認識することができた。

Scene 5　各機関の強みを生かした役割分担と啓発

当日までの準備は，各機関との話し合いを定期的におこないながら進めた。役割分担はそれぞれの強みを生かせるよう相談しながら決めていった。「中途障がい者支援事業所」には，名刺作成の受注などをしているノウハウを生かしたチラシ・ポスターの作成，医療機関には，高次脳機能障害発症後の家族への家族会開催の周知，「障がい福祉室」には，会場の確保，市報の掲載，チラシの印刷を依頼した。吹田市社協は事務局を担い，申込みの受付，講師の依頼等をおこなった。

個別の対応としては，急性期から維持期までの一連の流れを支援する機関が集まっているメリットを生かし，幅広い対象者への呼びかけをおこなうことができた。

その他，関係機関への周知，市内を通るJRおよび私鉄沿線の構内へのチラシ掲示の依頼など，連携しておこなった。

Scene 6　家族交流会の開催とその後の反響

6月の土曜日に，「高次脳機能障がい家族交流会と学習会」というタイトルで，市立のコミュニティセンターで開催した。参加者は，第1部の講演に83人，第2部の家族交流会に19人。第1部は，当事者や関係者のみならず一般市民からの応募もあった。第2部は，互いの情報交換や悩み相談などが活発におこなわれていた。どちらも予想していた以上の参加があり，関係機関一同驚かされたのが正直な感想だった。参加者・内容ともに初開催としては上出来であったといえる。

後日，関係機関との反省会を実施。アンケートの結果，当事者の成功や社会復帰についての話を希望する意見や家族交流会を続けてほしいという意見が多くあった。また，次回の参加を希望する当事者家族が17人もいた。

各機関との反省会の結果，翌年の1月の土曜日に，「第2回高次脳機能障がい者家族交流会」を開催することとなる。

Scene 7　CSWとしての想いや今後の課題

参加者の声や想いを大切にしながら，まずはこの家族交流会を継続したいと考えている。そして継続する中で新たな課題や目標もみえてくるのではないかと考える。吹田市社協は，事務局として関係機関のそれぞれの特色や意見を生かしていけるように調整する。現状は関係機関が「情報交換会」をおこない，「高次脳機能障がい者家族交流会」を主催と共催に分かれた形で開催しているが，今後は関係機関が家族交流会の実行委員会として取り組み，地域の中で定着することで，当事者やその家族が地域の中で安心して暮らせるまちになれるよう活動していきたい。

事例のポイント

○社会福祉協議会の多様な相談窓口の連携

当事者が社会福祉協議会（以下，社協）の窓口につながった最初のきっかけは車いすの貸し出しであった。この時に，貸し出しだけの事務的な受付で終わっていれば，当事者家族の介護疲れに気づかなかったかもしれない。社協には多様な相談窓口があるが，どの窓口であってもニーズキャッチのアンテナを張り，気がかりな人はすぐに相談支援がおこなえる担当者につなぐという社協内の連携があったからこそ，このようにまだニーズを表出していない当事者への迅速な対応につなげられた。

○個別課題の普遍化

CSW は，関係機関と連携を取り情報共有をした結果，高次脳機能障害の当事者とその家族が利用できる資源がこの地域にはないということに気づき，目の前にいる当事者だけではなく，その他にも同じような悩みを持つ人がいることを確信し，プログラム開発に向けてアクションを起こすことを決意している。個別課題の普遍化をおこなう際に，個別支援の視点からだけではなく，この事例のように地域の資源状況，地域の関係者の考え，地域での当事者の生活課題等について情報を集め，地域アセスメントをていねいにおこなうコミュニティワークの視点によって，個別課題の普遍化に取り組むことができる。

○交流会に向けての関係機関との連携・調整機能

福祉分野のみではなく，医療機関も巻き込んでの連携・調整は，それぞれの専門性の違いからプログラムの方向性がずれることも考えられる。社協の CSW がていねいにそれぞれの関係機関の意見をすり合わせ，共通の目標（家族交流会の開催）を設定し，実施に向けてコーディネート機能を担っている。

○一つの成果から次のステップへ

第１回目の開催にもかかわらず19人もの当事者・家族が参加したということは，潜在的に吹田市に家族交流会開催のニーズが今までもあったということが現れており，さらにこの日に来られなかった人も存在すると考えられる。継続の希望も多く，今後の展開に向けて，推進組織を「実行委員会」としてフォーマルに組織化することにより，継続性を担保することを意識している。

プログラム開発をやりっぱなしにするのではなく，このように現場実践者による持続性のある組織を形成することができると，振り返り・評価をおこないPDCA サイクルを回すことができるようになる。

演習課題

演習テーマ 1

参加した当事者のほとんどが次回の開催を希望するという状況から，当事者の家族がどのような思いを持って今まで地域の中で暮らしてきたのかを考えてみよう。

演習テーマ 2

「高次脳機能障がい家族交流会」の第２回を実施することを想定し，グループで具体的にどのようなプログラムを考えられるか，今回の事例で企画された医療者による研修会以外にもアイデアを出してみよう。

注

(1) 中西正司・上野千鶴子（2003）『当事者主権』岩波書店。

(2) 岡知史（2010）「当事者組織」市川一宏・大橋謙策・牧里毎治編著『地域福祉の理論と方法』ミネルヴァ書房，224-229。

(3) 所めぐみ（2006）「当事者運動と当事者組織化」日本地域福祉学会編『地域福祉事典』中央法規出版，428-429。

(4) 岡知史（2006）「当事者組織・セルフヘルプグループ」日本地域福祉学会編『地域福祉事典』中央法規出版，254-255。

(5) 吹田市内の障害・高齢・保育等の民間福祉施設が，地域貢献を目的に設立。主な取組みには，地区福祉／委員会のサロン活動等での協働・連携，吹田しあわせネットワーク（大阪生活困窮レスキュー事業への協力：詳細は本書第12章事例参照），講演会や研修の開催，福祉教育への協働，職業体験への協力，義援金や募金活動等がある。吹田市社協が事務局を担当（平成28年12月現在，83施設加入）。

＊本事例は，大阪府吹田市社会福祉協議会中野和代氏・森修平氏のご協力により作成しました。

用語解説

▶善意銀行

住民の善意の寄付による品物を，社会福祉協議会が預かり，必要とする人や団体に対してコーディネートをして貸し出す事業。1962年徳島県と大分県に設置されたことから全国的に展開しボランティアセンターの整備につながった。

▶医療ソーシャルワーカー（MSW）

地域に配属されるコミュニティソーシャルワーカー（CSW）とは異なり保健医療機関において，社会福祉の視点により患者およびその家族の経済的，心理的，社会的な課題への相談援助をおこなう専門職。

▶ PDCA サイクル

Plan（計画）→ Do（実行）→ Check（評価）→ Action（改善）を繰り返すことにより業務をやりっぱなしにせず，よりよいものに高めながら円滑に進めていく手法。

第9章

ボランティア

ボランティアとは

阿部志郎は，ボランティアについて次のように述べている。「物が豊富になればなるほど，『心の貧しさ』が目につきます。お互いに，少しでも心を豊かに，生活を美しくするためにも，そして，誰もが『共に生きる』福祉社会を築くために，他人と勇気を持ってふれ合うこと，見ず知らずの人と縁を結び，これを育てることを提案したいと思います[(1)]」。つまり，阿部は，ボランティアとは，他人と勇気を持ってふれ合うこと，そして，縁を結び，これを育てることだといっている。

考えてみれば，私たちは赤の他人の問題にかかわり合いを持たなくても十分暮らしていけるかもしれないし，かかわりを持つということはいつでも感謝されたり，いいことばかりが起こるわけではない。つまり，まったくの他人とかかわるということは，「勇気」が必要なのである。人がどのような問題と自分との間に何らかの結びつき（縁）を感じるかは，人それぞれでよいはずである。地域の身近な問題でも，地球規模の環境汚染でも，それを自分の問題としてかかわることがボランティアという行為といえるかもしれない。そこに共通しているのは，社会という大きな網の目の中で，その問題が自分と何らかの形でつながっているという感覚を持ち，それにかかわるということである。自分が何の問題と勇気を持ってかかわり，そのつながりを育てていくのか。それは，まさにボランティアの語源でもある自由意志の問題であり，ボランティアが**自発性**に基づいた活動といわれるゆえんである。

とはいえ，自発性に基づいて勇気を持ってかかわったとしても，それが単なる「おせっかい」だったり，「迷惑がられる」というリスクも存在する。原田隆司は，「『よいこと』と思い込んでいるからこそ続くのだし，一生懸命なのだろう。しかし，そのことが，結果として相手を深く傷つけてしまう。ボランティアにはそのような奥深さが潜んでいるのだ[(2)]」と指摘している。ボランティア，とくに福祉活動のような「相手」が存在するボランティアの場合には，相手との「関係性」を無視することはできない。私が求めるそのかかわりを相手が求めていなかったり，相手の気持ちを無視してしまっては，相手を深く傷つけてしまう可能性があることも忘れてはいけない点である。

一般にボランティアは，**自発性・無償性・公共性**といった特徴から定義されるが，以上のことから，ボランティアとは，何らかの問題を感じ取り，それに勇気を持ってかかわることを自分で選択した人のことであり，お金や命令ではなく，自分の意思でこうした新しい出会いやつながりを求めていく人だと考えておきたい。ただし，公共性（社会のためということ）は，ボランティア自身の思いだけでなく，相手との関係性の中で形成されるという点は留意しておかなければならない。

地域福祉の推進主体としてのボランティア

各都道府県および市町村社会福祉協議会は，**ボランティアセンター**を設置し，**ボランティアコーディネーター**と呼ばれる人を配置して，ボランティア活動希望者とそれを求める人とのマッチングをおこなっている場合が多い。全国社会福祉協議会が把握しているボランティア団体は21万936団体，活動者760万9487人（2013年４月現在）とされている。世代構成と性別をみると，60歳以上の活動者が６割以上を占め，女性の割合が高いことがわかる。また，活動分野は，①高齢者の福祉活動，②障害者の福祉活動，③自治会・町内会となっており，社会福祉協議会（以下，社協）のボランティアセンターに登録して活動する人は，比較的年齢層が高い女性が多く，自治会・町内会における地域活動も含めてボランティア活動と認識しておこなっていることがわかる（**図９-１**）。

図9-1　ボランティアと活動内容

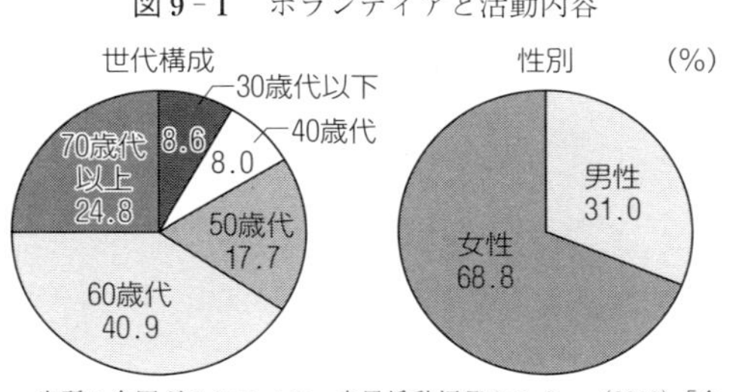

出所：全国ボランティア・市民活動振興センター（2010）「全国ボランティア活動実態調査報告書」全国社会福祉協議会。

退職したり，子育てが終了し，比較的時間に余裕のある高齢者が，地域活動を含めたボランティア活動に参加することを支援していくことは重要であり，また役割や出番があることは本人の生きがいにもつながる。一方，退職後の男性のボランティア参加意欲は高いものの，実際に参加している割合は少ないことも指摘されており，魅力的なプログラムづくりは市町村の社協ボランティアセンターの大きな課題だと思われる。

さらに，若年層のボランティア活動への参加をどのように促していくかも大きな課題である。従業員が参加できるように企業と協力したプログラムを開発したり，継続的なボランティア活動ができるような高校生や大学生を対象としたプログラムの開発が必要だろう。

かつて岡村重夫は，社会福祉を「法律による社会福祉」と「自発的な社会福祉」に区別したうえで，「法律によらない民間の自発的な社会福祉による社会福祉的活動の存在こそ，社会福祉全体の自己改造の原動力として評価されなければならない[(3)]」と指摘した。つまり，ボランティア活動を中心とした民間の自発的な社会福祉が，社会福祉を変えていくための力（原動力）として重視されているのである。すべてを制度や専門職に任せてしまう福祉に，新しいアイデアは生まれない。ボランティアは単なる無償の労働力ではなく，制度や専門職の営みと並んで地域福祉を推進する大切な原動力なのである。

事例　高校生ボランティアの組織化と過疎化集落への外部支援――栃木県日光市社会福祉協議会

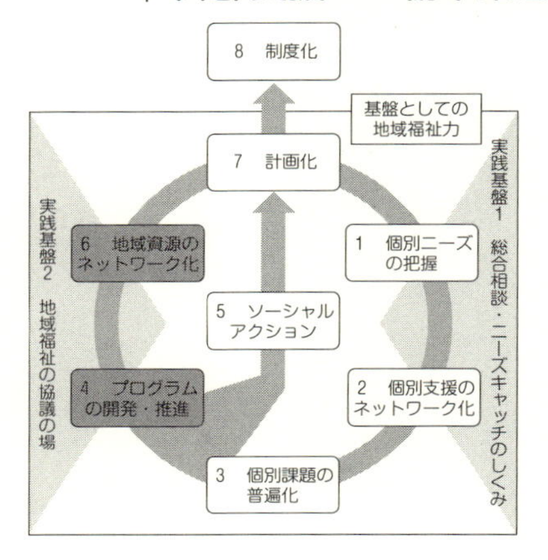

【地域の概要】

■栃木県日光市栗山地域川俣地区

・人口149人

・高齢化率54.4％（2015年４月現在）

【事例のポイント】

受け身で単発の活動になりがちな高校生のボランティア活動を主体的な地域課題解決の担い手として組織化していく事例である。同時に，活動の受け手である地域側へも働きかけを進め，意識の変容と高校生と地域との新たな関係性やつながりを構築している点も特徴である。受け手と担い手という関係ではなく，双方に新たな役割を創出する工夫に注目しよう。

Scene 1　高校生のボランティア活動の課題

日光市社会福祉協議会（以下，日光市社協）では，次世代の担い手育成として，地域とのかかわりが薄くなってきている高校生の地域活動やボランティア活動への参加促進に力を入れてきた。しかし，高校生のボランティア活動の実態は，「学校で得られる情報の範囲内での活動」「あらかじめ用意されたプログラムに参加する受け身な活動」「一過性の体験に終始する継続性に欠ける活動」が中心で，若い力を必要としている地域と学校（高校生）との橋渡しも十分ではなかった。

そこで，こうした課題を解決するため，2013年に日光市社協では，高校生の若い力で地域を活性化するしくみづくりを目的に「NIKKO 高校生ボランティアネットワーク構想」を掲げ，市内高校と連携しながら，活動を展開していくこととなった。NIKKO 高校生ボランティアネットワークの契機は，東日本大震災における被災地での支援活動からスタートしたが，同時に，自らの地域での活動先を選定するために複数の地域での活動を実施し，その一つが日光市栗山地域（旧栗山村）にある川俣地区であった。

Scene 2　栗山地域・川俣地区の課題

栗山地域は，日光市の北西部の山間部に位置し，総面積427.37 km^2という広大な面積の約76％が日光国立公園に含まれ，豊富で良質な温泉，四季折々に変化する自然環境にも恵まれた地域であり，国指定重要無形民俗文化財である「川俣の元服式[(4)]」や各地区に伝承されている「獅子舞」など，地域文化資産にも恵まれている。一方，集落は広大な山間部に点在しており，生活環境のあらゆる面において整備が遅れ，そのため，若者の定住が進まず，若年層を中心とする地域外への流出や自然減により人口減少が続いている地域である。

川俣地区は，栗山地域の北西部に位置し，西は群馬県利根郡片品村，北は福島県南会津群檜枝岐村と隣接し，居住地の平均標高は1000 m 以上ある山間地域である。江戸時代から続く湯治場（川俣温泉，奥鬼怒四湯，川俣湖温泉）や鬼怒川水源の鬼怒沼，鬼怒川の源流で浸食された瀬戸合峡，明治から昭和にかけて操業されていた西澤金山跡などの名所がある一方，公共交通は，運行数の少ない市営バスしかなく，市内の中心市街地への移動にも車で1時間30分程度かかる。また，生業の中心は川俣ダムの建設（1966年）に伴い，農林業から観光業へ移行したが，景気の悪化や東日本大震災（2011年）の影響を受け，旅館・ホテルの閉館や民宿の廃業が増加している。2015年4月1日現在の地区の人口は149人，高齢化率は54.4％と，過疎化・高齢化が進む地区である。

栗山地域の各地区には，「若衆組」と呼ばれる若者の組織があり，川俣地区にも存在している。この若衆組は，15歳から42歳までの男子で構成され，地域生活の中での重要な役割を担っている。とくに，祭事において三番叟（さんばんそう）や恵比寿大黒舞，獅子舞を披露するなど，多くの郷土芸能を伝承している。しかし，少子高齢化の影響や高校入学と同時に地域を離れる若者の増加によって年々構成員も減少し，若衆組の存続がむずかしくなっている。そのため，42歳までの退会年齢を48歳に引き上げるなどして対応しているものの，根本的な解決にはいたらず担い手不足が深刻な問題となっている。若い世代の担い手が不足しているという問題は，川俣地区，栗山地域だけの問題ではなく，市内全体をみても，大学や就職先がないといった理由から，高校卒業後は市外に転出する若者も多く，その後の地域とのつながりも希薄化する傾向にある。

Scene 3 「カワマタスマイル。プロジェクト」の始動

川俣地区は，過疎化・高齢化などにより若者の担い手が不足し，とくに，祭事については開催方法の変更などにより従来のかたちを維持してはいるものの，その運営の中心となる若衆組自体も存続の危機に瀕していた。しかし，地縁者によるしきたりが重視される伝統文化だけに，安易に外部の支援を得て解決できるものでもない。祭事は住民間の交流の場としても重要な役割を果たしていることから，自治会としても解決策を模索しているところであった。こうした危機感を持った川俣地区の自治会長と社協のワーカーの思いが合致し，解決の糸口を見出す契機として，高校生ボランティアの受け入れを進めることになった。

一方，川俣地区のようないわゆる限界集落の課題は，これからの地域を担っていく高校生たちにとっても避けては通れない問題である。この問題を自分たちにもかかわる問題としてとらえ，向き合っていくことは，先を見通した生きた学習の場となる。しかし，「自分たちにもかかわる問題」として認識することは，簡単なことではない。こうした意識は，生活者としての当事者性がなければ認識されにくい問題であり，いわば「他人事」とならざるをえないからである。そこで，社協では，まず実際に地域住民の生の声を聞き，そこから課題を見出し，解決のために主体的に取り組んでいく機運づくりから始めることになった。活動は「カワマタスマイル。プロジェクト」と名づけ，外部支援による新たな地域コミュニティづくりと高校生の地域社会での役割の創出を目指す活動がスタートした。

Scene 4　推進体制の組織化　「川俣みらい委員会」

プロジェクトは，高校生たちによる一方的な支援活動ではなく，地域住民が主体的かつ積極的に高校生を受け入れる環境をつくることが重要であると考えた社協では，地域内での活動を推進する体制として，「川俣みらい委員会」（以下，委員会）を組織化した。委員会で協議することは，外部支援の可能性や地域の活性化，そして新たな地域づくりを考える機会となる。また，高校生の学習者としての共通理解を広げることも意図した。

委員会は，自治会長をはじめ，自治会役員や若衆組と中心的な調整役となる地域おこし協力隊[(5)]に加え，行政職員（地域振興担当）と社協職員，さらに，活動に参加する高校生を加えた総勢18人から構成した。委員会の主な役割は，課題共有や地域の将来像を描きながら活動の企画・運営をおこなうこと，組織間での調整機能を果たすことである。委員会があることで，相互の役割理解やコンセンサスがはかりやすくなり，同時に，地域内の特技や能力などを有する人材も参加することができるため，地域住民の新たな役割創出の場とすることも可能になった。

Scene 5　祭事への参加　川俣地区での高校生の活動

委員会を主体とする活動は，2014年から本格化し，月１，２回，高校生たちが川俣地区を訪れて大きく２つの活動をおこなっている。

１つ目は，「地域理解の活動」である。高校生たちにとって，川俣地区にかかわることを意味づけたり，活動を動機づけたりすることは重要である。ワーカーは，単に知識としての地域の実態を伝えるのではなく，さまざまな体験を通して地域との距離感を縮め，そこでの気づきから地域を知り，地域課題に触れていくことを重視してきた。これらの過程が，高校生たちの観察力や洞察力を養い，地域の魅力発見や愛着心を育む機会となっているという。また，高校生たちのかかわりによって地域側も多くの気づきが得られ，地域をみつめ直す機会になっていると考えられる。

２つ目は，「地域行事等への協力活動」である。祭事に関しては，慣習やしきたりが根強い地域ゆえに，外部者の参加は理解が得られにくい。しかし，委員会を介して試行的に獅子舞の警護役を担い，模擬店の出店などにより祭事を盛り上げるなど，活動を通して徐々に地域との信頼関係が築かれていった。そして，高校生の若い力が地域内に認知される中で，地域の意識にも変化が生まれ「しきたりある祭事の役割を外部の高校生に担わせる」という合意が形成されていった。高校生たちも活動の達成感のみならず，地域からの受容は自己肯定感の醸成につながり，さらに地域住民との関係性を求める声が上がるようになってきたという。そして，2015年度からは，高齢や獣害により畑づくりの生きがいを失って閉じこもりがちになっている高齢者と一緒に，休耕畑を活用した「川俣そば」づくりをおこなうなど，活動の幅も広がっている。

Scene 6　第二の故郷に

高校生たちの介入によって，地域では「地域の数少ない子どもたちにとって，お兄さんお姉さんのような身近な存在になっている」「同じ市内ということもあり，孫のような親近感を覚える高齢者も多い」「若い姿があるだけで地域が元気になる」といった声が聞かれるようになり，高校生たちとの継続的なかかわりを期待するようになっているという。

そこで，川俣地区の新たな担い手として，高校生たちが活動しやすい環境を整え，卒業後も継続的にかかわってもらいたいと，委員会での協議を経て，「元服式」をモデルにした「心縁祭（しんえんさい）」（造語）というイベントが考案され，実施された。祭事などの行事が縮小，廃止されることが多い地域の中で，川俣地区では高校生たちの活動によって新しい祭りを創出することになった。当日は，高校３年生９人が「固めの杯」をかわし，「つながり住民」としての認定書が授与された。自治会長はあいさつで「第二の故郷として，今後も深くかかわってほしい」と期待を述べ，高校生たちも「卒業後も時間をみつけて活動を続けたい」と意欲をみせているという。卒業後も活動をおこなっていくため，新たにOB・OG会「真若衆（わかびと）」が結成された。

事例のポイント

○継続的なボランティア活動のプログラム

一般的に児童や生徒を対象としたボランティア活動のプログラムは，受け身の体験型プログラムが多い。本事例は，受け入れる地域とも密接に連携しながら，双方が信頼関係を築き，継続的な活動が展開されている。

○主体性を高める工夫

各シーンをみると，継続的に活動が展開されているだけでなく，双方の活動への取り組みが主体的に，いいかえれば当事者意識を持つように変化していることがわかるだろう。ワーカーは，こうした変化を促すために，話し合いの場を持ったり，プログラムを工夫している。

○受け手と担い手を超えた関係づくり

ボランティア活動を一つの「出会い」だと考えると，この出会いをどう演出するかが，ボランティアコーディネーターやコミュニティワーカーの腕のみせ所である。高校生が「つながり住民」として認識されるようになるまでの関係変化を促すワーカーの働きかけや工夫に着目しよう。

演習課題

演習テーマ 1

夏休みなどを利用した期間の定まったボランティア体験プログラムと「カワマタスマイル。プロジェクト」の違いは何か考えてみよう。

演習テーマ 2

事例では関係者が話し合う場として，「川俣みらい委員会」を組織化している。ワーカーは，どうしてこうした場を組織化しようとしたのか，話し合ってみよう。

演習テーマ 3

ボランティア活動において，助けるだけ，支えられるだけではなく，対等な立場で活動をおこなうことが必要だといわれている。そのためには，課題を他人事ではなく，「私たちの問題」であると認識することが重要になる。これまでに取り組んだ福祉学習（たとえば，車いす体験など）を例にあげ，課題を他人事でなく私たちの問題としていくためにどうしたらよいか話し合ってみよう。

注

(1)　阿部志郎（1988）『ボランタリズム　講演集 2』海声社，13（傍点筆者）。

(2)　原田隆司（2000）『ボランティアという人間関係』世界思想社，20。

(3)　岡村重夫（1983）『社会福祉原論』全国社会福祉協議会，3。

(4)　男子が数え年20歳に達すると，親戚の中から適当な人を選び親子のような縁を結ぶ行事。これにより，一人前の大人として村人から認めてもらうという。この関係は，親分・子分の関係といって一生続く。国の無形民俗文化財にも指定されている。

(5)　地域おこし協力隊は，過疎地域などに地域外から住民票を移し，1 年以上 3 年未満，その地域で協力活動を行う人に対し，地方自治体が「地域おこし協力隊員」を委嘱し，国（総務省）が財政的な支援を行う制度である。

＊本事例は，日光市社会福祉協議会の松本昌宏氏のご協力により作成しました。

第10章

自治会・町内会／地区社会福祉協議会

自治会・町内会とは

自治会・町内会（以下，自治会）は，基礎自治体である市町村内の一定の区域を単位として，その地域に住む人たちが，主体的に住みよい地域をつくっていくために組織する団体である。区・町会等呼び名は地域によって異なっている。「一定の区域」という土地の「縁」によって組織されるものであるため，**「地縁組織」「地縁団体」**とも呼ばれる。自治会の大きさは地域によってさまざまであり，数十世帯から大きなところでは1000世帯以上のところもある（図10－1の2層）。通常，自治会内は，10～20世帯ほどからなる班や組などのさらに小さな単位に分かれている（図10－1の1層）。また，小学校区などの単位で，複数の近隣自治会からなる「**自治会連合会**」や「**連合町内会**」などの組織がおかれることも多い（図10－1の3層）。このように，地域は重層的な構造になっており，自治会はその中核的な位置にあるといえる。

自治会については，①世帯単位での加入，②地域内の全戸加入が基本的な考え方であるが，近年，単身世帯の増加や，都市部でのマンション居住者の増加，地域のつながりの希薄化などを背景に，加入率の低下が指摘されている。また，役員の高齢化や担い手不足なども大きな課題となっている。

自治会では，福祉，保健衛生，防災，親睦など多様な活動を実施している。これらは，①住民同士の交流を深め，地域の連帯感を高める機能，②地域内の課題を把握し，その課題に対処する機能の2つに大きく分けることができる。地域内の課題や要望をとりまとめ，住民を代表して行政に伝える機能など，他

図10－1　地域空間の重層性

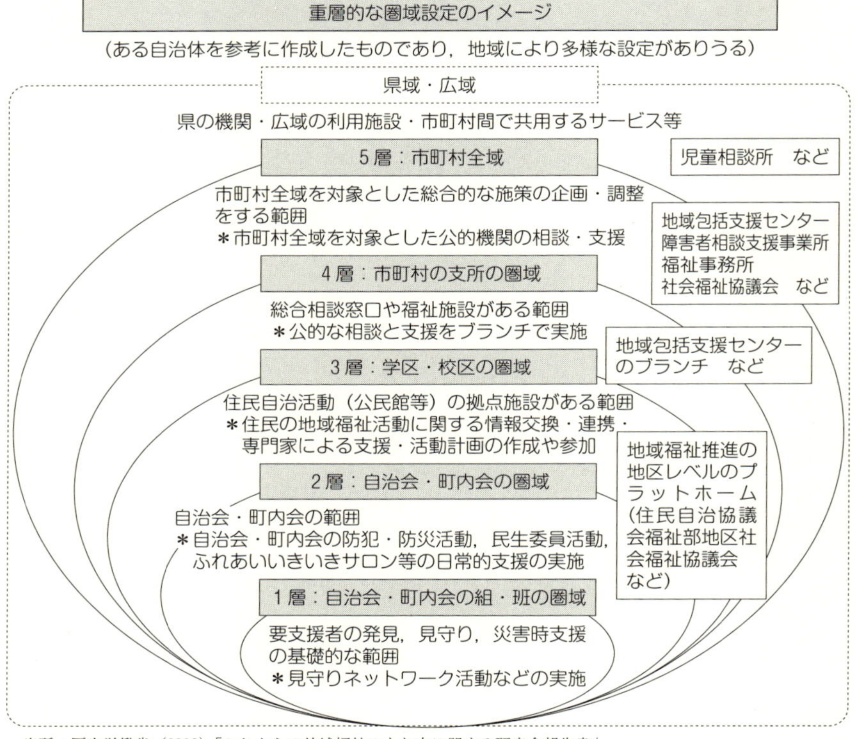

出所：厚生労働省（2008）「これからの地域福祉のあり方に関する研究会報告書」。

の組織で代替することがむずかしいものも多く，行政から自治会に寄せられる期待は一般的に高い。また，市町村合併により，市町村の区域が拡大し，地域に対する細やかな配慮を行政がおこなうことがむずかしくなっていることも背景に，自治会等の地縁組織に対して，「**地域自治組織**」（コミュニティ協議会等）として，権限や財源を移譲するなど，地域の「自治」を担う機能を持つことを期待する動きもみられる。

なお，地域には自治会という包括的な組織だけでなく，属性や目的別の組織も存在している。たとえば，婦人会や子ども会，老人クラブ，青少年育成会議，自主防災組織などである。これらは**各種団体**と呼ばれ，自治会の中の一組織である場合もあれば，自治会とは別個の組織として連携を持っている場合もある。

地区社会福祉協議会とは

「地区社会福祉協議会」（以下，地区社協）は，一定の区域（多くは小学校区や中学校区等）内の自治会の代表者，福祉関係の各種団体の代表者（民生委員・児童委員や，PTA，老人クラブ等），ボランティア等が参加し組織される，地域の福祉の推進を目的とした住民の自主的な組織であり，**全国社会福祉協議会**（以下，全社協）の提起により，市町村社会福祉協議会がその組織化をおこなってきている。

近年，地区社協以外にも，前述のコミュニティ協議会や自治会連合会内に福祉部会を設置するパターンなど，多様な名称・組織体制で住民の福祉活動がおこなわれるようになってきている。そのため全社協では「**地域福祉推進基礎組織**」としてそれらの活動を総称している。全社協によれば，全国の約4割弱，市区に限れば7割弱の自治体において，基礎組織が設置されている[(1)]。ただし，大阪府のように設置率が9割を超える県がある一方，1割に満たない県も存在するなど，都道府県間での取り組み状況には格差がある[(2)]。また地域によっては，「福祉委員」等の住民ボランティアを設けているところもある。福祉委員は，民生委員や専門職等と連携し，要援護者の見守り活動をおこなったり，多様なプログラムの担い手となったりしている。

地区社協等の組織化やその活動は，一般的に「**小地域福祉活動**」と呼ばれており，「**ふれあい・いきいきサロン**」や「**小地域ネットワーク活動**」等のプログラムが実施されている。小地域福祉活動の現状としては，自治会と同様に担い手の確保の問題や，活動内容が地域住民の交流活動などのイベント中心になっているところも多いことなどが課題として指摘されている[(3)]。

事例　空き家を利用した地域拠点から広がる活動と支援 ――文京区駒込地区「こまじいのうち」

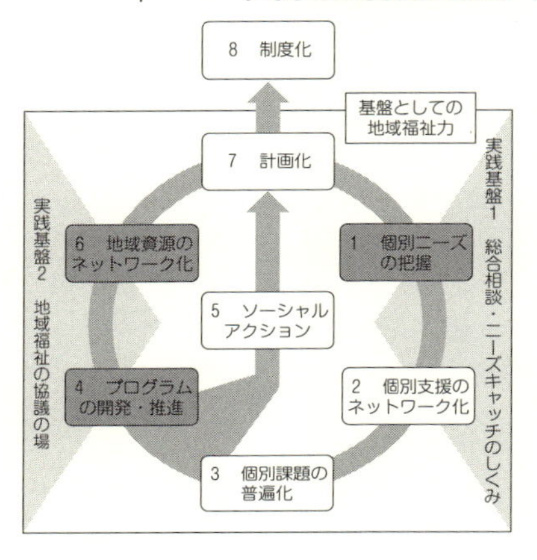

【地域の概要】
■東京都文京区
・人口21万2134人
・世帯数11万5867世帯（2016年５月現在）
■駒込地区の概要
駒込地区町会連合会は，文京区の北部に位置する12の町会から構成されている。地区内の人口は約２万人。
【事例のポイント】
自治会・町内会（町会連合会）が主催で立ち上げた地域の拠点をベースに，プログラムの開発・推進，地域の資源のネットワーク化がはかられるとともに，その活動を通して地域内の個別ニーズの把握と支援，他の団体のプログラム開発への支援など多様な展開がみられる事例である。ソーシャルワーカー（地域福祉活動コーディネーター）による支援と活動主体が組織化され，力をつけていくプロセスに注目しよう。

Scene 1　地域の課題×空き家×コーディネーターの化学反応

文京区駒込地区にある「こまじいのうち」は，駒込地区町会連合会が主催する，地域の人が誰でも利用することができる地域の居場所である。2013年の10月にオープンした。

「こまじいのうち」は，①町会長が感じていた地域の課題，②拠点として活用可能な「空き家」，③住民の活動を支援する行政と社会福祉協議会（以下，社協）の職員（コーディネーター）という３つの要素が化学反応を起こすかたちで始まった。

始まりは，町会長同士の何気ない会話にあった。地区内でも核家族化が進み，地域での交流が少なくなっていることに，複数の町会長は危機感を持っており，

図10－2「こまじいのうち」の支援プロセス

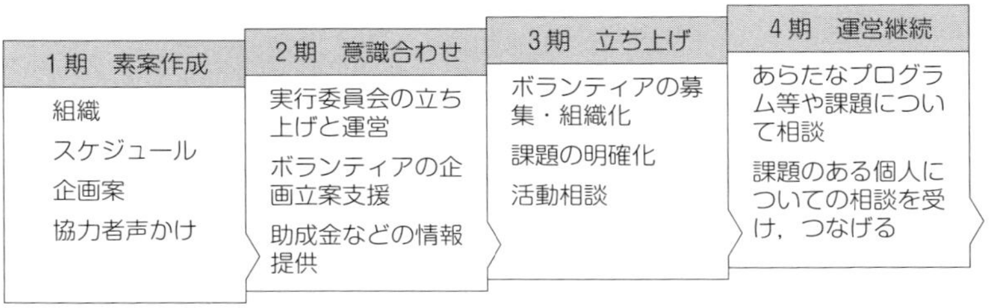

1期　素案作成	2期　意識合わせ	3期　立ち上げ	4期　運営継続
組織 スケジュール 企画案 協力者声かけ	実行委員会の立ち上げと運営 ボランティアの企画立案支援 助成金などの情報提供	ボランティアの募集・組織化 課題の明確化 活動相談	あらたなプログラム等や課題について相談 課題のある個人についての相談を受け，つなげる

誰もが集まれる地域の居場所がほしいという声が上がっていた。そこに，駒込地区内の町会の副会長であった秋元さんから，自身が所有する「空き家」を活用して欲しいとの申し出があり，具体的に話が動き出した。

ただ，実際に地域の拠点をつくり，運営していくには，建物の設備や改修などのハード面，施設の運営や活動をどうするかというソフト面の両面で検討しなければいけないことが多くあった。このような状況を支援していったのが，文京区の駒込**地域活動センター**(4)と，文京区社会福祉協議会の**地域福祉コーディネーター**(5)であった。各町会との連携や東京都の助成金申請は地域活動センターの所長がおこない，ボランティア募集やプログラム素案作成は地域福祉コーディネーターが担当し，立ち上げに協力した。

Scene 2 「こまじいのうち」の立ち上げまで

地域福祉コーディネーターによる支援は，町会連合会から提案があった1期，実行委員会を立ち上げた2期，オープニングの前後の3期，そしてその後現在にいたるまでの4期に支援の内容を分けることができる（図10－2）。

「こまじいのうち」の立ち上げにあたっては，町会長，民生委員，見守りサポーター，青少年委員，文京区囲碁指導者連絡会，地域活動栄養士会，大学関係者など多様なメンバーからなる実行委員会がつくられた。実行委員会では，名称はどうするか，利用料はとるか，地区外からも受け入れるか，一番何を大事にしていくかなど，さまざまな検討をおこない，最初の体制をつくっていった。当初の活動プログラムとしては，10時から15時までお茶代100円で自由に過ごすことができる「カフェこま」に加え，「こまじいキッチン」「囲碁」「おしゃべりカフェ」などのプログラムをおこなうことが決まった。「カフェこま」については地域のボランティアが，また「囲碁」等のプログラムの運営は，実行委員会のメンバーにも入っているそれぞれの団体が担うことになった。

Scene 3　新たな組織・グループ，プログラムが次々と

開設当初の開所日は週３日程度であったが，地域の方からの「いつやっているかわかりにくい」との声もあり，開設の３か月後からは週５日の開所となった。バザーを開催し，多くの人が訪れたこともきっかけとなり，徐々に参加者も増え，その中で，ボランティアをやりたい，自分はこんなスキルを持っているという人が集まってきた。地域の中にはいろいろな特技や経験を積んだ人が潜在的にいることはわかっているが，「こまじいのうち」が一つのきっかけとなって顕在化してきたといえる。

また「こまじいのうち」は，参加者が一方的に支援される場ではない。迎える人も参加者としてくる人も同じようにボーダーがなく，その場で過ごすことが大切であるとの考え方である。そして，社会的に孤立していた独居の高齢者や精神疾患を抱えていた人なども参加し，その後ボランティアとして，役割を持ってくれる人も増えている。

現在「こまじいのうち」では，「囲碁カフェ」「ゆる育カフェ」「脳トレ健康麻雀」「おしゃべりカフェ」「こまじいキッチン」「子ども遊び隊」のようなプログラムが住民主体で実施されている。また，「カフェこま」では，参加者のニーズからスタートし，ボランティアが講師をつとめる「ビーズ教室」「布ぞうりづくり」「牛乳パックのいすづくり」などが盛況である。さらに，学校帰りの小中学生たちが立ち寄るなど，プログラムだけにとらわれない居場所となっている。

また，「こまじいのうち」から派生したプログラムも生まれてきている。「こまじいのうち」には「カフェこま」や「ゆる育カフェ」などがあり子育て世代

の参加が多くあった。このお母さんたちが「こまじいのうち」で交流を深める中で新たな会を独自に立ち上げ，活動を始めている。ある会では，多い時は10～15組の子育て中の人が子連れで集まり情報交換や交流を深めている。

開設から約2年がたった2015（平成27）年9月の時点で，参加者数（利用者とボランティアの合計）は478人で，延べ人数は7583人となっている。また利用者の分布は，「高齢女性」が24％，「大人女性」が20％，「高齢男性」が18％，「小学生未満」が13％，「中高生」が11％，「小学生」が7％等となっており，多様な人が参加・利用していることも特徴になっている。目的も対象も決めずに居場所を開放している時間と，ある程度目的と対象を限定したプログラム活動をおこなう時間を両方設けることで，幅広い参加者が訪れるようになっていると考えられる。

Scene 4　発展し続ける拠点

「こまじいのうち」ではこのように多種多様な人が参加者にも担い手にもなりながら，この居場所を支えている。そして活動は，居場所を運営するというだけでなく，さらにさまざまな方向へと発展をみせている。

事例1　日常生活支援の展開

地域福祉コーディネーターがかかわる複雑な課題を持った個人へ一緒に支援をし，また一人暮らしの高齢者がちょっとしたことに困った時に助ける「助っ人隊」を立ち上げた。

事例2　立ち上げ支援

他の地区における居場所づくりプロジェクトに「こまじいのうち」のスタッフがアドバイスにおこなった。もしくは，見学を受け入れ「こまじいのうち」の立ち上げプロセス等を説明し，立ち上げの相談に乗っている。

事例3　イベント協力

更生保護女性会の子育て世代へのPR活動としておこなったハロウィンイベントの企画・実施に他の地域団体とともに協力した。地域ぐるみでおこなったこのイベントには，1年目は350人，3年目には1000人もの住民が参加をした。

社会福祉協議会では,「課題ある個人を発見」したり，地域の「人材育成」をしたりする機能を「**インキュベーター**機能」と名付けた。この活動を実践しているのは,「こまじいのうち」のスタッフや活動グループ,「こまじいのうち」で活動するボランティア団体などの関係者である。活動の記録を分析した結果，地域福祉コーディネーターによる「こまじいのうち」への支援回数が時間が経つにつれ減っているのに対し,「こまじいのうち」のインキュベーター機能の割合は徐々に増加していることが明らかとなった。このような活動の広がりにより,「こまじいのうち」が居場所から「何かあったら助けてくれる存在」へと地域の中での認識が広がっている。

Scene 5 「こまじいのうち」の運営体制と今後

「こまじいのうち」がこのように発展してきた一つの要因としては，町会という地域を代表する組織と，地域の中にあるさまざまな団体，そして活動したいという思いを持った個人のそれぞれの力がうまく組み合わさった運営体制がある。「こまじいのうち」の主催は町会連合会であり，実行委員会の委員長等は，町会長が務めている。一方で日々の活動の担い手は，ボランティアや地域の中の団体等が中心になっており，町会のメンバーだけに限らない。また「こまじいのうち」の運営については，オーナーである秋元さんや，参加者からスタッフになったボランティアコーディネーター，マネージャー，会計，広報，学生スタッフらからなる「運営コアメンバー」が検討し，実施していく体制がとられるようになっている。

また,「こまじいのうち」の運営資金は，町会からの協賛金（1万円×12町会），利用料（一人100～300円），会場費（一コマ1000円），寄付金，バザーの収益（1回9万円ほど）と東京都の「地域の底力再生事業費助成金」(50～100万円）などである。現状として助成金の占める割合が大きいが，こういった助成金は永続的に期待できるものではない。そのため,「こまじいのうち」では，これまで活用していなかった2階部分をリノベーションし，レンタルスペースとすることで，持続的な拠点運営を可能にしようとしている。

そしてこのリノベーションには，文京区に本社のある企業CSR（社会的責任）の一環として寄付をするとともにのべ100人を越える社員が作業に参加するなどしており，活動を支える人の輪が，さらに広がってきている。「こまじいのうち」では，課題と場と人の化学反応が今でも持続し，発展を続けているといえるだろう。

事例のポイント

○自治会主催というベース

「こまじいのうち」は，町会連合会が主催となっているが，このことが活動の安定感や参加者にとっての安心感につながっている。各町会の理解のもと，毎月町会の回覧500枚，町会掲示板130か所の掲示などがおこなわれており，PR効果という点でも大きなものがある。

○支援者（ワーカー）の存在

この事例では，社協の地域福祉コーディネーターとともに，行政が設置する地域活動センターの職員も「こまじいのうち」の支援をおこなっており，このような手厚い地域活動への支援が円滑な立上げを可能にしたと考えられる。また，地域福祉コーディネーターの支援方法として，構想から約1年間が立ち上げ支援，その後は運営支援として継続的にかかわってきていることが注目される。立ち上げ支援の中では，企画の提案や活動の体制づくりが，また運営支援の中では，活動相談や初めて取り組むイベントへの支援，課題が起きた時の対処法の提案などがおこなわれており，活動者に寄り添う，伴走型の支援になっている。このことによって，誰か特定の人に負担がかかりすぎることなく，活動を継続することが可能となっている。また，リノベーションの際の企業とのつながりは，行政と社会福祉協議会が開催している企業CSR担当者連絡会に企業が参加していたことがきっかけであった。このように，既存のネットワークの形成が，新たな活動の展開へと結びついている点にも注目したい。

○他地区への活動の波及

駒込地区に隣接するある地区では，「こまじいのうち」の取り組みをみて，自分たちの地域でも居場所が欲しいという機運が高まり，2013（平成25）年度から地域福祉コーディネーターの支援を受け，活動を開始している。このように地域はお互いに影響を与え合っている。一つの活動が他の活動にも波及していくことは，地域福祉の面白さ，ダイナミズムを表すものといえる。

○地域資源としての「空き家」

少子高齢化の進展により，「空き家」の増加が社会問題となっている。所有者が適切に維持することができなくなり，まちの景観や安全等に影響が出ているという事例が報道されることも少なくない。その中でこの事例では，「空き家」が地域の拠点として活用され，さらに今後はレンタルスペース等で収益を上げることも模索されている。「空き家」を「地域資源」に転換することで，さらに多くの地域資源（ヒト・モノ・カネ・情報）とつながっていく可能性を示している。

○エンパワメント

「こまじいのうち」の運営にかかわる住民の人たちは，当初地域福祉コーディネーターらから支援を受ける側であったが，時間の経過とともに現在では，他の団体の立ち上げ支援をする側へと変化している。また「こまじいのうち」には，社会的に孤立していた独居の高齢者や精神疾患を抱えていた人なども参加し，その後ボランティアとして，役割を持ってくれる人も増えているという。支援される人も，支援する側になることができる，というのは地域福祉の大切な考え方である。「こまじいのうち」はそれぞれが持つ力を引き出し，力を発揮することができる空間になっているということができる。

演習課題

演習テーマ 1

自分の身近な自治会・町内会の活動内容について調べ，周りの人と話し合ってみよう。

演習テーマ 2

この事例において，「地域資源のネットワーク化」はどのようなところでみられるか。具体的にあげてみよう。

演習テーマ 3

事例では，「こまじいのうち」がインキュベーターとなり，さまざまな活動の立ち上げ等へとつながっていった。このように，ある団体が他の団体を支援できるようになるには，どのような条件が必要か，事例を通して考えてみよう。

注

(1) 「これからの地域福祉のあり方に関する研究会」第2回資料7「社会福祉協議会の組織と活動」より。

(2) 榊原美樹・平野隆之（2011）「小地域福祉の推進における地域組織とワーカー配置に関する研究――6県比較調査研究から」『日本の地域福祉』24，33-43。

(3) 勝部麗子（2010）住民主体の校区の時代を切り拓く――新たな支え合いの構築とコミュニティソーシャルワーカーの役割」『地域福祉実践研究』1，126-127。

(4) 地域活動センターは，文京区内9か所に設置されている。①町内会・自治会，その他の地域活動団体の活動拠点，②地域で抱える課題やまちに関するさまざまな相談が気軽にできる《地域広聴員》制度，③住民票発行，車いす貸し出し，リサイクル回収などの地域に密着した行政サービス，④区内在住・在勤・在学者が使用できる会議室貸出等を通じて，地域に密着し身近に利用できるコミュニティ形成の場を提供している。

(5) 文京区社会福祉協議会では，2012年に策定した「地域福祉活動計画」に基づき，2012年度から，生活圏域（4地区）の一つである駒込地区をモデル地区として「地域福祉コーディネーター」の配置を開始していた。

参考文献

文京区社会福祉協議会（2014）「地域福祉コーディネーターモデル地区活動報告――地域福祉コーディネーターの配置とその成果（平成24年度～平成25年度）」。

文京区社会福祉協議会（2015）「地域福祉コーディネーター活動報告――2地区の成

果と地域支援の可視化（平成26年度）」。
文京区社会福祉協議会（2016）「地域福祉コーディネーター活動報告―― 4 地区配置の成果と今後の展望（平成27年度）」。
駒込地区町会連合会（2016）「こまじいのうち　みんなの居場所」。

＊本事例は，「こまじいのうち」の皆さんおよび文京区社会福祉協議会地域福祉活動コーディネーター浦田愛氏のご協力により作成しました。

用語解説

▶ふれあい・いきいきサロン

地域を拠点に，住民である当事者とボランティアとが協働で企画をし，内容を決め，ともに運営していく楽しい仲間づくりの活動。高齢者，障害者，子育て中の親などのサロンがあり，子育てに関しては，「ふれあい子育てサロン」などの名称も使われている。

▶小地域ネットワーク活動

小地域を単位として要援護者一人ひとりに近隣の人々が見守り活動や援助活動を展開するもの。常日頃からの見守りを通したニーズの発見，チームをくんでの家事援助，外出介助，緊急時の対応等がおこなわれている。

▶インキュベーター

ふ卵器。起業に関する支援をおこなう者。広義には既存事業者の新規事業を含む起業支援のための制度，しくみ，施設。

第11章

民生委員

民生委員とは

民生委員制度の源流は，1917年に岡山県で開始された**済世顧問制度**であり，翌1918年に大阪府で開始された**方面委員制度**は，1936年の方面委員令により全国に普及した。戦後，1948年に施行された民生委員法により名称が現在の民生委員に改められ，現在にいたっている。

現在の民生委員法では，民生委員は「社会奉仕の精神をもつて，常に住民の立場に立つて相談に応じ，及び必要な援助を行い，もつて社会福祉の増進に努めるものとする」（第１条）と規定し，具体的な職務として，担当する区域における住民の生活状態を把握すること，生活に関する相談に応じ，助言や援助，適切な情報提供をおこなうこと，関係機関と連携しその活動を支援すること，行政の業務に協力すること，と定めている（第14条）。また，任期は３年とされており（ただし再任できる），給与は支給されない。さらに，民生委員は，住民の私生活に立ち入り，その一身上の問題に介入することも多いため，法律で**守秘義務**[(1)]が課せられている。なお，民生委員は児童福祉法に基づく児童委員も兼務しているため，正式には民生委員・児童委員と呼ばれる。

ところで，誰が民生委員になっているのだろうか。一般には，まず民生委員にふさわしい人が地域住民の中から推薦され，市町村に設置された「民生委員推薦会」が都道府県知事に推薦し，さらに都道府県知事が厚生労働大臣に推薦して，厚生労働大臣から**委嘱**を受けるという手続きを踏むことになる。「地域住民の中から推薦される」というのは，実際には自治会・町内会などの地縁組織や**民生委員・児童委員協議会**の中で適切な人を選出することが一般的である。

民生委員の実際の活動

次に，民生委員は実際にどのような活動をおこなっているのかみておこう。民生委員には担当地区があり，その配置基準は**表11－1**に示したとおりである。こうした小さなエリアでの福祉課題の早期発見は，専門職には困難である（人口2～3万人に1か所設置されることになっている地域包括支援センターの専門職と比較してみよう）。民生委員は，担当する区域の中の一人暮らしの高齢者を定期的に訪問してその状態を把握したり，必要な相談にのったりしている。また，住民の困りごとについて，必要な専門職につないでいくことも民生委員の重要な役割である（パイプ役）。このように民生委員は，住民に身近な場所で福祉課題をキャッチできる重要な存在である。近年，市町村が中核となって地域包括ケアシステムを構築していくことが期待される中で，福祉課題の早期発見や要配慮者の見守りに民生委員が大きな役割を果たしているのである。さらに，高齢者のサロンや子育てサロンの活動，災害時要援護者の台帳づくりといった小地域福祉活動のリーダーとしても大きな役割を果たしている。

表11－2は民生委員活動の状況を示したものである。民生委員の委嘱数が全国で23万1339人（2014年度末）だから，おおむね一人あたり平均して年間約28件の相談を受け，調査や行事，会議，地域福祉活動などに約117回参加し，高齢者などの見守り，声かけのために約158回訪問をおこなっていることになる。

民生委員のなり手不足と位置づけの明確化

最後に，民生委員制度の課題をみておこう。第一の問題は，民生委員のなり手が不足していることである。その原因として考えられるのは，各世帯の抱える問題の複雑化や，**所在不明高齢者問題**▶にみられるように，民生委員に期待される役割が大きくなっていることがあげられる。専門家ではない無給の住民である民生委員にとって，こうした期待に応えることができるか不安になるのは

表11－1　民生委員・児童委員の配置基準

区　分	1人あたりの受け持ち世帯数（基準）
東京都区部・指定都市	220～440世帯
中核市・人口10万人以上の市	170～360世帯
人口10万未満の市	120～280世帯
町村	70～200世帯

表11－2　民生委員活動状況の年次推移

	2010	2011	2012	2013	2014（年度）
相談・支援件数	7,136,055	7,108,207	7,172,257	6,714,349	6,465,231
その他の活動件数	24,518,355	26,545,304	26,681,004	26,198,777	27,122,151
訪問回数	34,010,385	37,029,706	38,053,404	37,173,214	36,648,913

出所：厚生労働省（2015）「平成26年度社会福祉行政業務報告（福祉行政報告例）」。

当然のことであり，活動環境の整備や支援の充実などが求められている。第二に，民生委員の位置づけの問題がある。民生委員は，法に定められ，厚生労働大臣から委嘱されて活動に従事するという意味で，公的な性格を持っている一方，専門職ではなく地域住民の中から選出され，無給でその職務に従事することから**委嘱ボランティア**とも呼ばれている。このように，民生委員には行政から委嘱される特別職の地方公務員としての顔とボランティアとしての顔という２つの顔があり，専門職ではない住民にどこまでの役割を期待すべきなのか，報酬の問題も含めて整理することが必要な時期にきているといえる。

事例　伊丹市地域の中でのみんなの居場所づくり
——桜台地区「さくらっこ食堂」

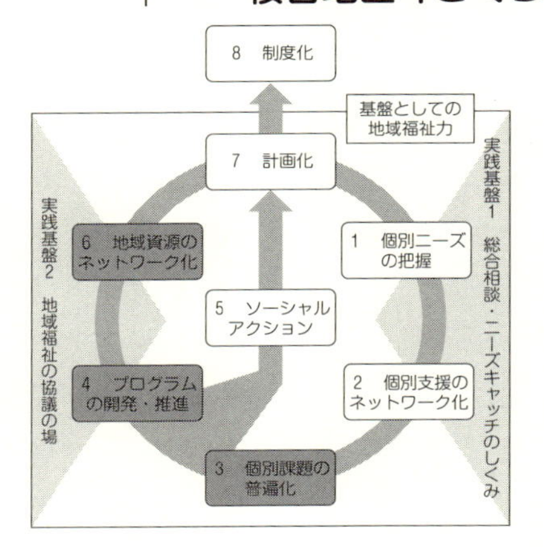

【地域の概要】

■伊丹市の概要

・人口19万7758人　・世帯数８万1023世帯
・高齢化率24.4％（2016年６月１日現在）
・面積25.09 km²　・阪神間のベッドタウン
・市内17小学校区すべてに地域福祉推進組織（地区社会福祉協議会等が組織化）
・コミュニティワーカー５人配置
・地域包括支援センター９か所（６社会福祉法人）と基幹型地域包括支援センター（社協）
・障害者委託相談支援事業所４か所（うち，２か所社会福祉協議会）
・子育て支援センター，子ども発達支援センター（市直営）

■桜台地区の概要

・人口１万2055人（4379世帯）・高齢化率22.7％
・地域福祉推進組織　桜台地区コミュニティ協議会　・11自治会
・市内最初の地区社会福祉協議会立ち上げ地域（2016年度に改組）
・子どもへの支援事業に注力（池田市の児童殺傷事件後とくに）

【事例のポイント】

地域での孤食を防ごうという目的の地域食堂構想を社会福祉協議会コミュニティワーカーと，関連機関，そして住民のキーパーソンであり，地域福祉推進組織の事務局長も担う主任児童委員がタッグを組み実現に向けて協議を重ね事業化した事例。住民のキーパーソンである主任児童委員の想いと，地域の主体的な活動を支えるコミュニティワーカーの動きに注目しよう。

Scene 1　3つの課題をつなぐキーワード「夕食」

伊丹市桜台地区で実施されている「さくらっこ食堂」は，地域福祉推進組織と福祉・教育関連団体等で構成された実行委員会が主催する，子どもから大人まで誰でも気軽に利用できる地域の食堂である。この食堂は，①子ども，②一人暮らし高齢者，③市立老人福祉センター（以下，センター）の食堂，それぞれの課題を「夕食」というキーワードでつないで生まれた取り組みで，2016年5月にオープン，月1回の頻度で実施されている。

始まりは，担当コミュニティワーカーへ寄せられたいくつかの声がきっかけである。

近年，共働き家庭やひとり親家庭が増加傾向にある中，「子どもの孤食」が問題視されている。一方，年々増加する一人暮らし高齢者についても，日中は地域のサロンや介護保険サービスなど集える場があるものの，夜の時間帯については多くの人が自宅で一人過ごす状況にある。

そんな声がある中，担当コミュニティワーカーが同地区内にあるセンター内の食堂を運営する団体へ挨拶に出向いた時のことであった。挨拶後の代表理事との何気ない雑談の中で「建物自体は21時まで開館しているが，来館者のほとんどが高齢者で，夕方になるとみんな帰ってしまう。そのため，食堂も開けていても意味がないので，やむなく16時で閉めている状態。夕方以降に何か有効活用できるとよいのだが……」といった話があった。

その時，担当コミュニティワーカーは，「夕食」というキーワードが，これら3つの課題をつなぐ役割を担うのではないかと思い立つ。「空いた食堂という空間で，子どもも一人暮らし高齢者も一緒に夕食をとる」という地域食堂構想であった。

この事業構想が動き出すまで，それほどの期間を要することはなかった。同時期に伊丹市社会福祉協議会（以下，伊丹市社協）事務局内部で実施された「課題調整会議」（伊丹市社協の推進する総合相談支援体制における総合調整機能を担う協議の場）の中でも，**“子どもの貧困”**にまつわる事案や地域課題についての協議がなされ，この事業構想について進めていくべきであるとの意見でまとまった。

それを受け，担当コミュニティワーカーは，早速事業構想を企画書としてまとめ，ニーズのリサーチをはじめ地域や各関係機関等への各種働きかけを進めていくのである。

Scene 2　ニーズのリサーチと地域への働きかけ

担当コミュニティワーカーが企画書にまとめた地域食堂構想の事業化に向けて，そのニーズを調査するため，行政の児童福祉・生活困窮者支援・生活保護の各担当課や教育委員会においてヒアリングを実施した。あわせて，センター隣接団地の自治会長へもこの構想を伝え，団地住民の参加ニーズの確認をおこなった。その結果，具体的な数字までは十分つかめなかったものの，相対的にニーズがあることがわかり，教育委員会からは「**学習支援**も取り入れてほしい」との要望まであがった。そこで，担当コミュニティワーカーは，この事業構想を実現するには地域住民の協力が不可欠であると，地区の地域福祉推進組織「桜台地区コミュニティ協議会」（以下，協議会）へこの構想を持ちかけることとした。

この協議会では，子どもを中心とした取り組みを活発に進めている。その主な活動推進役である事務局長（当時）は主任児童委員としても活動しており，情熱的でエネルギッシュな人柄であった。とくに子ども対象の取り組みについて非常に熱心に活動する姿は，協議会役員の中でも一目置かれる存在であった。そのため，事務局長に事業構想を伝えるにあたっては，桜台地区の実際の相談事例を交えながら子どものニーズに重点をおいた内容で，事務局長の心へ働きかけるアプローチをおこなった。

その結果，「この協議会の既存事業である『子どもの居場所づくり事業』（協議会が実施する事業）とリンクさせることで有意義なことができるかもしれない」と，まずは関連するメンバーで集まってみることへつなげることができた。

Scene 3　参加者の主体性を引き出すために

2016年1月6日，第1回協議の実施。担当コミュニティワーカーは，次のメンバーへの呼びかけをおこなった。

・協議会：事務局長，老人福祉センター隣接団地の自治会長
・老人福祉センター食堂運営団体：代表理事，理事
・伊丹市教育委員会事務局：スクールソーシャルワーカー
・伊丹市：児童福祉担当課職員，生活困窮者支援担当課職員
・伊丹市協：担当コミュニティワーカー，ボランティアコーディネーター

この事業構想自体，地域住民や他団体から持ち込まれたものではなく，担当コミュニティワーカーが企画したものであったので，ここでの話し合いを進めるうえで，参加者がいかに主体的な意識を持ってくれるかが非常に重要となる。そこで，担当コミュニティワーカーは2つのことを意識した。

その一つが，取り組む意義があるという「使命感」と，面白そうであると思える「ワクワク感」をみんなが持つための働きかけである。具体的には，まずは現状の課題等に対する解決・改善策等について協議するのではなく，この地域食堂構想に取り入れたい要素，求めるカタチなどについて意見を出し合い共有することからスタートした。参加メンバーの利害・関心を満たし，みんなのモチベーションを高めることを意識した。

そして，もう一つは，みんなで一緒に具体的な内容を考え企画をつくりあげていく，そのプロセスをみんなで共有することを大切にしたということである。協議のたたき台となる企画案については，事細かな内容まではあえて盛り込まず，ないものをみんなでつくっていくという過程をみんなで共有することを心がけた。

これら2つのことを意識したこともあってか，この食堂の具体的なカタチは，みんなで話し合ってつくっていくという意識が，参加者の中に芽生えていったのではないかと思われる。

その後，月1回程度の頻度で話し合いを重ね，各種事務作業や連絡調整といった事務局的役割を担当コミュニティワーカーが担う中で，この場を実行委員

会として位置づけることで合意。事業名称を「さくらっこ食堂」とし，委員長には，協議会事務局長が就任。立ち上げに向けた本格的な協議を進めていくこととなった。

Scene 4　いざ開店！ 参加者のさまざまな声

2016年5月9日，夕食の提供に加え，学習支援教室の機能をあわせ持つ地域食堂「さくらっこ食堂」がついにオープン！

地区内の小中学校や近隣自治会等へのチラシ配布と，SNS を活用した広報程度であるが，初回73人，それ以降は平均約100人の参加が続いており，実行委員メンバーが想定した人数をはるかに上回る参加状況となっている。

地区内にある「桜台小学校」のクラスメイトやクラブチームの仲間たち，またセンターに隣接する公営団地の高齢者などが声をかけ合って参加する他，仕事帰りのお母さんが子どもを連れてやって来るなど，普段は閑散とした夜のセンターが，開催日には子どもから高齢者まで幅広い年齢の人たちの笑顔やはしゃぎ声が溢れる空間となっている。そして，実際の参加者から次のような声がある。

・小学生

「家ではあんまり会話もなく食事してるけど，ここではいろいろな人と楽しく話しながら食事ができて楽しい」

「お母さんが入院しちゃってん……。今日はここがあって本当によかった」

・一人暮らし高齢者

「子どもたちの元気な声に囲まれながら夕食を食べられるなんて，本当に幸せ」

・仕事帰りのお母さん

「普段は仕事からバタバタ帰宅して，息つく間もなく食事の準備をして夕食。だけど今日は，月に一度の親子団欒の日。子どもの話をゆっくり聴いてやろうと思います」

当初の事業構想では，「子どもや一人暮らし高齢者の孤食」という地域課題に向き合う取り組みとして企画したわけだが，その対象となる子どもについては，実際どの程度参加しているのか実行委員メンバーも十分に把握できていない。しかし，参加者一人ひとりがそれぞれにこの食堂の必要性を感じており，この食堂の存在を大切に想う人は少しずつ増えてきている。

そして，「さくらっこ食堂に来る子ども＝貧困世帯」といったイメージは持たれないような配慮を検討していた実行委員会メンバーとしては，今後はこうした中からニーズキャッチのしくみをいかにつくっていけるか検討している。

Scene 5　多様なつながりを生む可能性

実際にスタートすると，「さくらっこ食堂」が媒介役となって，さまざまなつながりが生み出されていった。

その一つがボランティアである。子どもが集う場や夕食の提供（調理ボランティア）には活動参加へのハードルが低いのか，これまでボランティア未経験の学生や主婦層からの活動希望が少なくない。そして，ここでのボランティア活動がきっかけで，新たな活動に参加したり，地域福祉活動に関心を持ったりすることにつながっている。また，協議会からも会長をはじめとした役員，PTA関連メンバー等がボランティアスタッフとして参加し，回を重ねることにメンバーの多様性が増している。このように住民と専門職が，月に一度ともに活動し信頼関係を深めていける場があるということは，これからの地域福祉を考えていくうえで，非常に意味があることといえる。

一方，専門職間でもつながりが生まれている。たとえば，生活困窮者支援担当課と食堂運営団体。もともと食堂運営団体は，生活困窮者への就労支援や中間的就労の機会を提供していたが，今回の取り組みを通して，食堂の調理補助や，食堂運営に関する軽作業など，生活困窮者の新たな活動の場の開発につながっている。

さらには，これまでも求められながら連携がむずかしかった「教育と福祉」という部門については，スクールソーシャルワーカーとコミュニティワーカーが，不登校児童が参加できる地域福祉活動について協議する場を持つなど，新たな活動を模索し始めている。そのことにより，学校と地域の連携が進み，今後は，気になる子どもたちへのサポート活動へとつながる可能性が大きくなった。

そして，何より大きいのが，桜台地区という地域の中で生まれているつながりである。とくに，「さくらっこ食堂」の運営を手伝う地域住民と子どもたちの地域の中での挨拶が，間違いなく増えているという。このように，地域の大人たちと子どもたちのつながりが広がっていくことこそ，今後の地域づくりに欠かせないものであり，子どもたちの見守りや健全育成につながるものと思われる。

最後に，これからの「さくらっこ食堂」では，参加する子どもや一人暮らし高齢者など，すべての参加者が何らかの役割を担える機会をつくっていきたいと考えている。そして，そんな中から，今この食堂に参加している子どもたちが大人になった時，「さくらっこ食堂」や桜台地区の地域福祉活動の担い手となる人材が生まれてくるような好循環を目指している。

事例のポイント

○課題と地域資源のつなぎ

コミュニティワーカーは地域に出向き情報を収集する中で，地域のセンター内の食堂が夜の時間帯に活用されていないことを知る。また，地域の中で子どもの孤食，高齢者の孤食という課題があることについてもアセスメントをおこない，課題と資源をつなげることによって，課題解決への構想を得る。コミュニティワーカーの日ごろからの地域アセスメントの積み重ねが事業構想のヒントにつながっている。

○地域のキーパーソンの巻き込み

地域には子どもの活動に非常に熱心で，地域の福祉推進組織の役員も務める主任児童委員が多彩な活動を展開していた。このキーパーソンに事業提案をおこない，ともに考えることにより，キーパーソンからさらに地域活動者にネットワークが広がっている。地域で資源開発をおこなう際に，地域の中のソーシャルキャピタルが豊かなキーパーソンとつながることは，コミュニティワーカー自身のソーシャルキャピタルをも豊かにし，プロジェクトの実効力・推進力を高めていく。

○行政機関の協力

関連行政機関への説明もていねいにおこない，教育委員会の学習支援を実施したいというニーズとも連携し，第１回目の企画会議から参加者全員でこのプログラムをつくりあげるという意識を持ちながら，会議を重ねていく。この時に，コミュニティワーカーは決して自分の企画を押し付けるのではなく，地域住民に主体的に「自分たちの活動」として意識してもらうことを側面的に支援する黒子役に徹している。地域の中の協議の場をどのようにコーディネートしていくかということは，コミュニティワーカーの重要なスキルとなる。

○事業の場が次の構想を生み出す場に

地域の食堂という門戸の広い活動をおこなうことで，幅の広い多様な活動者が集まることとなり，さくらっこ食堂が次の活動を生み出していく可能性を感じさせる。大人に見守られて育っていく子どもたちが，次世代の地域福祉の担い手へと成長することが期待される。

このように，内向きではなく，外向きに広がるような多様な主体がネットワークを組むことにより，さらに開発的な活動が可能となり，地域活動に新たな人材を巻き込む機会を生み出していく。

演習課題

演習テーマ 1

学生自身の住む地域で実施されている「子ども食堂」の事例を予習課題で調べ，グループワークで互いの事例の違いについて確認してみよう。

演習テーマ 2

子ども食堂の対象を困窮する家庭の子どもに限定することと，より対象を広げていくことのそれぞれのメリット・デメリットについて話し合ってみよう。

注

(1)　民生委員法第15条は，「民生委員は，その職務を遂行するに当つては，個人の人格を尊重し，その身上に関する秘密を守り，人種，信条，性別，社会的身分又は門地によつて，差別的又は優先的な取扱をすることなく，且つ，その処理は，実情に即して合理的にこれを行わなければならない」と定め，守秘義務を課している。

＊本事例は，兵庫県伊丹市社会福祉協議会の清水健一氏のご協力により作成しました。

用語解説

▶所在不明高齢者問題

2010（平成22）年に東京都に住む当時111歳の男性が白骨化した状態で発見されたことを契機として，戸籍や住民票などの公的記録上は存在していても，実際には生死または実居住地などの確認が取れなくなっている例が多数存在していることが判明した問題のことである。

▶スクールソーシャルワーカー（SSW）

虐待やいじめ，不登校，世帯の困窮などさまざまな課題を抱える児童生徒に対し，子どもの権利保障を実現する視点に立ち，ソーシャルワークの価値および方法論をもって学校を基盤にして活動をおこなう専門職。子どもたちが置かれた環境に対して働きかけるとともに，関係機関とのネットワークを活用し課題解決を図っていく。2008年度より文部科学省が「SSW 活用事業」の予算化を開始し，全国に SSW の配置促進がおこなわれている。

第12章

社会福祉協議会

社会福祉協議会とは

社会福祉協議会（社協と略して呼称されることが多い）は，戦後の混乱期の中，民間社会福祉事業のネットワーク形成を求める動きと，社会福祉への住民参加を求める理念が結び付き，1951年日本社会事業協会，全日本民生委員連盟，同法援護会の3団体が統合され「**中央社会福祉協議会**」（のちに全国社会福祉協議会へ名称変更）として設立された。同じ年，都道府県社会福祉協議会も設立され，その後数年の間に市町村社会福祉協議会も順次設立されていった。

社会福祉協議会は，設立当初から一貫して社会福祉活動への住民参加を推進し，地域福祉の推進をはかる中心的な役割を担ってきている。組織としては全国社会福祉協議会のほかに，すべての都道府県，指定都市，市町村に設置され，それぞれの社会福祉協議会は独立した法人であるとともに，全国的なネットワークとしてもつながっていることに社会福祉協議会の特徴がある。

社会福祉協議会の性格

社会福祉協議会の組織の性格がどのように規定されているのかみてみよう。「新・社会福祉協議会基本要項」（1992年）によれば「社会福祉協議会は，①地域における住民組織と公私の社会福祉事業関係者等により構成され，②住民主体の理念に基づき，地域の福祉課題の解決に取り組み，誰もが安心して暮らすことのできる地域福祉の実現をめざし，③住民の福祉活動の組織化，社会福祉を目的とする事業の連絡調整および事業の企画・実施などを行う，④市区町村，都道府県・

指定都市，全図を結ぶ公共性と自主性を有する民間組織である」とされている。

また2000年社会福祉事業法が社会福祉法に改正され，市町村社会福祉協議会は「地域福祉の推進を図ることを目的とする団体」（社会福祉法第109条第１項）であると明記された。社会福祉協議会は，地域福祉を推進する公共性の高い団体であるとともに，自主性，非営利性を有する民間団体であるという特徴を持つということになる。

社会福祉法第109条第１項において「その区域内における社会福祉を目的とする事業を経営する者及び社会福祉に関する活動を行う者が参加し，かつ，指定都市にあつてはその区域内における地区社会福祉協議会の過半数及び社会福祉事業又は更生保護事業を経営する者の過半数が，指定都市以外の市及び町村にあつてはその区域内における社会福祉事業又は更生保護事業を経営する者の過半数が参加するものとする」と規定されるように社会福祉協議会は，多様な主体と協働して福祉コミュニティ形成を目指していく民間の**協議体**であるという組織の特性を理解しておく必要がある。

社会福祉協議会の事業部門

社会福祉協議会は，具体的にどのような事業をおこなっているかについてみていこう。市町村社会福祉協議会の事業部門はそれぞれの地域特性，資源の配置状況などにより異なるが，①法人運営部門，②地域福祉活動推進部門（ボランティア・市民活動センターを含む），③福祉活動利用支援部門，④在宅福祉サービス部門の４つが基本的な事業体制とされている。

①　法人運営部門

法人経営業務を担い，総合的な企画や各部門間の調整をおこない，社会福祉協議会全体の運営管理にあたる。

②　地域福祉活動推進部門

住民参加による福祉活動の支援，福祉コミュニティづくりを展開し地域福祉推進の中核的な役割を担う。地域住民による小地域福祉活動の支援はもとより，NPO，大学，企業などの多様な主体による福祉のまちづくり推進のプラットフォームを形成することが課題となる。

③　福祉活動利用支援部門

「措置」から利用者自身の選択による「契約」へと社会福祉サービス利用のシステムが変更になったことに伴い，福祉サービス利用者のサービス利用援助や，地域での生活支援に向けた相談援助，情報提供をおこなう。

④　在宅福祉サービス部門

介護サービスなどの多様な在宅福祉サービスを提供する。社会福祉協議会が在宅福祉サービスを提供するということは，介護保険法などの制度に規定されたサービスのみではなく，制度のはざまにあるような福祉ニーズに対しても，積極的にサービス開発をおこなっていくという点に社会福祉協議会としての独自性がある。全国社会福祉協議会は2011年「**全社協福祉ビジョン2011**」を策定し，このような制度外サービスへの取り組み強化を提案している。

これら４つの部門はそれぞれ機能するだけではなく相互に関連するため，社会福祉協議会の組織内での部門間連携が求められている。

都道府県社会福祉協議会

それでは，より広域な都道府県社会福祉協議会はどのような役割を果たしているのだろうか。都道府県社会福祉協議会の事業について，社会福祉法第110条第１項において，①市町村社会福祉協議会がおこなう事業であって，各市町村を通ずる広域的な見地からおこなうことが適切なもの，②社会福祉を目的とする事業に従事する者の養成および研修，③社会福祉を目的とする事業の経営に関する指導および助言，④市町村社会福祉協議会の相互の連絡および事業の調整の４つの役割があげられている。

市町村社会福祉協議会がおこなう地域福祉推進の現場での多様な事業をバックアップするとともに，広域的な視点からの課題を明確化し，都道府県行政や国への提言をおこなうことも求められている。また，地域福祉における権利保障のシステムの強化をはかるために，**地域福祉権利擁護事業**を実施し，福祉サービスに関する苦情の解決をおこなう**運営適正化委員会**が設置されている。

事例　都道府県社協と社会福祉施設が協働した総合生活相談のしくみづくり――大阪府社会福祉協議会

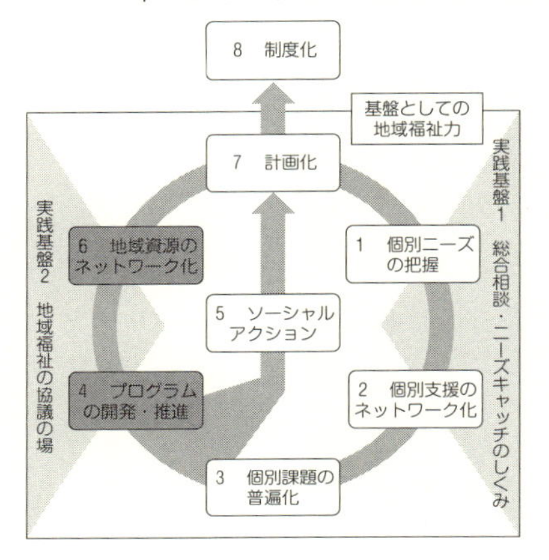

【地域の概要】
■大阪府
・人口883万9868人
・世帯数395万8704世帯（2016年９月現在）
【事例のポイント】
都道府県社会福祉協議会が，広域的な見地から社会福祉法人による地域貢献事業を組織化し，制度のはざまにおちいる人に対して，相談支援とともに，経済的な支援も実現した事例である。
地域における深刻な生活課題に対して，課題解決をはかるとともに，その人に寄り添いながら支援することにより孤立防止を目指している。都道府県社会福祉協議会による，地域資源の開発と広域的なネットワーク化のプロセスに注目してみよう。

Scene 1　専門職の気づきと社会福祉法人の使命（感性とミッション）

介護の相談で家庭訪問をしていた社会福祉施設の相談員（専門職）が「親の介護問題だけではなく，家で引きこもりがちな子どもがいる」「息子さんが病気で仕事を辞めてしまい，生活が苦しい」など，介護以外にも，そして制度やサービスの枠にはまらない，さまざまな生活問題に気づいたことがきっかけの一つになった。

また，既存の福祉制度・サービスだけでは解決が困難な，社会的排除や摩擦，制度のはざまといった問題点が指摘されるようになってきた。そのような時，社会福祉施設（当時は老人福祉施設）のリーダーが集まる会合で，「社会福祉法人の原点に立ち返る」「制度のはざまにある複合多問題の解決を通じて，地域社会に貢献するために，何ができるか」について話し合いを重ね，合意形成をはかった結果，2004年から社会貢献事業（当時の事業名称／現在は「大阪しあわせネットワーク」）に取り組むこととなった（資料12－1）。

Scene 2　多くの社会福祉施設が協力したしくみ（協働のしくみづくり）

複合多問題で経済的な問題が深刻な状況にあり，制度のはざまにある要援護者に対して，まずは，縦割りではなく総合的に何でも相談できる相談員（コミュニティソーシャルワーカー（以下，CSW）。実践内容については序章（5頁）参照）の養成に取り組むことになった。そこで，施設のリーダーが中心となって，CSW 養成研修会のカリキュラムや相談時に利用する相談アセスメントシートの作成をおこなった。

また，大阪府社会福祉協議会（以下，大阪府社協）内に「社会貢献基金」を設置し，窮迫した生活困窮者に対して必要な場合には経済的援助（現物給付）をおこなうための原資を確保した。施設は事業規模等に応じて一定額を特別部会費として毎年納めており，今では年間で約1億7000万円（2015年度実績／約1000施設）が集まっている。

Scene 3　CSW の養成とスキルアップの場づくり（人材育成）

大阪府社協内に担当部署を設置し，施設と協働のもと，社会貢献基金の管理や研修会の企画・運営などを進めている。

まず，CSW を府内全域で一定数確保することが急務の課題であったため，CSW 養成研修会を開催した。援助技術や生活保護等の制度に関する講義など，新任の相談員向けのカリキュラムを用いて毎年開催している。これによって，施設内で複数名の CSW を配置しているところや，人事異動等によって担当が交代する際にも後任者にしっかりと引き継ぐことが可能となっており，現在ではのべ1600名の CSW 養成研修修了者（2015年までの実績）を輩出している。

また，大阪府内（政令市も含む）を8つのエリアに分け，エリアごとの「事例検討会」も毎年開催。事例検討会には，ソーシャルワークに精通した研究者や実践者をスーパーバイザー（SV）として毎回招聘し，コミュニティソーシャルワークのポイントを学ぶ場を設けている。この他にも，制度・テーマ別の研修会や，トップセミナーなどを開催している。

Scene 4　CSW をサポートする体制づくり（重層的な広域での相談体制の整備）

大阪府社協内に設置した担当部署には，施設の CSW と連携して総合生活相談をおこなう社会貢献支援員（2016年／23名）を配置している。この社会貢献支援員は，大阪府社協に席をおくのではなく，府内の施設に分かれて配置され，施設内に駐在し，そこを拠点に相談活動を展開している。

施設の CSW は多くの場合は他の業務を兼務している。相談の中には，さまざまな事情で遠方へ引越をせざるをえないケースもあり，寄り添った相談を展開しようとしても，地域に密着した施設の CSW だけでは対応が困難な場合もある。また，相談内容も複合的で多岐にわたるため，とくに初回面談などでは複数名での相談対応が望ましい場合もある。こうしたことから，相談に専従できる社会貢献支援員が複数の市区町村を担当し，施設の CSW と連携した重層的かつ継続的な相談支援を府内全域で展開できる体制を構築している。

大阪府社協では，この社会貢献支援員向けのグループスーパービジョンの場を設けるなどし，専門性の向上をはかっている。

Scene 5　相談事例の管理と分析（課題分析と広報・提言）

大阪府社協には，施設から相談援助事例のアセスメントシートが届き，それを保管している。また，この相談内容は独自に開発した「相談援助システム」（WEB 上で各施設固有の ID とパスワードによってエントリーし，CSW が相談内容を随時書き込みできるデータベースのしくみ）で管理されている。

大阪府社協では，施設と協力し，助成金を得てこの「相談援助システム」を開発し，その管理をおこなっており，これによって，6000件以上の膨大な相談事例の分析をおこなうことが可能となっている。事例検討会で取り上げた相談事例や，日々「相談援助システム」に寄せられる事例をもとに，要援護者（世帯）の特徴や，若者や女性の貧困の実態，複合多問題，就労の厳しい現実，支援の効果・課題などについて，事業報告書（事例集）や書籍にまとめ，CSW や関係機関・団体などの専門職との連携に供するとともに，広く地域福祉関係者に訴え，理解してもらうようにしている。

Scene 6　当事者の社会参加を支える（参加の場づくり）

事業がスタートしてから数年が経つと，「仕事が長続きせず，再び相談することになった」「あの時相談した○○さんは，その後元気にしているだろうか」といった声が，CSW や社会貢献支援員から聞かれることが少なからずあるようになった。相談支援によって急場をしのぐだけではなく，その後の生活の安定や，その人らしく生きがいを持って暮らせているのだろうか……。

そうした思いから，施設と大阪府社協が協力して，相談がひとまず終結（就職したり，他の制度・サービスの利用につながるなどし，生活の見通しが立った）した832事例をピックアップし，追跡調査を実施した。この調査は，電話による聞き取りと直接訪問してのヒアリングをおこなったが，相談終結後に半年，1年経過して連絡すらとれなくなった人が半数近くにのぼった。その結果が，制度のはざまの問題の解決が決して容易ではないことを物語っている。また，聞き取りができた人からは，暮らしぶりは以前より改善しているものの，相談できる相手がまったくいないなど，孤立した状況が把握された。CSW や社会貢献支援員が日ごろ感じていたことは，追跡調査の結果からも証明された。

このような状況を踏まえ，地域の中で，安心して参加できる・のんびり過ごせる場や，活躍できる，必要とされる場をつくっていくことを目指すことにした。とはいえ，これまで社会で排除されてきた，家族や近隣との関係で辛い経験をしてきた当事者にとっては，地域の老人会やサロンに足を運ぶことすらも簡単なことではなかった。

そのため，ある施設では，施設の利用者や職員と交流できる時間や場を用意し，ちょっとしたボランティアをしてもらい，施設の利用者や職員から「ありがとう」と声をかけてもらえる，そんな何気ない触れ合いを大事にした。また，施設の交流スペースを利用して，地域の子どもや医療関係者と一緒に趣味を楽しめるサロンを開催するまでに発展した。またある施設では，孤立しがちで，食事づくりや掃除などの家事や家計管理が苦手な人もいることから，親子で参加できる料理教室を開催し，楽しみながら食事づくりや仲間同士の交流をはかる取り組みをおこなったところもある。

最近では，施設での就労体験の場を提供したり，子どもたちの学習支援の場，子ども食堂など，さまざまな社会参加の場が生まれてきている。

Scene 7　地域に理解者を広げ，みんなで支える（支え合いのしくみづくり）

地域での総合生活相談では，着の身着のままに逃げてきたDV・虐待の被害にあった親子や，ホームレスの人，火事で焼け出されてしまった人などが，やむをえず，住み慣れない土地で新たな居を構えて生活をせざるをえない場面に遭遇する。そういう人たちは，布団やちょっとした家具・家電，服などいろいろなものを用意することができないで困っていることが多い。

そこで，CSW 以外の施設職員に呼びかけたり，地域の民生委員・児童委員，自治会役員の会合などで相談，声かけし，使用可能だがちょうど買い換えようと思っていた家具・家電，押し入れの奥で眠っている新品同然の布団や服など，リユース可能な生活用品を無償で提供してもらい，施設の倉庫等で保管し，緊急に生活物品が必要となった要援護者（世帯）のもとに届けるしくみをつくっている。そうした支援は年間に800件以上にも及ぶ。

こうした地域で支えるしくみをつくるプロセス（説明会や呼びかけ）が，生活困難な人の存在について正しく理解してもらうことにつながり，支援が必要な人を地域で温かく見守ってもらったり，賃貸住宅を探す際に地域の民生委員・児童委員や自治会役員等を通じて世話をしてもらったり，企業や各種団体，寺院等からの寄付・寄贈など，理解者が少しずつ広がり，みんなで支えるまちづくりが進みつつある。

Scene 8　全国へ広げていく（普遍化）

大阪府社協では施設関係者やスーパーバイザー（SV）の研究者・実践者の協

力のもと，大阪府と同様にあるいはアレンジしたかたちで生活困窮者等の相談支援のしくみづくりや，施設や社会福祉協議会（以下，社協）が都道府県域において共同で取り組むさまざまな地域での公益的な活動の準備を進めている都道府県に対して，積極的に情報提供や講師派遣，視察の受入れをおこなってきた。その際には，事業報告書や書籍，相談事例を分析した資料，施設で企画・作成した事業紹介パンフレット，TV で紹介された番組等を編集した視覚教材などを活用した。

大阪府に次いで，神奈川県，埼玉県でもこうした取り組みが展開されるようになり，2016年11月時点では，大阪府社協で把握できているだけでも，少なくとも15都府県が都道府県域で社協と施設が連携した公益的な取り組みが展開されるまでにいたっている。

ここまで全国に普及・普遍化するにいたった原動力は，現場の CSW や社会貢献支援員の当事者に寄り添った相談の積み重ねであり，施設のリーダー層や事業にかかわるスーパーバイザーらのソーシャルワークにかける熱意であり，さまざまな生きづらさを抱えながらも必死に生きている当事者の姿があるからである。広域社協である都道府県社協には，地域全体の課題をしっかりと把握・分析し，さまざまな関係者との協働のもと，問題解決のしくみを共同提案し，成果や課題をみえる化する，当事者の声をしかるべきところへ届ける役割を担う必要があることを最後に付け加える。

事例のポイント

○インターグループワークによる資源の組織化

社会福祉法人の代表者による会議でのていねいな協議を重ねることにより，それぞれの社会福祉法人が持つ地域社会に対する貢献をしたいという思いを組織化し，事業化したという点にこの事例の特徴がある。地域において，さまざまな組織が社会福祉に関する事業をおこなっているが，それらが点の実践ではなく協議体として面の実践を重ねることにより，基盤としての地域福祉力が形成されていく。

○人材育成の重要性

制度のはざまにおかれる人々に寄り添い相談支援をおこなうためには，相談業務にあたる人材の確保も重要な視点となる。都道府県社協の役割である，社会福祉事業に従事する人材としてコミュニティソーシャルワーカー（CSW）の養成研修をおこなっている。このように育てた人材が各施設に配置され相談援助に携わることにより，地域においての相談体制が整い，また各施設内での地域貢献への意識も高まることにつながる。

○相談支援のフォローアップ

事業を開始したとしても，その後の振り返り，事業評価がないと事業の「やりっぱなし」となってしまう可能性がある。大阪府社協に社会貢献事業の担当部署を設置し，相談事例管理システムを構築し膨大なデータが蓄積されている。これらのデータは，現任のCSWが実践を進めるための参考データにもなり，また実践終結後当事者の追跡調査も実施され事業評価にも活用されている。

○地域理解の獲得

社会貢献事業による支援は，生活に困窮し，ぎりぎりの状況でつながるケースが多く，当面は専門職による相談援助，経済的支援が優先されることになるが，その後，地域での生活の再建を目指す場面では，さまざまな生活物品が必要となる場合がある。

地域の中で社会貢献事業の意義やしくみについて説明をおこない，物品の提供を呼びかけていくプロセスの中で，少しずつ理解が広がり，生活困窮者支援を地域で支える住民主体の活動の輪が広がっている。

○広域への波及

都道府県単位で取り組んだ事業を，シンポジウムや講演会，TVなどのマスメディアでの映像による紹介，書籍の出版などで広く広報し，啓発活動をおこなうことにより，大阪府だけではなく日本各地で社協と施設が連携した取り組みが広がっている。

演習課題

演習テーマ 1

社会福祉協議会は，協議体として地域の多様な組織をネットワーク化している。身近な市町村の社会福祉協議会がどのようなネットワークをつくっているかを調べ，そのネットワークの目的について考えてみよう。

演習テーマ 2

Scene 6で，社会貢献事業につながった当事者が地域の老人会やサロンに参加することがむずかしいということが記述されている。なぜ当事者が地域のつどいの場に参加することがむずかしいのか，社会的排除の状況を意識しながら話し合ってみよう。

演習テーマ 3

各Sceneで展開される大阪府の社会貢献事業の広がりが，「基盤としての地域福祉力」を高めることにどのようにつながっているかを考えてみよう。

＊本事例は，大阪府社会福祉協議会の片岡哲司氏のご協力により作成しました。

用語解説

▶インターグループワーク

1947年の全米社会事業会議において，ニューステッター（Newstetter, W.）により提唱された。地域内の各種組織・団体・機関の代表者の討議の場を設定し，組織間の関係調整によって社会課題を設定しその解決に向けて各組織の協働を促進する。

第13章

市町村

市町村とは

2000年の社会福祉法において「市町村地域福祉計画」が法制化されたことに表わされているように，市町村は地域福祉の推進に関して重要な役割を果たすことが期待されている（第6章第2節参照）。一方で市町村という存在はわかりにくいところも多い。たとえば「市町村」と「自治体」や「役所・役場」等は同じなのか異なるのか。「自治体」と「自治会」は違うのかなどの質問に対して，とまどう人もいるのではないだろうか。そこで，ここでは市町村とはそもそもどのような機能や役割を持つ存在なのか，関連する法律を確認し整理しておくことにしたい。

はじめに，法律において市町村等は，「**地方公共団体**」と表されている。地方公共団体は，一般的に「自治体」「地方自治体」と呼ばれているものと同じものと考えられ，市町村，都道府県，東京都の**特別区**などが含まれる。

地方公共団体の役割等については，憲法において大枠が定められている。まず憲法第92条において，地方公共団体の組織・運営は，**地方自治の本旨**に基づいて定めるべきことが規定されている。さらに第93条・第94条において，地方公共団体に**議会**をおくことが規定されるとともに，地方公共団体はその財産を管理すること（財産権），行政を執行すること（行政権），法律の範囲内で条例を制定すること（立法権）ができるとされている。

図13-1は，憲法や地方自治法等において規定されている地方公共団体の組織等とその役割を整理したものである。市町村というと「市役所」等の役所を

図13－1　市町村の基本的な構成

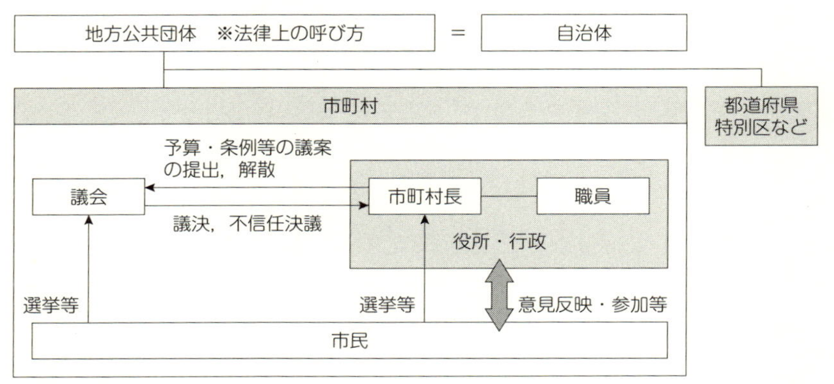

出所：筆者作成。

思い浮かべる人も多いと思われるが，そこは自治体行政の仕事をするための事務所であり，職員は法律や条例などに基づく事務を実施する役割を担っている。

市町村の運営においては，議会と市町村長が重要な役割を果たしており，市町村長はその市町村の**予算**（お金の使い方）や**条例**（独自のしくみ・ルール）案等の議案の提出をし，議会はそれらの議案の決議等をおこなう機関となっている。そして市民は，そのような予算や条例案を自らの考えに近いかたちで提案・決定し，適切に執行してくれると考えられる市町村長や議員を選挙で選ぶことで市町村の運営に携わっているということができる。さらに最近では，計画策定への市民参加，施策の実行段階における協働など，市民の参加のかたちは多様化してきている。

地域福祉における議会・行政と市民の関係

このような市町村の構成が，地域福祉の推進にどのような影響をあたえるのか確認してみよう。まず議会と市町村長の関係については，とくに予算の議決という点が大きな影響を与えると言うことができる。たとえば地域福祉計画の具体的な項目として，地域のニーズに基づく新規の事業の実施が盛り込まれた場合，事業の実施には，当然予算が必要となる。しかし，その予算は議会の議決がなければ執行することができない。予算案に対して議会の合意が得られず，否決されれば，市町村長およびそのもとで実際の業務をおこなう自治体職員は，新たな事業を実施することはできないことになる。

また，市民と行政の関係については，地域福祉計画は社会福祉法の規定で，住民等の意見を反映させるために必要な措置を講ずるよう努めることとされている。しかし，市民の行政への参加のあり方については，確立しているものではない。それぞれの自治体において，よりよいかたちを目指していくことが求められているといえるだろう。

市町村の現状と課題

最後に，市町村の現状と課題について確認しておこう。2017（平成29）年1月時点における全国の市町村数は1718となっている。平成のはじめごろには，3200余りの市町村があったが，いわゆる「**平成の大合併**」を経て，約半数にまで減少している。内訳は市が791，町が744，村が183である。また一定の人口規模を満たす自治体については，**指定都市**・**中核市**などの指定をうけることによって，介護サービス事業者の指定など都道府県の事務の一部を担うことができるようになっており，2017（平成29）年1月時点において，指定都市が20市，中核市が47市となっている。

合併の進行により，比較的人口規模の大きな自治体が増加し，中核市なども増えているが，一方で歴史的背景や地理的要因などで合併をおこなわなかった自治体も少なくない。しかし小規模自治体，とくに**過疎地域**の自治体は，人口減少や行財政運営のむずかしさなどの課題を抱えている。地域福祉計画についても，策定率や進行管理の取り組み状況に，市部と町村部で差があることなどが指摘されており，このような自治体間の格差をどう縮小するかは大きな課題といえる(1)。

事例　子どもも参加するプロセス重視の地域福祉計画策定 ──愛知県高浜市

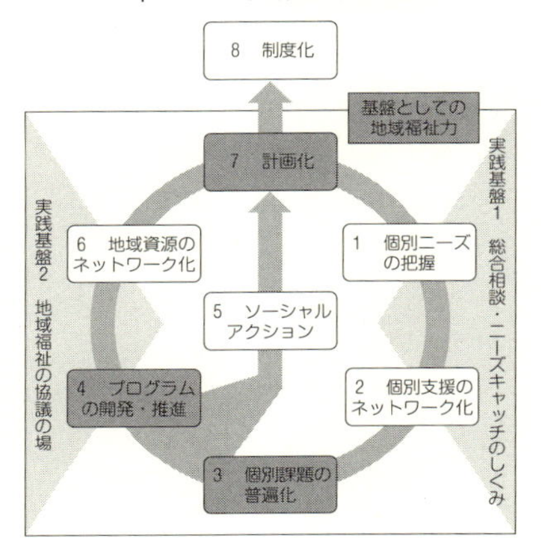

【地域の概要】
■愛知県高浜市
・人口４万7277人
・世帯数１万8888世帯（2016年10月）
【事例のポイント】
地域において地域福祉活動の蓄積が多くない中で，地域福祉計画の策定を住民参加で進めることを通じて，課題の把握から新たなプログラムの開発，基盤としての地域福祉力の向上にいたった事例である。

Scene 1　地域福祉計画策定モデル事業の受託

愛知県高浜市では，2001（平成13）年度から2002（平成14）年度にかけて，はじめて地域福祉計画の策定に取り組んだ。これは2000（平成12）年の社会福祉法において市町村地域福祉計画が法制化されたことを受け，全国社会福祉協議会が実施した「地域福祉計画策定モデル事業」（６か所）に手をあげて取り組んだものである。

高浜市の第１次地域福祉計画の特徴は，一言でいえば，「プロセス重視の計画策定」であった。後述する，住民参加の場としての「ひろば委員会」は，２年間で各グループ平均30回を超す委員会を開催し，担当の行政職員は，「ひろば委員会」「策定委員会」，庁内の「プロジェクト会議」など，合計すると延べ100回を超す会議に参加し，住民とともに協働作業をおこなった。

地域福祉計画の策定に取り組んだ当時，高浜市はいわゆる「平成の大合併」で周辺の市町村と合併するかどうかの決断を迫られていた。結果として高浜市は合併を選択しなかったが，地域福祉計画の策定は，「地域力の向上と職員のスキルアップをはぐくみ，地方分権の荒波を乗り切るツールとして役立つ」[(2)]（岸本　2002）と考えられ，幹部職員および市長のリーダーシップのもと，取り

表13－1　ひろば委員会のグループテーマ

第1グループ	第2グループ	第3グループ	第4グループ	第5グループ
子どもの権利	福祉サービス	ボランティア活動	行政と社協の役割	近所づきあい

組まれた。つまり，行政職員の意識改革や力量アップの「ツール」として地域福祉計画の策定が選択されたということである。

しかし，行政職員や一緒に計画策定に取り組むことになっていた社協の職員には，その当時，地域福祉計画をツールとして活用するための基本的知識やノウハウの蓄積はほとんどない状況であった。そのため，計画策定に参加する人々の意識の変化や，新しいしくみへの気づきをもたらす役割として，地域福祉研究者らの参加が要請された。

Scene 2 「ひろば委員会」の立ち上げ

行政職員・社会福祉協議会の職員と研究者は，計画の策定に入るまでに複数回の勉強会をおこない，どのような計画策定をおこなうかを検討していった。そして，計画活動推進の原則や，具体的な住民参加のしくみが構想された。

計画活動推進の原則は，①パートナーシップ型，②次世代型，③学習・情報発信型というものであった。①は行政と住民が対等な関係で活動をおこなっていくこと，②はこれからの高浜市を担う若者が参加すること，③はプロセスの中での学習，そしてその情報発信を重視することである。

また住民参加のしくみとしては，100人以上の参加を期待し，また高浜市の福祉の拠点である「いきいき広場」の名前にちなみ「168人（ひろば）委員会」と名づけられた，高浜市の地域福祉に関心のある人なら誰でも参加することのできるグループの立ち上げが決まった。この立ち上げにあたっては，住民向けの講演会の実施などのステップを踏んだことや，職員から住民に対する積極的な働きかけなどもあり，最終的に小学生から80歳代まで，146人の登録があった。5つのテーマ別のグループ（表13－1）がつくられ，「ワークショップ」の考え方をベースに，活動をおこなっていった。

図13－2　計画活動の3つの主体

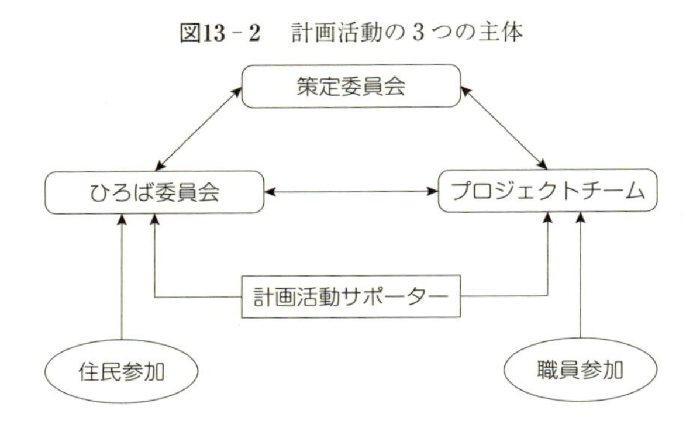

Scene 3　1年目　モデル計画の策定とグループ活動

高浜市の2年間の計画策定の取り組みは，1年目はモデル計画の策定，2年目は本計画の策定という形で進んでいった。2001（平成13）年度の前半には，行政・社協の職員によるプロジェクトチーム，上述のひろば委員会，策定委員会の3つの組織（3つの主体）（図13－2）が立ち上げられた。策定委員会は，ひろば委員会よりも後につくられ，ひろば委員会のリーダーも委員となった。

ひろば委員会では，5つのグループごとに，ブレインストーミングや，KJ法などを用いてテーマについて検討をおこなっていった。約半年の検討後，その結果を一般住民も参加する「発表祭」で発表した。

「発表祭」後は，ひろば委員会の各グループは，それまでに把握された課題に関係する「活動」をおこなっていった。なお，その活動は，体験学習的な要素が強いもので，たとえば他市の福祉施設の見学やバリアフリー体験などであった。一方で，この時期には，策定委員会やプロジェクトチームを中心に，モデル計画の策定も進められた。プロジェクトチームに参加する職員が発表祭などでのひろば委員会の発言をできる限り吸い上げて，発言の「痕跡」を残したかたちで計画書を文章化し，策定委員会での審議や，パブリックコメントを経て，修正・策定された。

Scene 4　2年目 「実験事業」の実施と本計画の策定

２年目にあたる2002（平成14）年度は，2001（平成13）年度に策定したモデル計画書をもとに，「本計画」を策定するため，ひろば委員会からの意見をさらに取り入れることを目的に，メンバーの追加募集や，ひろば委員会の各グループから複数名のリーダーを選出しての「運営委員会」の立ち上げなどがおこなわれた。

しかし，これらのプロジェクトチーム側から住民に対する期待・要請は，実際にはうまくいかない部分も多かった。住民は計画書を検討していくことよりも，体験学習的な活動への関心が強く，それまでにおこなってきた活動を継続・発展させるグループが出始めたのである。そのため，プロジェクトチームおよび計画活動サポーターは方針を転換し，ひろば委員会に対して，計画項目の実験，つまり各グループにおいて試行的・実験的に何らかの地域福祉活動をおこなうことを提案し，その結果を計画に反映させることを約束した。

その結果，たとえば，ボランティアセンターのあり方について検討してきたグループは，高浜市には地域型の小規模なボランティアセンターが必要ではないかというこれまでの話し合いに基づき，ある地区で「ちょっこらや」という名前で地域型ボランティアセンターに試行的に取り組み始めた。また福祉サービスについて検討をおこなってきたグループは，障害者の地域での居場所がないという現状把握に基づき，障害者も健常者もともに昼食をつくり楽しむ会である「みんなの家」を月１回のペースで開始した。

2003（平成15）年３月には，このような「実験事業」の成果も盛り込むかたちで，高浜市の第一期地域福祉計画が策定された。そこでは，たとえば「居場所づくり」などの項目が実験事業からの学びとして盛り込まれた。また，今後の地域福祉計画の実施・推進については，ひろば委員会を継続し，「実験事業」をさらに拡大していくことではかっていくことが構想され，計画書に書き込まれた。

このような徹底した住民参加による計画策定は，行政職員の意識に変化をもたらした。たとえば，ある職員は，これまで住民を「お膳立てして，頼み込んでやってもらう」対象としてみてきたが，地域福祉計画の策定を通じて，「私たちよりよほどまちのことを考えている」主体として信頼するようになったと語っている。

Scene 5　計画策定後の実際

計画策定後，つまり2003（平成15）年度以降の動きについては，計画策定期間中に実験事業をおこなっていたグループのいくつかは，その後も活動を継続させていった。たとえば，「みんなの家」はボランティアグループとして，ボランティアセンターに登録して活動を続けていった。また，小中学生が多数参加し，「子どもの権利」について話し合いやアンケート調査などをおこなってきたグループは，市役所の子ども関係の部署から支援を受けながら，「子どもの権利条例」の制定への関与などのかたちで，活動を継続させていった。さらに，幼児・小学生までの遊ぶ場はあっても，中高生が自由に過ごせる場が市内に少ないという意見から，バンドの練習等をおこなうことのできる「中高生の居場所」を企画し，その運営に携わるなど，活動を発展させていった。

一方で，「ひろば委員会」という枠組みでみると，「ひろば運営委員会」等のグループの代表者が集まる会議は実施・継続することができず，また新たなグループの組織化もされなかった。その背景には，「ひろば委員会」を誰が，どう支援していくかの合意が不十分だったこと，行政において，「地域内分権」などの新たな課題がでてきており，その対応に追われたことなどがあったと考えられる。また住民の側についても，活動への参加があくまでも個人の興味・関心に基づくものであり，退会等が自由である「この指とまれ」型のスタイルの継続のむずかしさなどがあったと考えられる。

しかし，「ひろば委員会」の参加者の中には，その後の「地域内分権」等の場において活動に参加したり，その支援を担ったりしていった人も少なくなかった。つまり，「ひろば委員会」は，それぞれの参加者に経験として残り，次のステージで，その経験が生かされていったということができるだろう。

事例のポイント

○プロセス重視の計画策定の効果

「計画」というと，最終的にできあがった「計画書」が注目されがちだが，計画策定の「過程（プロセス）」にも注目する必要がある。高浜市では策定当時，地区社協が組織されていないなど，地域福祉に関する住民活動の蓄積は十分になかった。その中で，多くの住民が参加する策定プロセスを組み立て，計画策定を通じて新たな活動が複数生まれたこと，そしてそのことが住民・行政の意識の変化をもたらし，次の活動へと経験が生かされていったことについては，大きな意味があったといえるだろう。

○住民の学びの場・出会いの場としての計画策定

高浜市の計画策定の一番のポイントは，「ひろば委員会」という住民参加のしくみにある。ある委員は，「ひろば（委員会）は勉強の場であり，思いを同じくする人との出会いの場だった」と語っていた。このように「ひろば委員会」は，①小地域の懇談会のように互いに知っているメンバーで構成された集まりではなく，その場で新たな出会いがあったこと，②１回，２回の単発で終わる，思いを話すだけの場ではなく，継続して参加し自ら勉強をし，かつそれを発表する場が設けられていたことなどの点で特色があった。

○過程志向と計画志向の両立のむずかしさ

計画策定には，３つの志向があるとされている（第６章のコラム３を参照）。その中で，高浜市の事例は，「過程志向」を選択していたが，一方で，計画書を意味あるものとして完成させるという「計画志向」も，途中から重視されるようになった。それが，「ひろば運営委員会」の設置などにつながったが，実際にはそれらの構想はうまくいかなかった。計画の策定主体には，「過程志向」と「計画志向」をどう両立させていくか，むずかしいかじ取りが求められるといえる。

演習課題

演習テーマ 1

自分の地元の自治体の地域福祉計画の策定状況を調べてみよう。策定されている場合，計画の策定体制・策定プロセスに注目して，高浜市の事例と比較してみよう。

演習テーマ 2

この事例では，「インターグループワーク」の手法（第6章第1節を参照）が用いられていた。「インターグループワーク」の場はどこか，具体的にあげてみよう。合わせて，これまでの自分の生活の中での「インターグループワーク」の経験を振り返り，「インターグループワーク」をおこなう際の注意点を話し合ってみよう。

演習テーマ 3

子どもが地域福祉の計画策定や活動に参加することの意義と注意点を話し合ってみよう。

注

(1)　平野隆之・朴兪美・澤田和子（2013）「地域福祉計画における進行管理と地域福祉行政の形成――市町村第２期地域福祉計画調査の結果から」『日本の地域福祉』27，41-50。

(2)　岸本和行（2002）「地域福祉計画策定の意義」『厚生』57(6)，16-19。

＊この事例は，次の文献をふまえて作成しました。伊藤美樹・長谷川宣史（2003）「福祉でまちづくり――高浜市地域福祉計画の方法とその成果」『地域政策研究』24，46-52。平野隆之・榊原美樹・澤田和子・朴兪美（2008）「高浜市地域福祉計画の検証――『福祉でまちづくり』の視点から」『社会福祉論集』119，19-39。

用語解説

▶特別区

市町村・都道府県が「普通公共団体」との位置づけであるのに対し，東京都の特別区は，「特別地方公共団体」とされている。特別区は法人格を持ち，議会を有し，区長も公選（選挙）で選ばれる。以前は，都の内部団体とされていたが，2000年の自治法改正で，市町村と同じ，基礎的自治体とされた。

▶地方自治の本旨

通説では，「住民自治」と「団体自治」からなるとされており，「住民自治」は，地域の行政を地域の住民の参画により住民の意思に基づき，その判断と責任において処理すること，「団体自治」は，国家の内部において，一定の地域を基礎とする国とは別の独立した団体の存在を認め，地域の行政をその地域的団体が自らの権能と責任において，原則として国の干渉・監督を受けずに処理することをいうとされている（川村仁弘（1986）『地方自治制度』第一法規）。

▶指定都市

人口50万人以上の市で，地方自治法第252条の19第１項に定める政令によって指定された都市。一般には「政令指定都市」と呼ばれる。都市計画や環境保全・福祉など，市民生活と直結した事務や権限が都道府県から委譲される。また，行政区を設けることができるなど，普通の都市とは異なった取り扱いが認められている。

▶中核市

地方自治法第252条の22第１項に定める政令による指定を受けた市。指定要件は，法定人口が20万人以上となっている。指定都市と同様に，市民生活と直結した事務や権限が都道府県から委譲されるが，委譲の範囲が福祉など一部に限られるなどの違いがある。

▶過疎地域

人口の著しい減少に伴って地域社会における活力が低下し，生産機能および生活環境の整備等が他の地域に比較して低位にある地域。総務省が過疎地域自立促進特別措置法により原則として市町村単位で指定する。平成26（2014）年の過疎地域面積は国土の58.73%にあたる221,911平方 km，過疎地域人口は8.9%の1136万人と推計されている。

▶ワークショップ

一方通行的な知や技術の伝達でなく，参加者が自ら参加・体験し，グループの相互作用の中で何かを学び合ったりつくりだしたりする，双方向的な学びと創造のスタイルのこと。

第14章

地域包括支援センター

地域包括支援センターとは

地域包括支援センターは，2006年に改正・施行された介護保険法で「地域住民の心身の健康の保持及び生活の安定のために必要な援助を行うことにより，その保健医療の向上及び福祉の増進を包括的に支援することを目的とする施設」（介護保険法第115条の46）として創設された。地域包括支援センターを設置するのは市町村であるが，その業務を社会福祉法人などに委託することもできるので，市町村が地域包括支援センターを運営している場合（いわゆる直営包括）と，社会福祉法人等が委託を受けて実施している場合（いわゆる委託包括）がある。

また，地域包括支援センターは，**日常生活圏域**（**中学校区**）ごとに設置されることになっており，おおむね第一号被保険者（65歳以上の高齢者）3000人以上6000人未満に**社会福祉士**，**保健師**，**主任介護支援専門員**の３職種が配置されることになっている。介護保険の第一号被保険者は，65歳以上の人のこと（第二号被保険者は40歳以上の人）なので，仮に高齢化率が25％だとすれば，「第一号被保険者3000人以上6000人未満」というのは，人口１万2000人から２万4000人程度ということになる。介護保険制度に基づいていることから，基本的には高齢者を対象にしているとはいえ，一定の圏域に，専門職を配置した総合相談の窓口を整備していくという方向性は，社会福祉における総合相談の広がりとして評価できるだろう。

地域包括支援センターは何をするのか

介護保険は，介護が必要な人のための保険だから，集められた保険料は，基本的には介護が必要な人のための給付（介護給付）に使われるが，介護が必要にならないようにするための予防や，地域の高齢者やその家族の相談にのること，高齢者虐待など権利侵害から高齢者を守ることなどを通じて高齢者の地域での暮らしを支援することなども介護保険の財源を使って実施されており，こうした事業を**地域支援事業**という。地域包括支援センターは，地域支援事業の一つである包括的支援事業（①介護予防ケアマネジメント事業，②総合相談支援事業，③権利擁護事業，④包括的・継続的ケアマネジメント事業）と指定介護予防支援をおこなうことが介護保険法で定められている。

地域包括支援センターがおこなう業務の中でも，**総合相談支援事業**は，他の包括的支援事業と並立の関係ではなく，地域包括支援センターの事業を展開するための基盤的役割と位置づけられている。考えてみれば，介護予防が必要な人，高齢者虐待や消費者被害により権利擁護が必要な人，そして介護保険による支援が必要な人などのニーズをキャッチできなければ，そもそも支援につなぐことができない。つまり，総合相談が地域包括支援センターの基盤的役割であるということの意味は，すべての事業は総合相談によるニーズキャッチがなければ始まらないということであり，総合相談は，地域包括支援センターの業務の入り口であり，基本ということができる[(1)]。

したがって，総合相談といってもただ漫然と窓口で相談を待っているのではなく，**アウトリーチ**によってニーズをキャッチできるようなネットワークを構築し，地域や利用者の実態把握をしていかなければならない。そのため，民生委員との会合や地域でおこなわれているサロン活動などに参加し，気になる人がいた場合に地域包括支援センターにつないでもらえるような「顔のみえる関係づくり」をおこなうといった**地域のネットワーク構築**が必要になる。このようなネットワークがあることで，課題の早期発見・早期対応が可能になり，住民も「何かあれば地域包括支援センターに連絡すればよい」という安心感を得ることができる。たとえば，いつもサロンを楽しみにしていた人が来なくなった，見守りをしている人のポストに新聞がたまっているといった「気づき」を地域包括支援センターにつなげていくことで，早期発見や早期対応が可能になる。

地域福祉の推進主体としての地域包括支援センター

地域包括支援センターは，高齢者福祉という枠の中ではあるが，一定の圏域で専門職を配置し，地域での暮らしを「包括的に」支援する機関であり，地域福祉を推進する主体として大きな役割が期待されている。第2章でみたように，地域福祉とは，地域ケア，予防的福祉，そして地域組織化活動を進めることである。地域包括支援センターは，要支援者を含む高齢者が地域での暮らしを継続できるように，主に介護保険という制度を使って支援するだけでなく（地域ケア），早期の発見や対応が可能になるような地域とのネットワーク構築（予防的福祉）や，さまざまな地域福祉活動（サロン活動や見守り，生活支援活動等）をおこなっている住民を支援したり，住民が活動に参加できるように支援すること（地域組織化活動）をおこなっている。

また，地域包括支援センターが，地域福祉を推進していくためには，**地域ケア会議**をどのように運営していくかがキーになる。一般に，地域ケア会議には①個別課題解決機能，②地域包括支援ネットワーク構築機能，③地域課題発見機能，④地域づくり・資源開発機能，⑤政策形成機能の5つの機能が期待されている[(2)]。つまり，個別ケースの課題解決を関係者と話し合うだけでなく，それを通じて関係機関同士の顔のみえる関係（ネットワーク）を構築し，個別課題からみえてくる地域課題を共有して，必要であれば地域課題を解決するための社会資源をつくりだし，政策に提言していく機能が期待されている。これは，第5章で説明した「地域とともに考える場」の機能であり，関係者と「個別課題の普遍化」をおこなう場として地域ケア会議を運営していくことが求められている。

事例 ひとり歩き高齢者の早期発見を目指したネットワークづくり——愛知県名古屋市瑞穂区「ひとり歩き SOS ネットワーク事業」

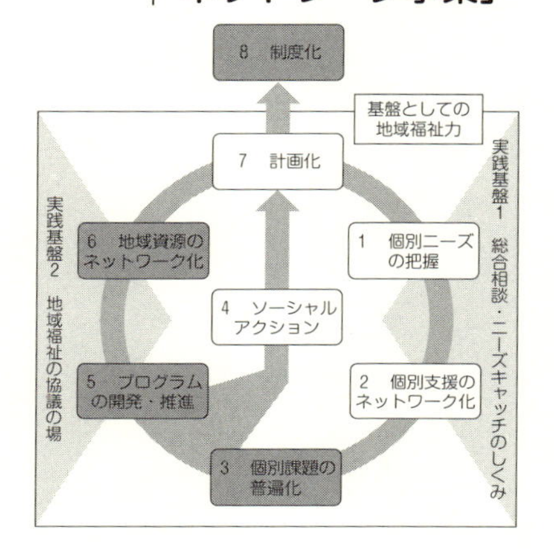

【地域の概要】
■愛知県名古屋市瑞穂区
・人口10万6266人
・世帯数４万9449世帯（2016年９月現在）

【事例のポイント】
地域包括支援センターを中心に，地域ケア会議で個別課題を普遍化し，ひとり歩き高齢者[(3)]の早期発見を目指したネットワーク構築を進めた事例である。個別課題の普遍化から，プログラムの開発・推進や地域資源のネットワーク化にとどまらず，それが基盤としての地域の福祉力を強化し，個別ニーズの把握にもつながっている点に注目しよう。

Scene 1　介護者の声がきっかけに

きっかけとなった事例は，区内事業所のケアマネジャーから地域包括支援センターに入った認知症のＡさんとその介護者である夫の事例だった。Ａさんが行方不明となり，この時は家族，支援者が探し回ったおかげで無事にみつかったものの，夫はそれ以来「24時間365日，目が離せない」と感じるようになり，疲弊していた。支援者も介護保険だけではＡさん夫婦を十分に支えることができないことにもどかしい思いを抱いていた。

地域包括支援センターでＡさんの事例について考える中で，Ａさんの問題を解決していくことはもちろんのこと，こういった困りごとを抱えているのはＡさんだけではない，いわゆる徘徊の問題は，支援困難ケースとして取り上げられることが多く，きちんと掘り下げて，みんなの課題として考えていくべきではないかとの思いが共有されていった。

Scene 2　調査でひとり歩きの実態を把握する

区内にある2つの地域包括支援センターの職種を横断したメンバー（5名）でひとり歩き（徘徊）対策に関するプロジェクトチームを立ち上げ，全国の先行事例を調べたり，介護サービス事業者の意見を聴取した。その結果，住民，専門職，関係機関が徘徊を他人事ではなく地域全体の課題と認識するためには，ひとり歩きの現状を感覚で理解するだけでなく，具体的な数字で示すことが必要だと考え，区内77か所の事業所（ケアマネジャー，福祉施設，病院）に対して，「認知症の方のひとり歩き（徘徊）に関する実態調査」をおこなった。調査では，過去2年間の徘徊の発生件数，どのように発見されたのかなどの実態とともに，専門職として徘徊に対応する方法や思いなどを確認した。集計の結果，区内ではおおむね4日に1件の徘徊が発生していることが確認できた。こうした事実をもとに，①本人が行方不明になっても早期発見できる（早期発見），②家族に安心感を持ってもらう（家族支援），③地域住民に認知症を理解してもらう（認知症理解）の3点を目標として，「**ひとり歩きSOSネットワーク事業**」（以下，SOS事業）の骨子を検討していった。

Scene 3　地域ケア会議を活用し，みんなで事業をつくる

地域包括支援センターでは事業を具体化するために，個別課題を検討する地域ケア会議において，Aさんのケースを検討し，その中でAさんの住む小学校区の状況や瑞穂区での家族支援事業の現状など地域の社会資源の共有もおこなった。また，「認知症の方のひとり歩き（徘徊）に関する実態調査」の結果報告とあわせて，地域包括支援センター内プロジェクトチームで検討したSOS事業の素案を提案し，メンバーで検討した。この会議は，Aさんの担当ケアマネジャー，デイサービスの職員などの専門職だけでなく，民生委員や認知症サポーター，家族サロンに参加している介護者家族などの地域住民のほか，区役所，保健所，社会福祉協議会（以下，社協）の職員も参加した。こうした場で検討することで，地域包括支援センターや専門職が主導する事業ではなく，住民と専門職が協働する事業にしていくことを目指した。

次に，地域ケア会議での協議を踏まえ，地域課題を検討する地域ケア会議である地域包括ケア推進会議において，SOS事業案について提案して実施の合意を得た。この会議には，医師会，歯科医師会，薬剤師会，ケアマネジャーなどの専門職のほか，民生委員，老人クラブ，女性会，ボランティアなどの地域住民も参加している。

その後，事業の具体的な協議，そして評価・検証の場として「瑞穂区ひとり歩きSOSネットワーク支援会議」を発足し，第1回会議では事業内容と啓発シンポジウムの検討をおこなった。支援会議のメンバーには，SOS事業を拡げていくために必要な関係機関（警察）や地域住民（認知症サポーター），家族の立場を代弁できる家族介護者などにも参加してもらった。

Scene 4 「瑞穂区ひとり歩きSOSネットワーク事業」の開始

事業の開始に先立って，「瑞穂区ひとり歩きSOSネットワーク事業シンポジウム」を開催し，区民への啓発をおこなった。今後の展開も意識して，さまざまな地域関係者にも参加を呼びかけ，220人が参加した。

同時に会場では，事業サポーター（ご近所ささえたい）の登録もおこなった。また，携帯メールは，メールマガジンの配信といった，地域包括支援センターの事業を周知し，さまざまな啓発をおこなうツールとして積極的に活用されている。さらに，「やりっぱなし」になる傾向があった認知症サポーター養成講座の受講者にも，積極的に「ご近所ささえたい」への登録を呼びかけることで，認知症サポーターとしての具体的な活動を提案できるようになった。

加えて，一人でも多くの人にSOS事業を知ってもらい，それを通じて認知症の理解を広めるために，事業開始前にはチラシ等を作成し，各関係機関，地域住民への周知に努め，周辺区の警察署，消防署にも説明に回った。こうした取り組みを経て，SOS事業は2011（平成23）年8月から開始された。

Scene 5 事業の周知を通じて認知症の理解につなげる

地域包括支援センターでは，SOS事業を周知することを通じて，認知症に対する理解者を増やし，認知症にやさしいまちづくりを目指すため，その後もさまざまな啓発の機会を持ち続けた。2011年12月には，地域全体を巻き込んだ「SOS ネットワーク事業模擬訓練」をおこない，スーパーや喫茶店，関係機関などの協力も得て，携帯メールの活用訓練と，区民啓発をあわせておこなった。また，2012年７月には「瑞穂区認知症ささえあい地域フォーラム」と題し，家族介護者の立場の理解を啓発した（203人が参加）。こうした取り組みをおこなう際には，積極的に新聞・テレビなどのマスコミに対しても周知をおこない，事業の PR をはかるとともに，認知症の理解を広げるために取材には積極的に協力するようにした。

Scene 6　事業の検証による課題の整理から市の事業化に向けて

「瑞穂区ひとり歩き SOS ネットワーク支援会議」で，事業の実績，対応ケースを検証する中で，瑞穂区内の発見が15件のうち２件のみであること，休日・夜間対応の限界など，解決すべき課題も多く，事業拡大の必要性を名古屋市と協議した。その結果，2012年10月からは，「名古屋市はいかい高齢者おかえり支援事業」として，名古屋市全域に事業が拡大されることになった。支援会議に市役所の職員に参加してもらい，実際に支援会議メンバーから拡大の必要性について生の声を上げてもらったことが有効だったと考えられる。また，市事業開始時の市民向けのフォーラムや関係機関向けの各種会議では，瑞穂区の実践の報告をおこなうなど，市事業の啓発に協力した。

Scene 7　認知症ひとり歩きさぽーと BOOK の刊行

以上のように，SOS 事業は名古屋市全体の事業となったが，携帯メールの配信は，あくまでも行方不明になった人を早期に発見するしくみである。地域包括支援センターでは，外出すると危ないから，家や施設に閉じ込めるのではなく，対象者が安心して外出できる地域づくりを目指していくためには，こうした問題をより広く啓発していく必要性を感じるようになっていった。そこで，家族介護者，認知症介護専門職，ケアマネジャー，地域包括支援センターによる編集委員会を発足させ，認知症ひとり歩きの人の対応方法や家族の工夫をまとめた啓発冊子の作成に着手した。家族や専門職の対応の工夫を公募し，2014年２月に「認知症ひとり歩きさぽーとBOOK」が発行された。この冊子は，個別の相談時にその家族にあった対応方法を考えるツールとして活用されるだけでなく，新聞・テレビ等に取り上げられることで，地域社会への啓発にもつながった。全国各地からも問合わせが相次ぎ，３版計8000部を印刷するとともに，ホームページでもダウンロードできるようにした。

Scene 8　個別ケースのネットワーク化

SOS事業の１件目として対応したＢさんは，これまで介護保険サービスを利用したことがない高齢者夫婦世帯であった。Ｂさんが地域包括支援センターにつながったのは，SOS事業でつながりのできた警察署が，行方不明者届を受理した際に，介護者であるＢさんの妻にSOS事業を案内してくれたことがきっかけだった。SOS事業メールを配信し，無事に保護された後，要介護認定の申請，ケアマネジャーの相談，デイサービスの利用，民生委員の見守りなど，Ｂさんのサポートネットワークをつくり，その後の支援を継続することができた。SOS事業を検討してきた過程において，警察署や専門職を含めた関係機関との連携を構築してきた結果，個別の支援においても，支援のネットワークづくりが容易になったといえる。

事例のポイント

○場（地域ケア会議）を活かし，プログラムを開発する

この事例のポイントは，個別課題の普遍化を地域ケア会議という場を活かしながら進めている点にある。「24時間目が離せない」という介護者の声を「地域課題」として受け止めたワーカーは，それを地域の課題として「地域ケア会議」や「地域包括ケア推進会議」の中で協議し，関係者とともにSOS事業を具体化していく。また，こうした場では，つねに地域住民や介護者の会など，地域住民や当事者に近い立場にある人とともに考える姿勢を貫き，専門職主導

ではないプログラム開発をおこなっている点も大切な視点である。

○市の事業として拡大する

ひとり歩きする高齢者は，行政の区域とは関係なく出歩いてしまう。そこで，この事業を名古屋市全行政区に広げるための働きかけをおこない，名古屋市の事業として位置づけることに成功している。事業について検討する場に市役所職員にも参加してもらったり，さまざまなかたちで実績をPRしてきたことが市内全体での実施につながったと考えられる。

○個別に返す

Scene 8は，この事業が「基盤としての地域の福祉力」となっていることを示すエピソードである。この事業の過程でできたネットワーク（警察署とのつながり）が，地域の中で埋もれていたニーズを発見することにつながり，個別の支援につながっている点にも注目してほしい。

演習課題

演習テーマ 1

地域包括支援センターは，自分たちだけではなく，つねに他機関や地域住民とも協議しながらSOS事業をつくりだそうとしている。このような一見すると面倒なプロセスを経ることの効果について考えてみよう。

演習テーマ 2

各Sceneのうち，地域ケア会議に期待される5つの機能（①個別課題解決機能，②地域包括支援ネットワーク構築機能，③地域課題発見機能，④地域づくり・資源開発機能，⑤政策形成機能）に対応しているSceneがどれにあたるか話し合ってみよう。

演習テーマ 3

徘徊模擬訓練や認知症サポーター養成講座のような認知症理解のための講座は各地でおこなわれているが，「やりっぱなし」になっているという批判もある。事例の取り組みを参考に，どうしてそのような問題が起こるのか考えてみよう。

注

(1)　山本繁樹（2007）「地域包括支援センターにおける『総合相談』の意義と展開——ソーシャルワーカーの取り組みの基本視点」『ソーシャルワーク研究』33(3)，13-21。
(2)　長寿社会開発センター（2013）『地域ケア会議運営マニュアル』長寿社会開発センター，23。
(3)　瑞穂区では，認知症の人は，はじめから目的もなく歩き始めているわけではないという思いから，「徘徊」といわずに「ひとり歩き」という言葉を用いている。

＊本事例は，名古屋市社会福祉協議会の高橋健輔氏のご協力により作成しました。

用語解説

▶地域支援事業

地域支援事業は，2006年に創設された市町村が実施主体となって行う介護予防等をはじめとした事業のことをいうが，2015年の介護保険法改正によってその内容が大きく拡大された。特に，従来の介護予防事業と介護予防給付の一部（要支援１と２の人への訪問介護と通所介護）が地域支援事業に統合され，「介護予防・日常生活支援総合事業」に再編された。つまり，要支援１と２に対する訪問介護と通所介護は，介護保険給付から市町村の実施する地域支援事業に移行する。また，包括的支援事業も地域包括支援センターが実施する事業に加え，認知症施策の推進，在宅医療・介護連携の推進，地域ケア会議の実施，生活支援コーディネーターの配置などが追加された。なお，生活支援コーディネーターは，介護予防・日常生活支援総合事業の実施も踏まえ，介護予防や生活支援サービスの開発やコーディネートの機能を果たす役割を期待されている。

▶地域ケア会議

介護保険上は「介護支援専門員，保健医療及び福祉に関する専門的知識を有する者，民生委員その他の関係者，関係機関及び関係団体により構成される会議」（介護保険法第115条の48）と位置づけられている。

▶ひとり歩き SOS ネットワーク事業

事前に登録しておいた高齢者が行方不明となった場合に，家族等からの依頼により，身体的特徴や服装等の情報を住民や協力事業者に対してメールで配信し，発見につなげようという取り組みである。瑞穂区の場合，介護サービス事業者，一般市民などを「ご近所ささえたい」（メールボランティア）として登録してもらうしくみになっている。

第15章

NPO

NPOとは

非営利組織を意味するNPOとは，non-profit organization または not-for-profit organization の略である。①利益を分配しないという意味での非営利（nonprofit）であると同時に，②営利を追求しないという意味での非営利（not-for-profit）2つの「非営利」の概念を持つ民間組織であると理解することができる。日本のNPO（法制度上）の基準は以下のとおりである。

・特定非営利活動をおこなうことを主たる目的とすること
・営利を目的としないものであること（利益を社員で分配しないこと）
・社員の資格の得喪に関して，不当な条件を付さないこと
・役員のうち報酬を受ける者の数が，役員総数の3分の1以下であること
・宗教活動や政治活動を主たる目的とするものでないこと
・特定の公職者（候補者を含む）または政党を推薦，支持，反対することを目的とするものでないこと
・暴力団でないこと，暴力団または暴力団の構成員等の統制のもとにある団体でないこと
・10人以上の社員を有するものであること

NPOも株式会社など他の民間組織と同様に事業活動を通して収益をあげることができるが，出資者や理事，会員などに分配をしないことを意味している。つまり，株式会社であれば配当として株主に分配される利益を，NPOでは地域に還元したり，事業に再投資するため，社会的な目的や公益的な目的を達成

するための組織であると一般的には理解される[(1)]。1998年に**特定非営利活動促進法**（NPO法）が制定されたことで，これまでボランティア団体などの任意団体として活動してきた地域活動や市民活動に**特定非営利活動法人**（NPO法人）という法人格の取得が可能となり，NPOは市民社会の新たな担い手として注目されるようになった。2016年9月末までに全国で5万1260の団体がNPO法人の認証を受けているが，NPO法で定められる活動分野の中では，保健，医療または福祉の推進，社会教育の推進，まちづくり，子どもの健全育成など社会福祉に関連する活動をおこなう団体が最も多い（表15-1）。とくに2000年の**社会福祉基礎構造改革**では，柱の一つとして「多様な事業主体の参入促進」が掲げられ，それに伴い介護保険，障害者総合支援事業（当時，支援費制度），保育所など従来，自治体や社会福祉法人，社会福祉協議会に限定されてきた社会福祉サービス供給主体に民間企業とともにNPO法人も参入が可能となった。

NPOの役割

日本におけるNPOの起源は1970年代以降，社会問題が顕在化する中，地域住民の立場でそれぞれの課題に取り組もうとする運動をベースにした活動の広がりにあるといえる（たとえば，障害者の小規模作業所やワーカーズコープ，ワーカーズコレクティブ）。また，1980年代前半には在宅福祉サービスのニーズの高まり（顕在化）と緊縮財政による行政の福祉サービスの量的制限の2つの背景から無償，有償を問わず在宅福祉サービスを提供する団体が多く立ち上がった。すなわち，日本におけるNPOは**福祉国家**の限界やゆらぎの時期において行政の補完的な役割を果たしてきたということができる。さらに，阪神・淡路大震災を起源にした市民活動の高まりは，これまで政府（行政）に一方的に与えられていた公共を住民自らがつくりあげていく実践へとつながり，公共のあり方そのものを見直すきっかけにもなっている。

さて，このように展開がなされてきたNPOではあるが，その役割を5つに整理したい。まず，実際にこれまで社会的な目的や公益的な目的を果たす主要な担い手とされてきた政府（行政）では実現がむずかしいとされてきた課題に

表15－1　NPO 法人の活動分野

活動の種類	法人数	割合
保健，医療又は福祉の増進を図る活動	30,078	58.7%
社会教育の推進を図る活動	24,697	48.2%
まちづくりの推進を図る活動	22,647	44.2%
観光の振興を図る活動	2,222	4.3%
農山漁村又は中山間地域の振興を図る活動	1,960	3.8%
学術，文化，芸術又はスポーツの振興を図る活動	18,268	35.6%
環境の保全を図る活動	14,120	27.5%
災害救援活動	4,154	8.1%
地域安全活動	6,109	11.9%
人権の擁護又は平和の活動の推進を図る活動	8,650	16.9%
国際協力の活動	9,584	18.7%
男女共同参画社会の形成の促進を図る活動	4,733	9.2%
子どもの健全育成を図る活動	23,445	45.7%
情報化社会の発展を図る活動	5,816	11.3%
科学技術の振興を図る活動	2,885	5.6%
経済活動の活性化を図る活動	9,131	17.8%
職業能力の開発又は雇用機会の拡充を支援する活動	12,706	24.8%
消費者の保護を図る活動	3,185	6.2%
前各号に掲げる活動を行う団体の運営又は活動に関する連絡，助言又は援助の活動	24,090	47.0%
前各号で掲げる活動に準ずる活動として都道府県又は指定都市の条例で定める活動	207	0.4%

注：2016年９月末までに認証を受けた５万1260法人。一つの法人が複数の活動分野の活動をおこなう場合があるため，合計は５万1260法人にはならない。

先駆的に対応ができることである（①先駆性）。また，課題に気づいた人々や問題を抱えた当事者の自発的な参加によってコミュニティを形成するため，ニーズの掘り起こし，新しい価値のための創造を通した課題解決のための多様な展開が可能である（②開拓性）。さらには，多数決の原理に基づく政治決定の必要な行政サービスでは対応のできないマイノリティのニーズや，行政組織の縦割りや官僚化によって対応のむずかしい課題に迅速かつ柔軟に対応することが可能である（③柔軟性）。加えて，積極的に社会貢献に参加することは，行政や企業によって提供されるサービスをただ利用するだけでなく，自ら社会サービスの提供側になることにもつながる。サービスの創造に参加することは，当事者のエンパワメントの機会にもなりうると考えられる（④エンパワメント）。最後に，サービスの提供だけでなく，それらの評価や，利用する人たちの権利擁護，また，NPO だけで課題の解決が困難な場合には政府（行政）の政策の提案や協働による事業展開をおこなう役割がある（⑤ソーシャルアクション）。

事例　一人の困りごとから生まれる地域福祉プログラム ——大阪府箕面市暮らしづくりネットワーク北芝

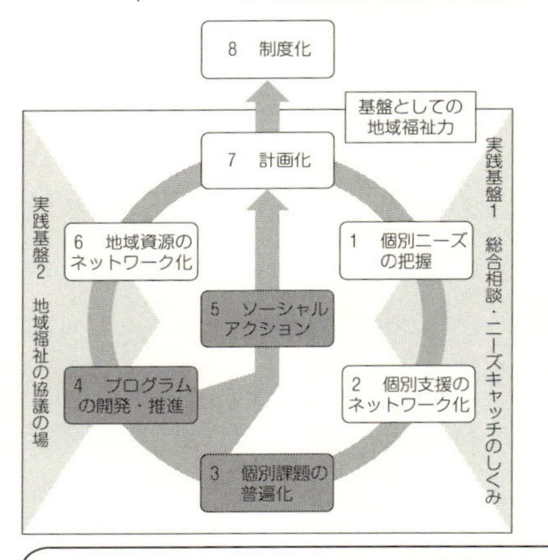

【地域の概要】

■箕面市　・人口13万4219人
・世帯数５万8224世帯（2017年１月現在）

■北芝地区　・人口約500人
・世帯数250世帯

■ NPO 法人北芝の活動概要

被差別部落である北芝地区において，隣保館（箕面市立萱野中央人権文化センター。愛称「らいとぴあ21」）を核に，教育・文化・福祉の事業を多角的に展開している NPO 法人である。現在では，生活困窮者自立支援事業などの法制度に基づく事業，また，制度外の移動支援をはじめとする生活支援や文化活動，カフェなどの飲食事業を通した居場所づくり，空き家を利用したコミュニティハウス・居住支援事業，地域通貨の企画運営にいたるまで，まちづくりを総合的に推進する主体となっている。

【事例のポイント】

NPO 法人北芝では，相談事業や住民の意見を拾い集めるワークショップや実態調査を通して，一人の困りごとであっても，地域ニーズとして拾い上げ，コミュニティ支援事業として，プログラム開発に結び付けているところに特徴がある。

Scene 1　「要求」運動の成果と限界，新たな展開へ

部落解放同盟とは，部落差別の撤廃を目的とする，部落民自身による運動団体である。日本国内においては行政により部落差別が永年放置されてきたが，差別と貧困に苦しめられてきた被差別当事者が立ち上がり，差別のために劣悪

だった生活環境の改善や福祉・教育面での生活保障，結婚差別などの心理的差別解消のための取り組みを通して部落差別の撤廃を実現していくための運動が展開されてきた。1965年の「同和対策審議会答申」において，国は同和問題の解決は「国の責務であり，国民的課題だ」とし，部落差別解消のために1969年に「同和対策事業特別措置法」（以下，特措法）が制定され，これを契機として北芝地区でも部落解放同盟の支部が組織された。全国的に広がった運動により，個人給付（所得保障）や活動助成も進められ，部落解放同盟北芝支部（以下，支部）でも要求活動の成果として，隣保館や青少年会館などが建設され，住環境のみならず福祉や教育のインフラが整備されていった。

しかし，1988年に市の実施した「箕面市教育実態調査」では，北芝地区の子どもの学力の低さ，自尊感情の欠如が明らかになった。さらに，分析の結果，保護者も子どもも「いつか，どこかで，誰かが，なんとかしてくれる」という依存的傾向があることが明らかになった。そこで，公務員など中間的所得階層以上の支部員については，個人給付を自主的に返上していくとともに，自分たちの力で子どもや支部員のやりたい意欲を引き出し，その活動を全面的に支援するという方向に転換をはかっていった。

Scene 2　周辺住民の主体的な参加によるまちづくり

こうした中で，支部や労働組合などを中心に「みのおまちづくり研究会」が発足し，1992年には，住民との対話集会を経て「部落解放は地域が基本であるが，部落だけで完結するのではなく，地域のまちづくりを市民・市民グループとともに進める中でこそ展望が開かれる」とし，北芝地区にとどまらない事業の展開を目指すこととなった。自分たちの暮らしを行政ばかりに依存するのではなく，自分たちの地域に必要なものは自分たちでつくっていく，そしてそこに行政や多様な主体を巻き込んでいくという考えが確認されていった。

また，同年に，隣保館や青少年会館の改築にあたり「北芝地区内外の住民の出会いの場」「地区住民および周辺住民に対する生活・保健・福祉支援拠点」という視点が提起された。

1995年の阪神・淡路大震災の復旧支援の活動においては，隣保館で活動する市民グループが市全体のボランティアコーディネートの一翼を担ったが，そのフットワークの軽い活動ぶりに触発されたこと，そして，北芝地区を東西に通る生活道路の再整備の計画づくりにあたっても，当時としては全国的に珍しかった周辺住民，市行政，専門家を交えたワークショップを開催し，ハード整備事業に対して地区住民・周辺住民の声を反映させていくダイナミズム，醍醐味を経験するとともに，上意下達的な意思形成ではない多様な意見要望から活動の方向を確認していく手法も学習していった。

Scene 3 「人がつながる」まちづくり——コミュニティ推進組織へ

このワークショップでは子どもから高齢者まで地域で生活する人々が社会の一員として参加し，自分たちのまちについて話し合い，折り合いをつけながら意思決定をする。ともすれば社会から排除され孤立させられてきた人の意見に共感し，人と人がつながることで，誰にとっても安心して暮らせるまちづくりが可能だと実感する。「部落内自己完結型運動から市民参加のまちづくり運動へ」と転換し，コミュニティにこだわったまちづくりの提案がおこなわれる。1998年には地域住民自らが地域をデザインするアイデアが出され，後に住民が運営する配食サービスなどのコミュニティビジネスへとつながる。

2001年には，市民参加のまちづくりを進めるため「北芝まちづくり協議会」（以下，協議会）が組織される。この協議会は，通称「お宝発掘隊」とし，地域には多くの社会資源がお宝のように埋まっており，地域住民の声もその一つだと考え，一人ひとりの声を丹念にすくい上げる「つぶやきひろい」を実施する。また，地域で活動を展開するさまざまな団体をつなげ，安心居住プロジェクトや教育支援プロジェクトなど，地域課題解決のためのプロジェクトチームを発足し，新たな活動を創造していく。

Scene 4 つぶやきひろい，かたち（事業化）づくりを応援する団体

2001年には，もう一つの組織「NPO 法人暮らしづくりネットワーク北芝」

（以下，NPO 法人北芝）が NPO 法人として設立される。NPO 法人北芝は，地区内にとどまらず，小学校区エリアである萱野地域で地域の社会問題を解決しようとする個人や団体を支援し，事業化をはかる中間支援組織として以下の3点の事業を実施する。

① 事業資金を緩やかな条件で貸し付けたり，事務所を低家賃で一定期間貸したりという**インキュベート**機能

② 住民やその活動団体が事業実施の際に必要とするボランティア・人材や活動資金について，これらの資金提供者とうまく結び付けるための情報提供

③ 市民活動などへの資金の貸し付け，地域の暮らしを豊かにする先見性のある事業などへのサポートである**ファンド**機能

協議会のつぶやきひろいから生まれた活動やアイデアも事業化する際にはNPO 法人の支援を受け事業化をはかるシステムが構築される。現在は，中間支援の NPO から隣保館の運営をはじめ社会問題解決のために直接事業を実施する NPO 法人へとシフトしているため，協議会とともに NPO 法人北芝のスタッフも，定期的につぶやきひろいワークショップを展開していくようになる。

Scene 5　制度のはざまをプログラム化する

つぶやきひろいのワークショップの例として，「最近は，体が弱くなって徒歩での病院通いがしんどいねん」との一言からはじまった事業がある。市が実施するデマンドバスは，予約制や利用限度などの規制が多くあったため，つぶやいた高齢者 A さんにしてみれば「使いにくいサービス（制度）」になっていた。そこで，地域ではそのニーズが他の住民にもあるのではないかと考え聞き取りをおこなうと，同じ悩みの高齢者は他にもたくさんいた。そして，NPO 法人がコンサルテーションしながら，協議会が主体となって送迎用の車両を準備して，高齢者の要望に沿った送迎サービスを始めた。完全会員制で相互扶助の延長として「お互い様・助け合い」の精神をコミュニティ支援事業としてスタートさせた。地域みまもり券という「地域通貨」を活用した互助サービスに

組み込んで実施することで，法規制や自治体との折り合いをつけながら高齢者の送迎を実施している。一人のニーズ解決が，他の住民ニーズと重なり地域活動の幅を広げた事例といえる。

その他にも，NPO 法人北芝が実施する事業アイデアコンペに住民のみならず多様多彩な市民が参加し，多岐にわたるコミュニティ事業が推進される。コンテナを活用した駄菓子屋や居酒屋，地域の広場で開催される朝市，コミュニティ・カフェなど，地域の多様な層が気軽に立ち寄れる居場所をつくってきた。高齢者の居場所としては萱野老人いこいの家があり，昼ごはんを一緒に食べたり（大阪府補助事業「街かどデイハウス事業」），時にはナイトデイサービスをホストクラブ風にして実施したりしている。駄菓子屋に来る子どものつぶやきから，ごはんを食べていない，もしくは一人で食べている様子や，学校でうまくいっていない様子などがみえ，そこから，「子どもたちによる子どもたちのためのキッズカフェ」が実現した。当時カフェ店員を務めたキッズたちは今20代となり，中には学校教員や地域の職員になろうとしている若者もいる。このように北芝では，ある一人のつぶやきから活動がスタートし，事業につながり，若者がこれらの事業を担うという好循環が生まれている。

Scene 6　つぶやきひろいの一環としての実態調査

つぶやきひろいの一環として，実態調査を実施してきた。実態調査では，さまざまな活動が地域住民のどの層に届いているのか（いないのか）を検証すること，高齢層と新規流入層が増えつつある団地住民の実態とニーズを把握すること，そして，今後のまちづくりの方向性を考えるためにおこなわれた。実態調査といっても，外部の研究者が地域にやってきて調査をするのではなく，地域で働く職員が実施している。研究者に助言をもらって調査項目を作成し，調査前には職員による研修をおこなった。調査項目を埋めることが目的ではなく，調査をきっかけに職員が住民と出会い（直し），自分の生活や地域について話せる関係をつくること，聞き取りの中で課題がみえたら具体的な支援につなぐことを第一に職員が聞き取りに入った。実際，調査の過程で，医療と家計支援が必要な高齢者が家族から孤立していたケース，引きこもりが長期化している中高年とその親（高齢者）の世帯など，介入できていなかった世帯の具体的な相談支援にいたった事例が複数ある。調査の結果から，生活保護などの制度にかかっていない経済的困窮層が地域の活動やサービスにつながっていない現状や，地域内の「つながりの格差」が明らかになり，共済サービスの見直しや福祉施策，コミュニティの再編など再検討の段階に入っている。

Scene 7　箕面市全域の相談事業の開始

1969年から始まった北芝の取り組みは，貧困や差別，非識字など困りごとを抱えた人たちに寄り添って一緒に解決するというのが基本姿勢である。そのため地域の要求で実現した隣保館においては，当初から寄り添って一緒に解決するという役割を持って，人権，福祉，教育，労働，保健にわたる総合生活相談が地域で定着していた。隣保館の運営を引き継いだNPO法人北芝もその基本姿勢のもと，その後2011年に受託した内閣府のモデル事業「パーソナルサポートサービス」をきっかけに，伴走型の相談・支援事業が箕面市全域に広がった。10代後半から40，50代までの相談が大半を占め，児童・高齢・障害など既存の福祉制度の対象には当てはまらない「制度のはざま」にある人たちの状況とニーズがみえてきた。

今では，生活困窮者自立支援事業として一人ひとりのニーズに沿った個別的な寄り添い支援を進めている。その中で，若者が気兼ねなく過ごせる社会的居場所をつくり，多様な就労（体験）の場を地域内外から発掘してきた。いわゆる一般就労や福祉的な就労という二者択一ではなく，その人のペースにあった多様な働き方を開発しつづけている。

Scene 8　支援する――されるの関係を超えて

北芝の若者にとっては隣保館が子どものころからの居場所の一つとして機能しており，ふらりと寄って気軽に相談できる場所でもある。働く場所がみつからず，生活に困窮しているという若者が地域のボランティア活動をNPO法人北芝の職員と一緒におこなっているうちに，「ボクも地域でなんかしたい」と相談員につぶやいた。そこで，北芝地区の高齢者の困りごとを支える生活支援サービスを始めるように支援を進めた。「なんでもやったるデイ」と銘打って大型家具の移動や処分，網戸交換，買い物代行など，ヘルパーさんには頼めないちょっとした困りごとをこうした若者たちが担っている。その名も「生活支援戦隊なんかしたいんジャー」。ご当地ヒーローとしてユニホームも揃え，参加するのは10代後半から20代前半の若者で，不就労や引きこもりの経験者，現役の高校生などさまざまな状況にある者たちである。「なんでもやったる」といいながら，なんでもできるわけじゃない若者たちに，地域の中高年住民が技術を教え，NPO 法人職員がサポートをしている。実態調査やイベントなどでは出会えなかった高齢者から「チラシをみた，うちも頼みたい」と電話が入り，家庭内に入れた事例もある。2回目以降の仕事依頼では，若者を指名する人がいたり，若者に料理の差し入れがあったり，支援されてきた若者が地域住民とつながり活躍する機会も生まれている。

事例のポイント

○使命に基づき，中長期的な視野に立った組織変革

1969年の特措法が施行され，地区住民と行政の努力によって地区基盤整備（ハード面）と生活基盤の底上げ（ソフト面）に成果があった一方，住民の中には行政依存の傾向が表れたとコミュニティリーダーたちは振り返っている。支部の代表者らは特措法が時限立法であり，給付が打ち切りになることは時間の問題であると認識していた。その時をただ待つだけでは，貧困問題が生じることは安易に想定できていた。そして，子どもたちの教育，意欲の問題は，貧困の再生産につながっていく。そこで，中長期的な視野を持って，自ら考え行動できるように，住民主体のまちづくりに切り替えていった。当時，とりわけ，個人給付の返上は，議論の末，生きがい事業への転換や収入の少ない世帯へのサポートとなる事業へと移行した。運動の使命を改めて確認し，周辺地区の住民までを巻き込むかたちで，住民主体のまちづくりに向かっていった。こうし

た，**ミッションベースドマネジメント**（使命に基づく経営）が脈々と連なり，現在のNPO法人の組織化，運営へとつながっている。

〇声をひろうしかけづくりと一人の声を受け止めるしくみ

地域のなかで困っている人それぞれのニーズに耳を傾け，その人に合わせた解決方法を本人や住民とともに模索する方法を相談事業やワークショップで繰り返し実施している。このワークショップでは，NPO法人北芝のスタッフのみならず，大学研究者などが企画から携わり，**ファシリテーター**として参加している。ファシリテーターの役割は，一人ひとりの声を聞き出し，ささいなことでも受け止めること，また，その声を，ワークショップ全体に伝わるように説明していく代弁者の役割である。通常，ワークショップなどは，グループで討議し，その結果をグループの総論としてまとめあげる手法である。

しかし，NPO法人北芝の場合は，ワークショップとして複数の住民を集めグループワークをおこなうというよりは，集まった住民を個別化し，一人ひとりの声を聞き出していく手法を用いている。また，声を全体で共有し，できることは，すぐに行動に移していく設計になっている。そして，**インターミディアリー**（中間支援組織）として出発したNPO法人北芝が事業主体として事業を促進している。

〇多様な参加を生み出すしかけ

NPO法人北芝のスタッフは現在40人以上となり，平均年齢は30代前半と比較的若い層が中心である。NPO法人北芝では，本文中では紹介しきれないほど，多種多様なイベントや活動が日々繰り広げられている。地区内外の「出会いとつながり」をテーマとして屋台や朝市，研修会，お祭りにいたるまで，部落問題とは一見関係ないようにみえる活動が展開されている。こうした，無数のイベントを，NPO法人北芝では，デザイナーが広報を担い周辺地域を超えて，広く情報を発信している。そこで，関心のあるイベントに若者がぞくぞくと集まってくる。こうして集まった若者が，それぞれに，したいことをかたちにしていくことをNPO法人北芝は応援していく。その狙いは，担い手を増やすことだけではない。地域の多様性を高めていくことに目的がおかれている。

地域の多様性とは，違いを認め合いながら，ともに暮らしていくことのできる地域づくりに他ならず，NPO 法人の使命そのものである。多様な考えや価値を持つ人々が集う北芝地区は，誰にとっても暮らしやすい「まち」の一つになっている。

演習課題

演習テーマ 1

メンバーの均質性や閉鎖性の高い組織や場を開かれた組織や場に転換していくためには，どのようなプロセスが必要かを考えてみよう。

演習テーマ 2

Scene 8 のような，利用者であった若者が就労することの意味や意義について考えてみよう。

演習テーマ 3

住民ニーズに基づくプログラムの開発をおこなううえで，ワークショップは方法の一つであり，専門職はファシリテーターとして参画することが大半である。そこで，身近な課題をテーマとして取り上げ，ファシリテーター，住民の役割の双方を体験しながら，ファシリテーターに求められる態度や技術について考えてみよう。

注

(1)　NPO の概念はアメリカ固有の税法をもとに規定されているために，法律の異なる他の国ではそれぞれ異なった理解がなされている。たとえば同じ NPO という言葉であってもアメリカでは大学や病院，美術館から市民活動団体まで幅広い組織を意味するが，日本では市民活動団体を意味することが多く，公益法人である社会福祉法人や財団法人，社団法人，学校法人とは区別されて使われる。また，非営利の基準に関しては曖昧な部分もあり，組合員の共同出資によって運営され，出資者の共益を目指す協同組合は利益非分配の基準が適応されないことがあり，アメリカの NPO からは除外されることが多い。近年では，より普遍的な組織形態を示すために「サードセクター」や「社会的企業」という言葉を用いることも多くなっている。

＊本事例は，NPO 法人　暮らしづくりネットワーク北芝スタッフ，坂東希さんからの事例提供をうけています。

用語解説

▶ファンド

企業や公益法人が活動を行ううえで必要な資金について，融資や投資，ないしは，補助などをおこなうことができる金融機能を有する機関や団体のことをさす。

▶ミッションベースドマネジメント（使命に基づく経営）

営利企業の最大の存在目的が「利益追求」であるのに対して，非営利組織はミッションイコール，社会的使命の達成である。たとえば病児保育事業を展開する著名な NPO 法人フローレンスは「親子の笑顔をさまたげる社会問題を解決する」ことをミッションに掲げており，このミッションに応じる活動を展開している。このように組織を経営していくことをミッションベースドマネジメントという。

▶ファシリテーター

ファシリテートとは，「容易にする」「促進する」との意味である。集団による問題解決やアイデアの創造など教育や学習など，人間関係に関するさまざまな知識創造活動や体験的なプログラムの進行役であるスタッフのことを意味する。

▶インターミディアリー（中間支援組織）

「中間支援機関」のことであり，市民・企業・行政同士を結びつけ，交流協働化を仲立ちする存在である。

第16章

社会福祉法人

社会福祉法人とは

社会福祉法人とは，社会福祉法第２条に定められている**社会福祉事業**（**第１種社会福祉事業および第２種社会福祉事業**）をおこなうことを目的として，社会福祉法第22条の定めるところにより設立された法人のことをいう。同法人制度は，社会福祉事業の持つ公共性から，認可要件等，設立および運営には厳格な規制が加えられている。2014年度末現在の全国の法人数は１万9823件で，うち，社会福祉協議会が1901件，共同募金会が47件，社会福祉事業団が129件，施設経営法人が１万7375件，その他が371件と，９割弱を施設経営法人が占めている。1990年度の数が１万71件だったことを考えると，**社会福祉基礎構造改革**以後，その数は約２倍にまで膨れ上がり，日本における社会福祉サービスの担い手として重要な位置を占めていることがわかる。

歴史的には，**措置制度**下の社会福祉の担い手として大きな役割を果たしてきたわけだが，かねてから民間法人でありながら行政サービスの受託者として公的な色合いの濃い法人としてつねにある種の矛盾を抱えながら歩んできた経過がある。とりわけ，2000年以降は，社会福祉の措置から契約制度への移行とともに市場原理が導入され，他の民間法人との**イコールフッティング**などが問題視されてきた。制度の見直しや存在意義そのものを問う声も高まる中で，2015年４月，政府は「社会福祉法等の一部を改正する法律案」を閣議決定し，国会に提出した。同法は，同年７月31日に衆議院で可決，2016年３月31日に成立する運びとなった。本改正に基づき社会福祉法人制度の改革がその柱の一つに据えられ，公益性・非営利性を確保する観点から制度を見直し，国民に対する説明責任を果たし，地域社会に貢献する法人のあり方を徹底することとされた。

社会福祉法人は何をするのか

社会福祉法人は，先にも触れたように第１種社会福祉事業ならびに第２種社会福祉事業をおこなうことを目的としており，児童福祉，障害者福祉，高齢者福祉，生活保護や生活困窮にかかわる事業にいたるまで，また在宅，通所サービスから入所サービス，措置サービスから契約によるサービスまでその事業内容は多岐にわたる。

なかでも公益法人としての性格から，福祉サービスにおいては他の市場原理から漏れ，民間事業者では担いきれない制度のはざまにあるといわれるニーズへの対応や，民間事業者が参入しにくいといわれる過疎地域などのサービス提供など，地域社会におけるセーフティネットとしての役割を期待されてきた。

一方で，2013年９月に厚生労働省に設置され，全12回にわたって議論が交わされた「社会福祉法人の在り方等に関する検討会」では，次のような課題も指摘されている。一つには制度事業に留まり，利用者や地域住民のニーズに十分に応えることができていない，もしくは取り組んでいたとしても十分な評価が得られていないことがあげられる。また，近年の公益法人改革等により，他の非営利法人による情報公開が進められているにもかかわらず，社会福祉法人については財務諸表等の公表は義務とされておらず，自主的に公表している法人も半数程度にとどまっているとの指摘もある。その他，組織体制のガバナンス▶確保の問題や，税制優遇により得られた利益を地域に還元せずに，内部留保として無作為に積み立てられているといった批判，特別養護老人ホーム等，第１種社会福祉事業に対する参入規制の問題等があげられている。

地域福祉の推進主体としての社会福祉法人

では，社会福祉法人が地域社会で果たすべき役割を，地域福祉の観点から述べておこう。

一つは，セーフティネット的役割をより発揮していくことである。地域福祉は**フォーマルサービス**▶と**インフォーマルサービス**▶の両面が欠かせないが，社会福祉法人は制度に基づくフォーマルサービスの提供組織でありながら，セーフティネット的役割として，時には制度に乗らない，はざまにあるニーズに対しての対応も求められる。そこを見逃さず，むしろ新たな事業化，地域の組織化の追い風ととらえ，事業利益をそういったところに充当していくことが求められるであろう。

２つ目は，住民参加という観点から地域福祉を推進していくことである。地域住民が，社会福祉法人がおこなう事業に利用者や対象者として参加するだけではなく，運営や意思決定，ガバナンスにかかわっていくことも地域福祉を推進するうえで有効である。公益性が高い法人であるからこそ，法人はもちろん，法人がおこなう事業を共同所有的観点からとらえ，能動的にかかわっていくしくみを構築していくことが，支援をする，されるという関係を超えた福祉文化の醸成につながっていくであろう。

３つ目は，資源開発という観点からみた推進主体としての役割である。たとえばデイサービスをおこなっている事業所が，夕方以降，子どもたちの居場所として食事提供をしたり学習支援の場とするような取り組みが広がっている。このように，社会福祉法人が持っている資源を有効に活用するための，資源開発を進めていくことが求められるであろう。

事例　福祉文化をはぐくむ地域福祉拠点事業 ——石川県小松市三草二木西圓寺の取り組み

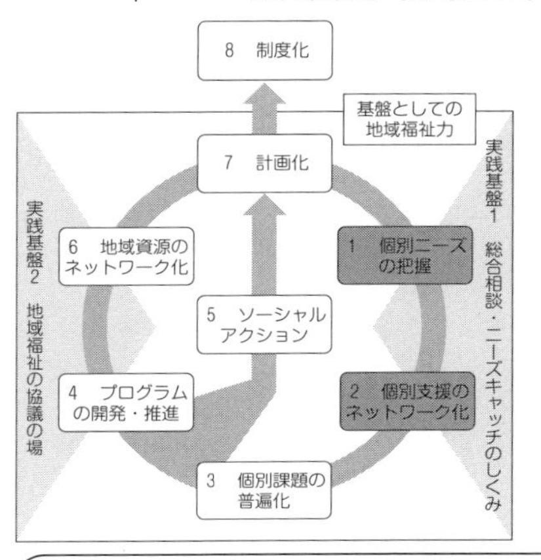

【地域の概要】

■石川県白山市（法人本部）

・人口11万3004人，世帯数４万2499世帯（2017年１月現在）

■石川県小松市野田町

・人口　218人，世帯数71世帯（2017年１月現在）

【三草二木西圓寺の活動概要】

西圓寺は，社会福祉法人佛子園が取り組む103に及ぶ事業のうちの一つである。住職が逝去し，後継者もなく，廃寺となった野田町の西圓寺を社会福祉法人佛子園が複合型地域福祉拠点としてリノベーションした。主な事業は，障害者の生活介護，就労継続支援事業Ｂ型，高齢者デイサービスといった社会福祉事業と温泉施設，飲食業，食品の加工販売などの経済活動，コンサートや祭事などの文化事業にわたり，幅広い活動が実施されている。

【事例のポイント】

障害者の地域移行を進めていくにあたり，地域の課題を社会福祉法人，また，サービス利用者が担い手となり解消し，同時に，地域住民が主体的に参加できるプログラムの開発や地域資源のネットワーク化が促進され，住民の自治力が強化されていく地域福祉拠点事業である。福祉コミュニティの形成プロセスにおいて，地域コミュニティが活性化されていくところに特徴がある。

Scene 1　NIMBY（Not in my back yard）を経験して

佛子園は，行善寺（宗教法人が運営している寺）で戦争孤児たちを預かる慈善事業から始まり，その後，障害者福祉事業に貢献してきた社会福祉法人である。こうした長い歩みの中で，制度ができる以前より積極的に「障害者の地域移行」に取り組み，身近な地域にグループホームを開設していった。こうした経過の中で，ある地域の自治会から，「佛子園の取り組みはよいが，家の近所にグループホームがつくられては困る」との声が寄せられた。いわゆるNIMBYである。NIMBYとは，総論としては賛成であるが，自身の裏庭（日常に直接的にかかわること）には望まない，という態度を示すことであり，地域エゴともいわれる。こうした態度は，時に施設コンフリクトに発展する場合がある。福祉領域における施設コンフリクトとは，近隣住民による施設建設に対する反対運動であり，依然として，全国各地で起きている社会課題である。

佛子園の場合，表だった運動にまで発展しなかったが，一般的には，障害者は罪を犯すという「治安の悪化」，入所施設ともなれば汚物が出るという「衛生上の問題」，これらが重なり合い地価が下がるという「経済的損害」などの理由をあげて反対の意向が示されていく。これらは，事実や法的な根拠を伴わない場合が多い。これらに，対処する方法は，法のもとに争議を立てること，もしくは，差別や偏見だとして当事者運動（デモ）をおこない，地域や行政を糾弾することも場合によっては取るべき方法として考えられる。

Scene 2　地域のユニバーサルデザイン化

こうした地域の声があることを知り，佛子園の理事長は障害者が当たり前に地域で暮らしていくことを進めていくには何が必要かを考えていった。その結果，「地域移行」を進めていくためには，地域社会そのものを変えていく必要性があると考えた。この地域という空間は多様な人々が暮らしを営んでおり，障害者だけの暮らしの場でもない。そのため，障害者と高齢者，子どもを含め，老若男女すべての人々にとって住みよいまちをつくることを目標とした。

Scene 3　地域課題を把握する

NIMBY 問題を経験したのち，西圓寺の代務住職の知人から佛子園の法人本部に廃寺となった西圓寺の跡地問題についての相談が入った。もともと，西圓寺は，1473年に建立された野田町にとって唯一のお寺であり，全世帯が檀家であった。お寺は，宗教的役割のみならず，祭事，寺小屋，そして，古くは，住民の基本台帳などを管理する，いわば，自治体の役割までを担ってきた地域の文化・教育，そして，自治の中心的な拠点であった。そのため，廃寺となった2015年以降も，町のシンボルを自治会として，取り壊すことが正しいのか否かについて，意見は逡巡していた。いっそのこと取り壊し，駐車場にするのはどうか，などの意見もあったが，お寺と縁が深い高齢者たちが反対した。その中に，佛子園の理事長らも交わり野田町の住民と協議を重ねていった。すでに檀家は離れており，後継者となる住職を探すこともむずかしい状況である。こうした議論は，1年以上に及んだ。最終的には，以前のように世代を問わず人が集う場としてお寺を再興していきたいということで，合意がはかられた。

Scene 4　西圓寺プロジェクトを進めるうえでの理念

人が集う機能とは何か，地域住民はさらに協議を重ねていった。この町には，飲食店や娯楽もない。だから，カフェや温泉があれば住民は集うのではないか，という案が出た。佛子園の理事長らはその一つひとつの声に耳を傾けた。そして，これらを地域ニーズとしてとらえ，温泉をメインとした複合施設の事業化に着手していくこととなった。また，実現していくためには，財源が必要であり，日本財団や自治体の補助金，助成金，また，銀行からの借り入れによって，一から温泉の掘削やお寺のリフォーム代金を捻出していった。ただし，佛子園の取り組みは，「地域にとって都合のよい」ことを担う存在ではない。目的は，障害があってもなくても，誰もが暮らせるまちの実現である。西圓寺は，佛子園にとってのモデル事業であり，「地域を変える」ために必要なプログラムや開発推進をしていくという戦略的な取り組みである。そこで，条件としては，「地域住民が主体的に運営にかかわること」「地域の障害者，そして，高齢者を受け入れること」を佛子園がかかわる条件として自治会に提示したのである。

Scene 5　「ごちゃまぜ」から生まれる新たな関係性

温泉ができ，もともと本堂であったところに先述した社会福祉事業，カフェを開始した。今では，駄菓子屋までがオープンしており，地元の高齢者と障害者の共同作業（ワークシェア）によってつくられた味噌や梅干しも販売されている。

温泉は，野田町民一人ひとりの入湯札があり，いつでも無料で利用できる。また，デイサービスを利用する高齢者も障害者も同じお風呂を利用し，清掃管理は障害者や地域住民が担っている。

Scene 6　日常化する場がはぐくむ「気づく力」

こうやってこれまで，障害者と専門職の関係だけで成立していた施設のなかだけのケアの現場に，世代を問わず野田町の住民が訪れるようになる。お風呂を利用する野田町民は，ほぼ全世帯に及び，その多くが日常的に利用している。そして，温泉の清掃，文化交流事業の手伝いなど，何もいわず，日々の運営に地域住民が携わるようになっていった。つまり，毎日の生活の一部に西圓寺が位置づいている。その中で，専門職が利用者にどのように接しているのかを観察することになる。そして，次第に，利用者と地域住民が挨拶やコミュニケーションをとるようになっていく。

こうした，福祉拠点の地域化が進められることによって，日常的にさまざまな情報も集積され，変化に「気づく力」もそれぞれに芽生えていく。たとえば，ここを利用できない野田町に暮らす独居高齢者のことも把握できるようになった。また，いつも，同じ時間にお風呂に来ていた住民Ａさんが2，3日来ていないだけで，他の住民や専門職が気にかけて訪問することもある。意図して見守り支援チームをつくっているわけでもない。それぞれが，それぞれに気づき，気遣う関係性が生まれてきたのである。

Scene 7　専門職は「黒子」

こうした日々のケアの現場と暮らしが一体となっていくと，野田町にはない高齢者のグループホームの必要性を訴える住民の声も聞こえてくる。西圓寺の専門職も当初からその必要性には気づいていた。そして，佛子園の人材や財源，ノウハウを用いれば，事業を始めることはむずかしいことではない。ただ，10年目になる現在もまだ開設していないのには理由がある。西圓寺の条件の一つ，住民が主体的に運営にかかわることである。住民自らが開設に向けて動き出せるように「黒子」としてサポートしている。佛子園では，専門職はリーダーではなく，当事者である利用者，住民の主体的な参加を支える「黒子」となる。

事例のポイント

○佛子園流ソーシャルアクション

NIMBY を経験したことは，法人運営の大きな転換期となった。障害者の地域移行は，いうなれば，ソーシャル・インクルージョンを実現していく取り組みである。そのため，差別や偏見を持つ地域社会を対立的に位置づけ，法的正当性に基づく「権威」により，勝ちとる方法をとらなかった。地域が障害者を健常者のように同化させていくのではなく，障害者として受け入れることができる，多様性を認め合える地域づくりを目指した。当事者を中心におきながら，対話と協議，そして，住民主体の原則に立った地道な地域づくりの実践であり，いわば，コミュニティエンパワメントの考えに共通する実践であるといえよう。

○「商い」をすることの意味

西圓寺の取り組みは，ケアだけを提供しているわけではない。当事者も地域住民もそれぞれの立場でできることを活かし合っている。地元の高齢者と障害者の共同作業（ワークシェア）は最たる例であるが，人生で培った知恵を生かした加工品をつくり，店頭販売やカフェ，または，ネット通販で販売している。その売り上げは，素材を提供した農家，働いた高齢者や障害者の賃金，そして，西圓寺の売り上げになる。最近では，近くにある酒蔵とコラボレーションした化粧水まで商品化している。こうした経済活動は単に収益や所得のためというだけではない。魅力のあるカフェや商品は，これまで，福祉とかかわることのなかった住民にとっては「購入」するという敷居の低い参加のルートにもなる。新たなかかわりを広げていくことが生まれる効果をもたらしている。

○学習の場としてのごちゃまぜ空間

西圓寺の取り組みは，福祉ニーズのみならず，地域ニーズに基づいたプログラムを開発推進しており，社会福祉事業の枠組みに定まった取り組みに縛られていない。その結果，多様な人々が集う場としての空間が生まれている。核家族化が進む中で，これまで，出会う経験がなかった高齢者と子ども，そして，障害者と若者が同じ空間で食事や入浴を楽しんでいる。そして，専門職が何気なく利用者に接する姿をみる機会，時に，直接コミュニケーションをとっていくことは，他に代えがたい福祉を学ぶ機会になっている。こうした学びの場が身近な地域で，そして，「当たり前」に過ごす日常生活の一部に組み込まれていくことで，福祉文化は醸成されていく。

演習課題

演習テーマ 1

西圓寺の取り組みは他の社会福祉法人が取り組むデイサービスや生活介護と比べてみても，枠組みに縛られない自由な事業が展開されている。こうした，事業が生み出すことができた要因を整理してみよう。

演習テーマ 2

地域社会では，さまざまな価値観，考えを持つ人々が暮らしを営んでいる。その中には，障害者に対する偏見や差別的感情を持つ人も少なくない。にもかかわらず，野田町では概ね全世帯が西圓寺を利用している。こうした関係性を育んでいくために，どのようなプログラムや地域支援が必要か考えてみよう。

演習テーマ 3

社会福祉サービスの利用者と地域住民が関係性を構築していくことがもたらす効果について考え，どのような場づくりと地域福祉専門職としての支援が必要かを考えてみよう。

参考文献

厚生労働省（2015）『平成27年度版厚生労働白書』。
厚生労働省社会・援護局福祉基盤課（2016）「社会福祉法人制度改革の施行に向けた全国担当者説明会資料」。

用語解説

▶ガバナンス

社会福祉法人が，適正な法人経営を確保することによって，社会からの役割期待に応えるための統治のしくみのことをさし，一般的に健全なガバナンスのために，①経営の透明の確保，②ステークホルダー（利害関係者）への説明責任の徹底，③適切な情報開示，④経営者の管理責任の明確化，⑤内部統制の確立（組織目標を達成していくための規則やしくみ）の５つの項目があげられる。

▶フォーマルサービス

医療保険や介護保険，障害者総合支援法などの法律・制度に基づいておこなわれる特別養護老人ホームやデイサービス，訪問介護など公的なサービスのことをさす。

▶インフォーマルサービス

介護保険などの制度を使わないサービスであり，家族や親族，自治会などによる見守り支援などをさす。

▶ソーシャル・インクルージョン

ソーシャル・インクルージョン（social inclusion）とは，貧困やホームレス状態に陥った人々，障害や困難を有する人々，制度の谷間にあって社会のサービスの行き届かない人々を排除し孤立させるのではなく，地域社会への参加と参画を支援し，社会の構成員として包み込むことである

▶コミュニティエンパワメント

当事者一人ひとりの思いを活かしながら，共感に基づく自己実現をはぐくむ仲間と，場所，すなわちコミュニティを作りあげる技法である。

第17章

社会的企業

社会的企業とは

近年，注目を集めている社会的企業であるが，結論からいうと日本においては社会的企業に関する明確な定義はないのが現状であろう。大きく分ければアメリカ由来の社会的企業論とヨーロッパ由来のものに分類されるのが一般的である。両者は，経済活動をおこなう点では共通するが，前者はその組織形態による制限はなく，また対応すべき社会的課題を広くとらえるのに対し，後者は協同組合や非営利組織などに限定し，社会的排除や地域再生に取り組む団体にその対象を限定している点に違いがみられる。

そのような中，2015年3月の内閣府の調査「我が国における社会的企業の活動規模に関する調査」では，①組織形態，②主な収入（財やサービスの提供（ビジネス）によって社会的課題を解決しようとしているかどうか），③事業の主目的（組織の主目的が社会課題の解決なのかどうか）を基準に「社会的課題をビジネスを通して解決・改善しようとする活動をおこなう事業者」と定義づけをおこない，調査を実施している。この定義を図式化したものが，**図17－1**である。本調査では，社会的企業とは組織形態は営利か非営利かを問わず，民間市場から主な収入を得ていて，事業の主目的が社会課題の解決である事業者としており，太点線で囲んだ吹き出し部分をその対象としている。

一方，社会的企業の中でも欧州を中心に注目されているものとして，労働統合型社会的企業といわれるものがある。労働市場からの排除を社会的排除ととらえ，就労困難といわれる人たちに対して，雇用や就労の機会，訓練機会の提

図17－1　社会的企業の位置

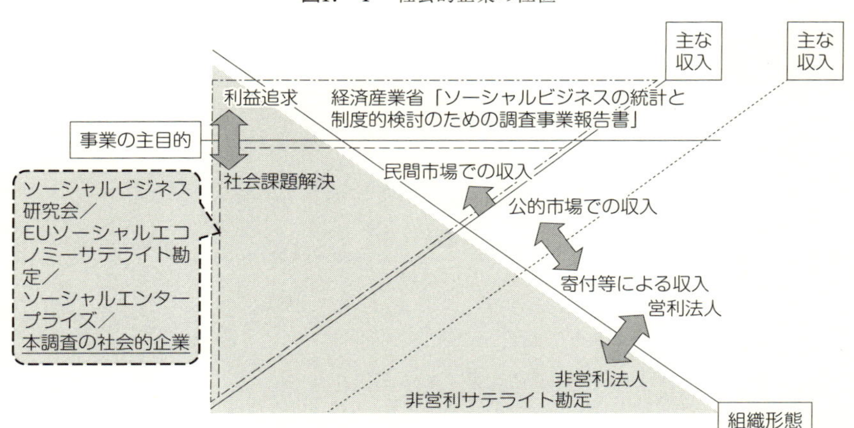

出所：内閣府（2015）「我が国における社会的企業の活動規模に関する調査報告書」4（図表１　推計の範囲）。

供などをおこなう事業体のことをさす。近年，日本においても障害者や生活困窮者の就労支援策として注目されている背景の一つであるといえよう。

もう一つは，地域福祉の文脈で社会的企業をとらえる場合，類似概念としての社会起業という考え方にふれておきたい。社会的企業がどちらかというと組織体をさす概念だとすると，社会起業は，何らかの事業を起こす一連の過程ととらえることができる。牧里毎治によれば，地域福祉における社会起業を「従来のボランティア活動や助け合い活動にとどまらず，援助を必要とする当事者の就労および雇用という形での地域参加や寄付・寄贈，出資という，地域住民の地域貢献をクロスオーバーさせてビジネス（事業）化するもの」として概念化している[(1)]。

社会的企業は何をするのか

社会的企業が何をするのかということを事業内容で分類することはむずかしいが，その事業体が社会的企業か否かを判断するうえでのヒントはある。たとえば一つに，収益性という軸が考えられる。収益が上がる事業であれば一般の営利企業がビジネスとして参入してくることが想定され，あえて社会的企業と名乗る必要はない。収益性が上がらないが，取り組むべき社会的課題の解決に取り組んでいる，というところに社会的企業が事業をおこなう領域があるといえよう。

もう一つは，社会的な側面による軸である。たとえば，事業が人や環境にとって優しいものか，事業を通して得られた利益やサービスが地域住民や地域社会に貢献したり還元されたりするものかどうかといった基準が考えられる。また事業そのものが，つまり経済活動が社会的課題の解決に結び付くものかどうかといった視点も重要である。加えていえば，そういった事業，経済活動の決定，活動のプロセスに当事者や地域住民が参画しているか否かが，社会性を問ううえでの鍵になってくるといえるであろう。

地域福祉の推進主体としての社会的企業

地域福祉の推進主体として社会的企業に求められる役割，期待の一つは，格差が広がり，貧困をはじめとして雇用問題に起因する社会課題が多様化する中で，就労機会，雇用機会を拡大していくことである。2つ目は，事業化，また日々の経営のプロセスの中に，いかに住民や当事者が参加するしくみをつくれるかどうかであろう。そういった意味では，やや重複するが事業が住民ニーズに立脚したものであるかどうかも問われることになる。いわば，日々の経済活動を通して，地域の課題解決をはかり，地域へ貢献することを内在化していくことが地域福祉の推進につながる。そのためには，互酬性を基盤に，市場活動をおこないながらも，一定の公的資金収入も組み合わせながらハイブリッドな経営をおこなっていくことが，事業を通して社会課題の解決をはかる社会的企業の真骨頂といえるかもしれない。

どんな事業であれ，社会的企業の創出過程から安定経営をはかっていく経過の中でつねに内発性を基盤に，政治や経済，文化のあり様までを住民主体で問うていくことが，地域福祉推進主体としての社会的企業の社会的使命であるといえよう。

事例　羽毛のリサイクル事業を通した障害者就労の機会創出と共同募金のしくみづくり――三重県多気郡「グリーンダウンプロジェクト」

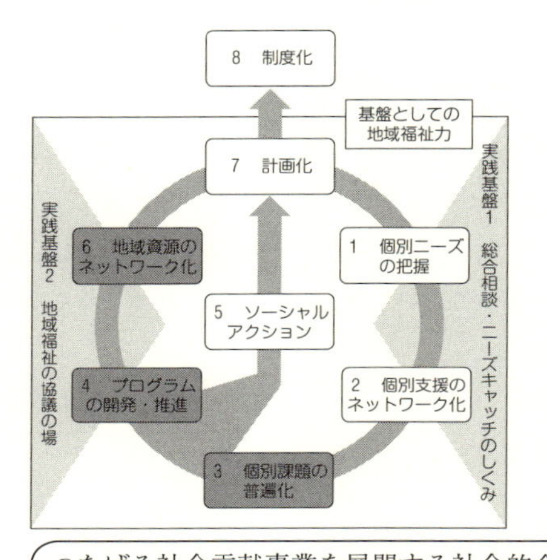

【法人の概要】

■法人の拠点

三重県多気郡明和町

・人口２万3166人，8807世帯（2017年２月現在）

■法人の活動概要

グリーンダウンプロジェクト（以下，GDP）は，2014年に設立された法人である。これまで，ごみとして焼却されてきた使用済み羽毛製品を自治会などから回収し，洗浄，販売を企業との協働，そして障害者とともにおこない，事業費の一部を恒常的に共同募金会への寄付へとつなげる社会貢献事業を展開する社会的企業である。一般社団法人格を有しており，理事メンバーとしては，コミュニティワーカーが代表理事となり，環境活動，地域福祉の研究者，経済団体中間支援組織の管理職，ファッションスタイリストなどの理事で構成されている。

【事例のポイント】

社会課題の一つである障害者雇用の促進，ならびに地域福祉財源の重要な柱の一つである共同募金の寄付を同時に解消していこうとする事業体である。通常の生産活動（事業）に寄付のしくみが組み込まれた取り組みであり，かつ，障害者がその担い手となり進めていく事業である。また，この取り組みをGDP内だけで完結するのではなく，かかわる企業（会員企業）へと広げていくことを目標にしている。

Scene 1　地元企業の寄付がきっかけ

明和町に高度な羽毛洗浄技術を持つ創業100年以上になる企業Kがある。ここの代表者と，共同募金へ「寄付」をしたいと依頼を受けた地元社会福祉協議会のコミュニティワーカーとの出会いがプロジェクト発足のきっかけとなった。一般的に，企業による寄付は，利益の余剰を社会に還元する行為であり，地域福祉活動への間接的な支援である。また，寄付をおこなうことは，代表者や一部役員の一存で決定され，その他の社員は一切関知していないケースも多い。

そこで，コミュニティワーカーは，従業員を含む企業全体が，地域福祉活動へ参画できるしくみづくりを構築できないかと考えた。

Scene 2　企業の問題意識を社会貢献プログラムへと変換していく

はじめに，コミュニティワーカーは，企業Kの代表者に対して，どのような思いを抱いているのか，聞き取りをおこなった。

① 100年以上，企業活動が続けられ，そして，従業員の多くが暮らしを営む地元地域に恩返しがしたい。

② 羽毛は食肉用の水鳥から採取された再生可能資源であるにもかかわらず，使用後にごみとして焼却されているのはもったいない。

③ 急激な需要増加を背景に，羽毛の採取だけを目的に水鳥を生産し，生きたまま毛だけをむしり取る「ライブアンドピッキング」がいまだにおこなわれているなど動物愛護の視点が完全に欠如している生産業者が横行している。

④ 羽毛の加工に際して，人体への影響が懸念されている薬品が使用されている例も後を絶たないなど，安全性まで軽視した収益至上主義のビジネスモデルに対して憤りを感じている。

以上のように，地域に対する代表者の思いや羽毛商材を取り巻く市場の状況を把握し，企業Kの本業である羽毛の洗浄技術を生かして，自然環境に資する循環型ビジネスモデルを構築しながら「寄付，ならびに，障害者の就労機会」を促進するプログラム開発に着手していった。

Scene 3　羽毛のリサイクル事業を通した寄付事業のしくみ

寄付は，共同募金会を通して地域福祉活動に還元されるしくみづくりを考えた。そのため，共同募金会の協力を得て，使用済みの羽毛製品を自治会・町内会ごとに回収し，企業Kに輸送する流れをつくった。GDPは，回収された羽毛製品の買い取り価格を設定し，回収量に応じた金額を，回収地域の共同募金に寄付するしくみをつくった。また，こうして回収された羽毛製品については，企業K内部にある工場で切り開き，高度な技術を駆使して洗浄をおこなうこととした。そして，汚れや強度，重さなどについて，品質調査を研究機関に依頼し，一定の基準をクリアしたリサイクル羽毛を「グリーンダウン」として商品化した。このグリーンダウンを，GDPは，アパレル企業や寝装具メーカーに対して，一般的な市場価格で販売することで，収益を上げることが可能となった。

Scene 4　活動を広げていくための基準づくり

切り開き作業に従事する障害者は，企業Kの近隣に所在する就労継続支援B型事業所（以下，作業所A）から，施設外就労として出向してきている。作業所Aは，平均工賃が1万円に満たなかったが，切り開き作業を開始して以降，一人あたり月額8～10万円程度に工賃が向上した。その理由は，単純であり，グリーンダウンが市場で売れたからである。バージン羽毛と比較しても遜色のない，高品質な商材であり，かつ，価格も適正に抑えられているなど，「グリーンダウン」のもつ商品力により売り上げにつながった。このように，製造と販路のバランスが一定程度安定化しビジネスとしても成立したため，GDPとして，事業の拡大をはかるために，2つの基準を設けた。

一つは，グリーンダウンの品質基準を設定し明文化した。その理由は，基準をクリアすることで，企業K以外の洗浄企業もこのプロジェクトに参加できるようにした。もう一つは，グリーンダウンを購入する企業を「販売会員」，店頭などで羽毛製品の回収を無償でサポートしてくれる企業を「回収協力会員」として位置づけ，それぞれに年会費を徴収した。

そして，前者の販売会員については，グリーンダウンを使用した商品の製造プロセスにおいては，環境に考慮し，かつ，障害者就労の機会を創出していく（努力義務）ことを条件とした。この条件がクリアされるかどうかについては，販売会員には，製品作成に向けた事業計画書の提出を求めた。また，その審査については，公平さを期すためにGDP法人の役員以外の学識者や専門家により構成される委員会を設置しおこなうこととした。また，年会費を元手に各企業の障害者雇用率を向上させていくための，アドバイザー事業を展開していった。

Scene 5　企業の障害者雇用の状況把握

アドバイザー事業を通して，販売会員企業に出向き，障害者雇用の実態把握に努めた。ほとんどの会員企業は障害者の法定雇用率を満たしていないことがわかった。企業側としては，「障害者の雇用の促進等に関する法律（以下，障害者雇用促進法）」だけではなく，「障害を理由とする差別の解消の推進に関する法律（障害者差別解消法）」も施行されるなどの背景もあり，障害者の雇用率を上げたいと積極的な意思を持っている人事担当者は多い。しかしながら，伸び悩むその背景について，3点の共通した理由があげられた。

①　仕事ができるのであれば一切区別するつもりはない。ただ，障害が重度になり，できないことが多いと，割り当てることのできる業務もなく，あっても店舗のバックヤード作業か倉庫の管理業務に限られてしまう。

②　仕事ができない障害者，また，毎日出勤することがむずかしく，休みがちな障害者の業務をその他のスタッフが残業して対応しないといけない場面が多くある。そのため，スタッフの不満が高く，管理職も疲弊している。

③　環境や上記のような配慮，その他スタッフにかかる負担を考えれば，障害者を雇わず，法定雇用率を満たさない場合に支払う納付金を収めた方が，経営的な視点からは，合理性が高いと判断している。

企業は，ごく当然に，低コストで良質な商品を生産し，合理的に販売することで収益を求める営利を追求する事業体であり，生産性の高さによって労働者を評価する「能力主義」を当然としている。また，障害者雇用は，法定雇用率を守るというコンプライアンスの位置づけであり，それ以上の積極性は見当たらない。本来であれば，戦力としてとらえるはずの「人材雇用」を障害者に対しては，コストとしてとらえ，納付金などの制裁と天秤にかけた結果，雇用する方が負担が高いと判断している企業が多数存在していることがわかった。

Scene 6　公共的な事業体としてのグリーンダウンプロジェクト

GDP は羽毛商材の初めてのリサイクル事業だということもあり，取材を受ける機会が多く，その甲斐もあり，回収協力会員は日をおうごとに増えていった。地方では，自治会などの地縁型組織を中心に広がっているが，都市圏では，アパレルショップなどの店舗回収が増加していった。こうした状況を踏まえて，各企業が障害者雇用率を高めていくために，GDP としてできることは何かを検討した。その一歩として，会員企業の共同出資により，羽毛製品を切り開く作業を全国各地で事業化していく「地域就労モデル」の構築を目指した。出資企業とは，幾度となく議論を重ね，合意形成をはかっていった。この地域就労モデルは，運輸会社が運営する全国各所に所在する荷物集積場に GDP の切り開く作業場を併設していくものである。この運輸会社は社会貢献活動として無償で回収会員から羽毛製品を集め，作業場に輸送する役割を担う。

会員企業は，障害者と雇用契約を結び，アクセス面などを考慮して都合のよい作業現場に派遣する形態をとる。今は，首都圏でモデル事業として一か所で開始している。

Scene 7　学習の場から生まれる新たな可能性

首都圏モデル事業を進めていく中で，GDP では，一人ひとりの障害者の特性，就労意欲，能力の向上をはかる支援をおこなうこと，また，同時に，会員企業に対しても，学習機会をつくり，主となる事業における障害者雇用の可能性を探っている。

その一つの例として，アパレルメーカーの経営課題であった売れ残り商品の在庫をリフォームして使い，ゴミを減らし，収益を上げる事業が動き始めている。これまで，着手してこなかった，車いす利用者など，医療や福祉で必要とされる衣類を，強みであるデザイン力を活用してリフォームするリサイクル事業である。デザインは，専門職が担当するが，リフォームの作業や販売にいたるまでのプロセスに障害者の雇用機会が生まれる予定になっている。

事例のポイント

○イノベーション

GDP の取り組みは，福祉専門職と企業人の出会いがきっかけとなり生まれたプロジェクトである。コミュニティワーカーも企業 K の代表者もそれぞれ専門性が異なる中で，「強み」を活かし合いながら，一つの事業が創出された。つまり，原理の違う組織，価値観の違う人同士が交わることでイノベーションは生まれたのである。

○課題の共有化により生まれる協働

一般的に企業は，自社が生み出したしくみや商品を特許や特権に変えて，市場を独占し営利を生み出すことを原理としている。しかし，社会的企業は，社会課題の解消が使命である。GDP の場合，「障害者就労の促進」と「地域福祉財源の確保」を使命に組織されている。この課題をともに背負う，ないしは，共感する主体がより多く参加できるしくみを持つことが，使命を果たすうえで重要になる。GDP では参加基準を明確にした点，また，地域就労モデルでは，共同出資方式で会員企業と合意形成をはかりながら進めていく点など，参加を促進するしかけを用意している。そのため，共同募金会，運輸企業，アパレル・寝装具メーカーなど，市民組織・ボランティア・企業などセクターを超えた主体が参画する公共性が担保された場となっている。

○市場収益モデルのメリット

GDP は，グリーンダウンの商品価値によって販売に結び付き，収益を上げることにより障害者の就労を促進する事業モデルである。また，上述しているように社会課題を共有した会員とともに歩むビジネス形態である。そのため，グリーンダウンの羽毛商材としてだけの評価のみならず，さまざまな付加価値を総合して会員となり，回収から購入までをともに進めていくことを可能にしている，循環型のビジネスモデルでもある。

演習課題

演習テーマ 1

障害者雇用促進法に基づく，法定雇用率達成企業の割合は47.5％と低迷している要因について整理してみよう。また，その要因をどのようなプログラムや支援や援助があれば，突破することができるのかについて考えを出し合おう。

演習テーマ 2

普段競争相手となる企業間で，なぜグリーンダウンプロジェクトという事業を通して協働関係が育まれているのか，その理由について考えてみよう。

演習テーマ 3

市場収益モデルのメリットのみではなくデメリットについて検討し，今後，グリーンダウンプロジェクトがどのような対策，取り組みをおこなうことで社会的企業として持続的に発展していくのか考えてみよう。

注

⑴　牧里毎治（2012）「社会企業のゆくえ」神野直彦・牧里毎治編『社会起業入門』ミネルヴァ書房，287-294。

終章

「全世代・全対象型地域包括支援」の展望

1 包括的支援とは何か

包括的支援が必要とされる背景

「地域包括ケア」という用語が盛んに使われるようになり，介護保険では**地域包括ケアシステム**の構築が国をあげて取り組むべき「国策」とまでいわれるようになっている[(1)]。考えてみると，私たちの暮らしは，そもそもバラバラにはできない包括的なものである。しかし，知識と技術の高度化は，さまざまに分業化された専門職を生み出し，私たちの暮らしはそれぞれの専門職によって分割して対応されるようになった。脳梗塞で倒れれば，医師という専門職が診察・治療するが，リハビリは理学療法士や作業療法士という専門職が担当するだろうし，障害が残れば障害者の相談支援事業所，高齢者の場合だったら地域包括支援センター，費用がなければ生活保護課を訪れ，ソーシャルワーカーに相談しなければならない。家の改造が必要なら，仕事に復帰する場合には，とそれぞれに専門家と呼ばれる人がかかわることになる。もちろん，あらゆることを解決するスーパーマンを期待できない以上，私たちの生活の一部分をさまざまな専門家が分業して対応することになるのは仕方がない側面もある。しかし，これがあまりにバラバラになってしまったために，それを「包括的に」支援することの必要性が認識されるようになってきているのである。

また，地域福祉の視点からみると，包括する対象は専門家による支援だけではない。その人の生活の全体をとらえるなら，「私たちの暮らし」にかかわるのは専門家だけではないからである。脳梗塞で倒れたとしても，一人ひとりその人がはぐくんできた家族や職場との関係，友人や地域との関係といった社会関係は個別的であり，多様である。その人の暮らしを起点に考えると，専門家を含めたその人を取り巻く社会関係の全体を包括して支援していく視点が必要になるのである。

包括的支援体制の進展

すでに述べたように，一般的に考えれば，包括的支援という概念は，高齢者に限定したものではなく，その人の暮らしの全体像を視野に入れて，多職種や地域が連携して支援していくことである。しかし，実際の地域包括ケア施策は，高齢者分野を中心に進められてきた。はじめて地域包括ケアという用語が政府の文章に登場したのは，2003年に公表された高齢者介護研究会報告書「2015年の高齢者介護」であり，その後，2005年の介護保険法改正により，個別支援のみならず，地域住民や関係機関とのネットワーク構築を担い地域包括ケアを進める中核的な機関として**地域包括支援センター**が設立された。すでに説明したように（第14章参照），地域包括支援センターは，一定の圏域で専門職を配置し，地域での暮らしを「包括的に」支援する機関として設置されることになっており，高齢者分野における地域を基盤とした総合相談は大きく進展した。

このように，横断的な問題解決の必要性が指摘される中で，制度的には，高齢者分野において保健・医療・福祉を統合化する地域包括ケアシステムの構築が法制化され，その推進が進められるなど，地域を基盤とした連携・協働のシステムづくりが目指されている〔コラム5〕。また，個別の分野での横断的な問題解決の場としては，すでに述べた地域ケア会議（第14章参照）に加え，法制化されている場として**地域自立支援協議会**（「障害者の日常生活及び社会生活を総合的に支援するための法律（以下，障害者総合支援法）」），**要保護児童対策地域協議会**（児童福祉法）（**表終-1**参照）といった多様な関係者が協議する場がつくられるようになっており，こうした協議の場では，民生委員も含めた多様な関係機関が「包括的な」支援を実施するために，それぞれの情報を共有し，個別ケー

表終-1 各分野の課題共有のための場の例

分野	名称	法律上の位置づけ
高齢者	地域ケア会議	介護保険法は，介護支援専門員，保健医療および福祉に関する専門的知識を有する者，民生委員その他の関係者，関係機関および関係団体により構成される会議をおくように努めなければならないと定めている（介護保険法第115条の48）。
障害者	地域自立支援協議会	障害者総合支援法は，障害者等への支援の体制の整備をはかるため，関係機関，関係団体ならびに障害者等およびその家族ならびに障害者等の福祉，医療，教育または雇用に関連する職務に従事する者その他の関係者により構成される協議会をおくように努めなければならないと定めている（障害者総合支援法第89条の３）。
児童	要保護児童対策地域協議会	児童福祉法は，要保護児童の適切な保護または要支援児童もしくは特定妊婦への適切な支援をはかるため，関係機関，関係団体および児童の福祉に関連する職務に従事する者その他の関係者により構成される要保護児童対策地域協議会をおくように努めなければならないと定めている（児童福祉法第25条の２）。

出所：筆者作成。

スの支援内容を検討するとともに，地域の支援ネットワークを構築し，同時にそこから明らかになる地域の課題を発見して，新しい社会資源の開発や政策形成につなげていく機能が期待されている。以上のように，高齢，障害，児童のそれぞれの分野の中で，関係者が包括的な支援をおこなうための体制整備が進みつつあるのが現状だといえるだろう。

制度のはざまや複雑な課題を抱えた世帯の顕在化

ここまで，対象別の各分野において，支援を包括化する取り組みが進みつつあることを示した。しかし，こうした「分野ごとの地域ケア」（分野ごとの包括ケア）が進めば，問題は解決するだろうか。第１章でみたように，社会の個人化によって，家族や地域，職域などとつながれない複雑な課題を抱える世帯の問題や制度のはざまの問題が顕在化するようになっており，それぞれの「分野」の中での対応では限界があることが指摘されるようになっている。

たとえば，第３章の事例であげたようないわゆる80歳の認知症高齢者とその息子である50歳の引きこもりで失業中の息子の世帯を例に考えてみよう。地域包括支援センターや介護支援専門員（ケアマネジャー）は，部屋で引きこもっている50歳の息子に気づいたとしても，自らの業務を規定している法律（この場合，介護保険法）では息子に対して何もできることがないと感じるかもしれない。この場合，地域包括支援センターや介護支援専門員は，息子を支援できる関係機関や専門職と連携して一緒に解決策を考えていくことが必要になる（分野を横断した多職種連携）。この事例では，社会福祉協議会の日常生活自立支援事業や生活困窮者自立支援事業と連携して支援していたが，これはいわゆる「高齢者分野」の中だけの連携ではない。また，場合によっては，「つなぎ先」がない場合もある。こうした問題が制度のはざまといわれるような問題である。制度のはざまは，「問題／ニードを抱えた対象者が，その問題解決／ニード充足に必要な手段・方法や資源がなく，要支援状態のままにおかれている状態[(2)]」と定義されるが，要するに解決するための制度がない状態のことであると考えておこう。こうした場合には，分野を横断して必要な工夫や取り組みを考えたり，社会資源を開発する努力が必要になる。

このように，問題の全体像や世帯全体に目を向ければ，それぞれの専門職がかかわっているのはその人（世帯）の暮らしのごく一部であって，分野を横断した多様な専門職が連携し，制度がなくて支援できないような問題については，一緒に解決策を考え，社会資源を開発することが必要になっているのである。

こうした課題を解決していくために，制度のはざまに陥る課題に対して，ワンストップで相談を受け止める窓口を設置し，その支援を担うソーシャルワーカーを地域福祉コーディネーターやコミュニティソーシャルワーカーという呼称で配置する自治体もではじめている（第3章）。とはいえ，こうした取り組みは法的に位置づけられたものではなく，各都道府県や市町村の独自の取り組みにとどまっているのが現状である。

2 全世代・全対象型地域包括支援に向けて

以上のように，専門職同士の連携やその人の暮らしの土台である地域との連携を包括した支援の必要が認識されるようになり，それぞれの分野ごとの包括的な支援体制が次第に構築されつつあること，しかし，制度のはざまや複雑な課題を抱える世帯の問題は，分野を横断した連携やそのための総合相談の窓口が必要なこと，そうしたしくみは一部の自治体で取り組まれるようになってはいるものの，法律に位置づけられたものではないことをみてきた。ここでは，今後の分野を横断した包括的な相談支援体制のあり方について展望しておきたい。

「提供ビジョン」の構成

2015年９月，厚生労働省内に設けられた「新たな福祉サービスのシステム等のあり方検討プロジェクトチーム」は，「**誰もが支え合う地域の構築に向けた福祉サービスの実現――新たな時代に対応した福祉の提供ビジョン**」（以下，「提供ビジョン」）と題する報告書を発表した[(3)]。以下では，まずこの内容を簡単に要約し，今後の福祉の提供ビジョンを地域福祉の視点から考えてみたい。

「提供ビジョン」は，これまで福祉サービスが，高齢者，児童，障害者など対象別に充実・発展してきたこと，それぞれの分野ごとの地域福祉が推進されてきたことを前提に，地域のつながりの希薄化や家族機能が低下する中で，制度のはざまの問題や複雑な課題を抱える世帯の問題が顕在化しており，こうした課題を①地域のつながりの再構築と住民主体の課題解決機能の強化，②包括的な相談支援体制の構築によって解決していく方向性を示している[(4)]。また，具体的な改革の内容としては，第一に，分野を問わない「全世代・全対象型」の新しい地域包括支援体制の確立，第二に，生産性の向上と効率的なサービス体系の確立，第三に，新しい地域包括支援体制を担う人材の育成・確保という３つの柱を掲げている。ここでは主に第一の柱に絞って，その内容を検討していくことにする。

全世代・全対象型の新しい地域包括支援体制の確立

まず，新しい地域包括支援体制の必要性について，「ビジョン」は，これまで基本的に対象者ごとに整備されてきた専門サービスに加え，そこで対応できない制度のはざまや複雑な課題を抱えた世帯の問題が顕在化していることをあげ，こうした問題を「日本の福祉制度に最後に残った切片」と表現し，これを埋めるための支援体制を構築することが重要であると指摘している。そのうえで，この「新しい地域包括支援体制の確立」は，さらに「分野を問わない包括的な相談支援の実施」（以下，総合相談）と「地域の実情に見合った総合的なサービス提供体制の確立」（以下，総合的な支援の提供）という2つの柱に分けられている。つまり，①相談の受付と②支援の提供をそれぞれ包括化すること，すなわち総合相談と総合的な支援の提供が「新しい地域包括支援体制の確立」に必要だと述べているのである。

①　新しい包括的な相談支援システム（総合相談）のビジョン

まず，総合相談の内容からみていこう。「ビジョン」は，総合相談を①相談受付の包括化とともに，②複合的な課題に対する適切なアセスメントと支援のコーディネートや，③ネットワークの強化と関係機関との調整にいたる一貫したシステムを構築し，④必要な社会資源を開発していくものであるとし，現状では適切なサービスを受けることができない対象者を受け止めることができる総合相談支援体制を構築すると述べる。このうち，相談受付の包括化には，2つのパターンが提示されている。第一は，全世代・全対象型地域包括支援センターといったかたちでワンストップ型の総合相談窓口を設けるパターンであり，第二は，既存の相談窓口の連携を強化することで，地域全体として包括的な相談支援体制を構築することである。ここでは，前者を**ワンストップ型**，後者を**連携強化型**の総合相談支援体制と呼んでおこう。

次に，相談を受け止めるだけでなく，複合的で複雑化したニーズをとらえ，解きほぐし，総合的なアセスメントをおこなうとともに，複合的なニーズに対応する支援をコーディネートすることが一貫しておこなわれることが必要であり，そのためには相談支援機関を中心としたネットワークを構築することが必要であると指摘している。

そして，既存の支援にもかかわらず，資源が不足する場合には積極的に必要な社会資源を開発することが必要であり，そのために関係相談支援機関が協議する場として，**地域会議**を設けることを提案している。

さらに，こうした分野を越えた連携の体制を調整する役割として，関係機関の間で積極的に動き回る**コーディネーター**を配置することが必要だと指摘されている。このコーディネーターは，包括的な受け止めからアセスメント，コーディネート，調整，社会資源の開発といった一連の流れをしくみとして具体化する役割を担うことが想定されている。

以上をまとめると，総合相談支援体制には，地域の実情に応じた2つのパターンが提示され（ワンストップ型と連携強化型），受け止めた複合的な課題に対して相談支援機関を中心としたネットワークによってアセスメントから支援のコーディネート，調整，社会資源開発をおこなうために，関係機関による地域会議を設置し，その調整をおこなうコーディネーターを配置することが，分野を問わない包括的な支援体制のビジョンということになる。

② 地域の実情を踏まえた支援の総合的な提供（総合的な支援の提供）のビジョン

次に，地域の実情を踏まえた支援の総合的な提供についてみていこう。これは，すでに述べたような相談の受付からの一貫した支援の提供に加え，地域の実情に応じて高齢，障害，児童，生活困窮等の福祉サービスを総合的に提供できるしくみやそのための拠点を整備することである。具体的には，障害者が働くカフェなどに地域住民が集まり，地域のことを話し合うといった例が紹介されているが，対象者を限定しない，わけ隔てのない居場所を地域につくり，子どもから障害のある人，高齢者が集い，それぞれに役割を持ちながら力を発揮できるような多世代交流・多機能型の地域拠点づくりがイメージされている。第6章で紹介した**富山型ディサービス**などはその先駆的な例といえるだろう。しかし，こうした施設を整備しようと思っても，それぞれの制度には人員配置基準や施設基準などがあって実際には拠点の整備は進んでいない。こうした基準の見直しなどをおこなうことも提言されている[(5)]。

3　全世代・全対象型地域包括支援のこれから

以上のように，制度のはざまや複雑な課題を抱えた世帯の問題を専門職と地域の力によって包括的に支えていこうという「ビジョン」で示された方向性は，これまで地域福祉が強調してきた点であり，そうした方向で社会福祉制度が改革されることは望ましいといえるだろう。総合的な相談の受け止めから，関係機関や地域との連携による包括的な支援，そしてそれをコーディネートする人材と場を法制化することが，今後検討されていくことになると思われる。また，地域住民を含めた多様な関係機関をコーディネートし，地域での暮らしを支えていく役割は，地域福祉の視点そのものといえ，地域福祉の視点を持った専門職が担うことが望ましいといえる。

一方，地域福祉の視点から，全世代・全対象型の地域包括支援を考えていく場合には，いくつか気になる点もある。ここでは，とくに，住民の主体的な活動がその中でどのように位置づけられるのかについて，そしてそこで求められる専門職像について検討しておきたい。

全世代・全対象型地域包括支援と住民活動

「ビジョン」では，「ニーズのすべてを行政が満たすという発想に立つのではなく，住民を含む多様な主体の参加に基づく『支えあい』を醸成していくことが重要」であり，「行動し，助け合いを強めていく住民・関係者と，包括的なシステムの構築に創造的に取り組む行政とが協働することによって，誰もが支え，支えられるという共生型の地域社会を再生・創造していく」と謳っている。このように，今後の社会福祉は，専門職による包括的な支援とともに，地域住民やボランティア，NPO による支え合いに大きく期待しながら推進されていくことになる。たしかに，本書でも繰り返し述べてきたように，人の生活は専門職による支援によってのみ成り立っているわけではないので，その人の暮らしの土台となる地域との連携は不可欠である。ただし，地域との連携の強化，支え合いの再構築というビジョンは簡単でないだけでなく，危うくもある。

まず簡単でない理由の一つとして，地域福祉活動の担い手の問題があげられる。たとえば，人口の流出入の激しい都市部では，毎年人口の一定の割合が移動しており，地域の共同性をはぐくみにくくなっている。逆に，中山間地域などでは，人口減少により地域における基本的な集落機能すらも維持できなくなっているところもある。そもそも格差の拡大する社会で，多くの人が自分のことで精一杯の中で，本当に地域で支え合う「共生社会」がつくれるのかという疑問もある。地域福祉は，地域の課題を住民の気づきや共感につなげ，課題解決のための活動を生み出すだけでなく，当事者の困りごとを真ん中においた福祉コミュニティを形成することにこだわってきた。特に，社会的排除の課題は，「私たちの問題」として受け止めることが難しい課題も多い。行政や専門職は，住民が課題に気づき，主体的に活動に取り組んでいくことができるようなきっかけづくりや支援を工夫しながらおこなっていく必要があるだろう（それは単にお金を出すといったことではない）。

一方，危うい理由は，こうした現状にもかかわらず，地域への期待が高まるばかりであるという点にある。つまり，「地域社会における人々の連帯を強化してゆく手段を欠いたまま，それを利用する方法ばかりを考えている[(6)]」という状況がある。住民の活動はあくまで自発的なものであって，制度に基づいたものではないところにその強みがある。住民の活動を「手段」として制度のはざまを担わせるという発想ではなく，市町村や専門職がその固有の価値を認識し，協働して地域づくりをおこなっていくという発想の転換が必要になるだろう。

テイラー（Taylor, M.）は，コミュニティという用語は，それに含まれる矛盾についての正しい理解に基づいて使用されなければ，その期待に応えることはできないと指摘している[(7)]。コミュニティは，万能の解決策ではなく，問題解決の主体にもなりうると同時に，排除の主体にもなりうるのである。つまり，地域住民に過度な期待を押し付け，何でもかんでも地域だけで解決できると考えるのではなく，行政や専門職が自らの役割を発揮しつつ地域でのつながり，つまり共同性や連帯という「基盤としての地域福祉力」（図序-1）をつくりだしていく支援をていねいにおこなっていく必要があるということである。

越境する実践　専門職のあり方

日本の社会福祉は，多様なサービス供給主体が絡み合った体制になっている。たとえば，介護保険制度の保険者は市町村であるが，実際にサービスを提供しているのは，それぞれ独立した社会福祉法人，医療法人，株式会社や特定非営利活動法人（NPO法人）である。それぞれの法人は，介護保険制度というルールの中で，利用者を獲得し，独立採算で運営されている。このしくみは，ともすればそれぞれの法人に「自分の法人がよければよい」という考えを生みやすい。複雑な世帯の問題に気づいても，「それはうちの法人の問題ではない」という発想や，利益にならないのであれば無駄であるという発想が生まれる素地があるしくみなのである。みんなで集まって地域の問題を考えようとしても，「そんな義務はない」と考える法人がいるかもしれない。一方，地域福祉は個別の課題から地域という「面」の課題をとらえ，それを住民や専門職が協働して解決していこうという営みである。分野を越えたさまざまな専門職が，「自分の所属する法人がよければよい」という発想ではなく，困っている人を中心に据えて，それぞれができることを考え，協力し合っていかなければ面としての地域福祉は実現できない。分野を越えた専門職同士が連携していくためには，制度を「越境する実践」が必要である。これは，困っている人がいるなら何でもかんでもやるべきだという根性論ではなく，気づいた人同士が手をつないで協力し合えるような協働の土台（プラットホーム）をつくるべきだということである。そして，越境するのは専門分野だけではない。これからの専門職は，専門職とだけではなく，困っている人を支える地域と連携できる力が必要である。地域でさまざまな活動をしている住民やNPO，社会的企業，そして福祉分野だけではなく，多様なまちづくりや地域づくりに取り組んでいる人とも手を携えていくことが必要だろう。こうした越境できる専門職が，全世代・全対象型の地域包括支援で求められる専門職像ではないかと思われる。これまでも，制度で対応できない問題に気づいた当事者や住民，専門職は自ら一歩を踏み出して（越境して）新しい実践を創りだしてきた。地域福祉実践とはまさにこうした「地域が主体になる福祉」であり，それを支える専門的な援助技術が地域福祉援助なのである。

注

(1) 二木立（2015）『地域包括ケアと地域医療連携』勁草書房，28。

(2) 平野方紹（2015）「支援の『狭間』をめぐる社会福祉の課題と論点」『社会福祉研究』122，19-28。

(3) 厚生労働省新たな福祉サービスのシステム等のあり方検討プロジェクトチーム（2015）「誰もが支え合う地域の構築に向けた福祉サービスの実現——新たな時代に対応した福祉の提供ビジョン」。

(4) 地域のつながりの再構築と包括的な相談支援体制は，2016年以降は「我が事・丸ごと地域共生社会」と呼ばれるようになっている。「我が事」は，住民主体の課題解決機能に，「丸ごと」は，包括的な相談支援体制に対応している。

(5) 富山型デイサービスは，特区としてこうした規制が緩和されているが，こうした様々な規制が全国的には柔軟な取り組みが進まない要因となっている。これについては，たとえば，全国コミュニティライフサポートセンター（2016）「多世代交流・多機能福祉拠点のあり方に関する研究　報告書」などを参照。

(6) 猪飼周平（2011）「地域包括ケアの社会理論への課題——健康概念の転換期におけるヘルスケア政策」日本社会政策学会『社会政策』2(3)，21-38。

(7) Taylor, M. (2011) *Public Policy in the Community 2nd ed.* Palgrave Macmillan: Hampshire.

〔コラム5〕

地域包括ケアシステムとは？

地域包括ケアが国の政策としてはじめて明示されたのは，2003年に公表された高齢者介護研究会報告書「2015年の高齢者介護」である。報告書は保健・福祉・医療の専門職相互の連携，さらにはボランティアなど住民活動も含めた連携によって，地域の様々な資源を統合した包括的なケア」が必要だと提言し，それをコーディネートする機関の必要性に言及した。これを受け，2005年の介護保険法改正，そして地域包括支援センターが創設されたことはすでにみたとおりである。

その後，地域包括ケアをめぐる政策を主導してきたのは，2008年に発足した**地域包括ケア研究会**（以下，研究会）である。研究会は，2016年までに計5回，論点整理（2009，2013年）と報告書（2010，2014，2016年）を公表しており，以下では報告書に共通する論点を要約する。まず，研究会は，地域包括ケアを「ニーズに応じた住宅が提供されることを基本とした上で，生活上の安全・安心・健康を確保するために医療や介護のみならず，福祉サービスも含めた様々な生活支援サービスが日常生活の場（日常生活圏域）で適切に提供できるような地域での体制」と定義する。そして，その構成要素として，「住まい」「生活支援」「介護」「医療」「予防」の5つを地域包括ケアシステムの対応すべき分野として特定している。さらに，その推進を，**公助**（税による制度），**共助**（社会保険），**互助**（地域での助け合い），**自助**（自らの責任でおこなうこと）の役割分担として整理した。この定義，5つの構成要素，公助・共助・互助・自助の役割分担は，当初から大きく変わらず踏襲されている。

こうした研究会の考え方に基づいて地域包括ケアは政策化されていく。2012年の介護保険法改正では，地域包括ケアシステムの推進をはかる趣旨の条文が国および地方公共団体の責務として規定された（介護保険法第5条）。また，社会保障制度改革推進法に基づいて設置された社会保障制度国民会議の報告書（2013年）でも，地域包括ケアの推進が「最大の課題」と位置づけられ，この報告書を受けて成立した「持続可能な社会保障制度の確立を図るための改革の推進に関する法律」（2013年）では，「高齢者が，可能な限り，住み慣れた地域でその有する能力に応じ自立した日常生活を営むことができるよう，医療，介護，介護予防，住まい及び自立した日常生活の支援が包括的に確保される体制」として地域包括ケアが法律上はじめて定義された。

以上のとおり，地域包括ケアは，5つの対応分野（医療・介護・予防・生活住まい・支援）において多様な主体（公助・共助・互助・自助）の連携・統合によって地域におけるケアを実現するための体制と要約できる。

索　引

ページ数太字は用語解説で説明されているもの。

あ　行

か　行

さ　行

た　行

な　行

は　行

ま　行

や　行

ら　行

わ　行

欧　文

〔著者紹介〕

川島ゆり子（かわしま・ゆりこ）

［序章（共著），第１章，第３章，第４章，第８章，第11章（共著），第12章］
2007年　関西学院大学大学院社会学研究科博士課程後期課程単位取得満期退学。
現在　花園大学社会福祉学部教授。博士（社会福祉学）。

永田　祐（ながた・ゆう）

［第２章，第５章，第９章，第11章（共著），第14章，終章］
2001年　上智大学大学院文学研究科社会学専攻博士後期課程単位取得満期退学。
現在　同志社大学社会学部准教授。博士（社会福祉学）。

榊原　美樹（さかきばら・みき）

［序章（共著），第６章，第10章，第13章］
2006年　日本福祉大学大学院社会福祉学研究科社会福祉学専攻博士後期課程修了。
現在　明治学院大学社会学部専任講師。博士（社会福祉学）。

川本　健太郎（かわもと・けんたろう）

［第７章，第15～17章］
2006年　関西学院大学大学院社会学研究科社会福祉学専攻博士課程前期課程修了。
現在　立正大学社会福祉学部専任講師。

しっかり学べる社会福祉③
地域福祉論

2017年４月10日　初版第１刷発行　〈検印省略〉

定価はカバーに
表示しています

著　者　川島ゆり子
　　　　永田　祐
　　　　榊原美樹
　　　　川本健太郎

発行者　杉田啓三

印刷者　江戸孝典

発行所　株式会社　ミネルヴァ書房
607-8494　京都市山科区日ノ岡堤谷町１
電話代表（075）581-5191
振替口座　01020-0-8076

共同印刷工業・藤沢製本

ISBN978-4-623-08003-8
Printed in Japan